MARTIN WEHRLE

Ich könnte ihn erwürgen

W0048925

G GOLDMANN

Lesen erleben

Buch

Jeder kennt sie – Menschen, die einem das Leben schwer machen. Ob am Arbeitsplatz, in der Nachbarschaft, im Bekanntenkreis, im Internet oder sogar in der eigenen Familie – schwierige Menschen begegnen einem überall. Am häufigsten trifft das auf Verwandte, Kollegen, Chefs und Nachbarn zu, denn diese Beziehungen sucht man sich nicht aus. Wer mit schwierigen Zeitgenossen zu tun hat, steht tagtäglich vor nervenaufreibenden Fragen: Wie grenze ich mich gegen die schlechte Laune eines Miesmachers ab? Wie gehe ich mit den Wutanfällen eines Cholerikers um? Wie bringe ich nervige Dauerredner zum Schweigen? Wie lege ich Mobbern und Intriganten ihr schmutziges Handwerk? Wie sage ich Nein, ohne einzuknicken und ohne schlechtes Gewissen? Der renommierte Coach Martin Wehrle zeigt ebenso fundiert wie humorvoll, wie Sie souverän mit schwierigen Zeitgenossen umgehen und Gelassenheit bewahren.

Autor

Der Erfolgsautor **Martin Wehrle** ist Deutschlands bekanntester Karriere- und Persönlichkeitscoach. Seine Bücher haben rund um den Globus begeisterte Leser gefunden, zuletzt erschienen *Den Netten beißen die Hunde* sowie der *Spiegel*-Bestseller *Ich könnte ihn erwürgen*. An seiner Karriereberater-Akademie gibt er Erfahrungen weiter und bildet mit großem Erfolg Coachs aus. Firmen schätzen ihn als unterhaltsamen Redner und Podiumsteilnehmer. Bei YouTube inspiriert er jährlich viele Millionen Menschen mit seinem Kanal »Martin Wehrle: Coaching- und Karrieretipps«.
www.karriereberater-akademie.de
www.wehrle-redner.de

Außerdem von Martin Wehrle im Programm

Bin ich hier der Depp? (auch als E-Book erhältlich)
Geheime Tricks für mehr Gehalt (auch als E-Book erhältlich)
Sei einzig, nicht artig! (auch als E-Book erhältlich)
Viel Fleiß, kein Preis (auch als E-Book erhältlich)
Der Klügere denkt nach (auch als E-Book erhältlich)
Noch so ein Arbeitstag, und ich dreh durch (auch als E-Book erhältlich)
Den Netten beißen die Hunde (auch als E-Book erhältlich)

Martin Wehrle

Ich könnte ihn erwürgen

Vom einfachen Umgang mit schwierigen Menschen

Mit Weißglut-Test

GOLDMANN

Alle Ratschläge in diesem Buch wurden vom Autor und vom Verlag sorgfältig erwogen und geprüft. Eine Garantie kann dennoch nicht übernommen werden. Eine Haftung des Autors beziehungsweise des Verlags und seiner Beauftragten für Personen-, Sach- und Vermögensschäden ist daher ausgeschlossen.

Sollte diese Publikation Links auf Webseiten Dritter enthalten, so übernehmen wir für deren Inhalte keine Haftung, da wir uns diese nicht zu eigen machen, sondern lediglich auf deren Stand zum Zeitpunkt der Erstveröffentlichung verweisen.

FSC
www.fsc.org

MIX
Papier aus verantwortungsvollen Quellen
FSC® C014496

Penguin Random House Verlagsgruppe FSC® N001967

1. Auflage
Vollständige Taschenbuchausgabe Januar 2022
Copyright © 2020: Martin Wehrle
Copyright © 2020 der Originalausgabe: Mosaik Verlag
Copyright © 2022 dieser Ausgabe: Wilhelm Goldmann Verlag, München,
in der Penguin Random House Verlagsgruppe GmbH,
Neumarkter Str. 28, 81673 München
Dieses Werk wurde vermittelt durch die Montasser Medienagentur, München.
Umschlag: Uno Werbeagentur, München, nach einem Entwurf von Sabine Kwauka
Umschlagmotiv: Sabine Kwauka
Redaktion: Dr. Christine Laudahn
Satz: Buch-Werkstatt GmbH, Bad Aibling
Druck und Bindung: GGP Media GmbH, Pößneck
Printed in Germany
KW · IH
ISBN 978-3-442-17925-1

www.goldmann-verlag.de

Besuchen Sie den Goldmann Verlag im Netz:

Inhalt

Teil 3:
Bonus-Workbook –
die 15 besten Übungen

Vorwort: Dieser Typ macht mich wahnsinnig!

Mein Kollege war ein gnadenloser Egoist. Wann immer eine spannende Dienstreise zu vergeben war: Er riss sie sich unter den Nagel. Wann immer ein Termin mit Branchengrößen winkte: Er war schon auf dem Weg, ehe wir anderen nur davon erfuhren. Wann immer lästige Aufgaben anstanden, die Schweiß auf der Stirn, aber keinen Ruhm versprachen: Er schob sie elegant auf Nachbarschreibtische ab.

Mit Vorliebe nahm er »Ausgleichstage« (wofür eigentlich?), schnappte sich die Renommier-Arbeiten oder rief bei Dienstreisen von traumhaften Orten aus im Büro an, um uns durch staubige Archive zu scheuchen – er bräuchte noch ein paar Fakten, wozu hatte man schließlich Kollegen?

Zu Hochform lief er bei Konferenzen auf. Seine Arbeitslast? Ganz enorm. Seine Dienstreisen? Eine Tortur, die er nur »im Interesse des Teams« in Kauf nahm. Irgendwie gelang es ihm auch noch, vor den Chefs als Leistungsträger zu glänzen.

War dieser Kollege ein »schwieriger Mensch«? Fest steht: Er brachte mich zur Weißglut. Und jedes zweite Flurgespräch handelte von ihm: welche Privilegien er sich gekrallt, welche Aufschneidereien erlaubt und welche Kollegen er untergebuttert hatte.

Wir anderen waren die weißen Ritter, moralisch einwandfrei. Und er war der schwarze Ritter, moralisch verkommen. So gesehen erfüllte er sogar eine soziale Funktion: Je unkollegialer er sich verhielt, desto kollegialer durften wir uns fühlen; je mehr er uns zurückdrängte, desto enger rückten wir durch das gemeinsame Feindbild zusammen.

Es gibt Menschen, die überall anecken und deren Persönlichkeit als gestört gilt (siehe Seite 53). Aber nicht jeder, der uns schwierig erscheint, ist deshalb ein Fall für den Psychiater. In diesem Buch begegnen Ihnen zum Beispiel:

▶ ein Vater, der seine erwachsene Tochter wie ein Kleinkind behandelt und mit Ratschlägen belästigt;
▶ ein Vereinsvorsitzender, der vor lauter Ehrgeiz über Leichen geht, Streit anzettelt und seinen Club spaltet;
▶ eine Pessimistin, die sich von Unglücken umstellt sieht und ihre Schwester zur selben Sicht bekehren will;
▶ ein narzisstischer Chef, der seine Mitarbeiter gnadenlos ausnutzt und in die Pfanne haut;
▶ und ein Wildfremder, der mich in der Öffentlichkeit »Arschloch« nennt, obwohl ich ihm gerade einen Gefallen getan habe.

Sie alle sind schwierig, ohne deshalb psychisch krank zu sein. Und doch treiben sie unseren Blutdruck in die Höhe. Das galt auch für meinen Kollegen. Warum habe ich mich so über ihn aufgeregt?

Die Antwort fand ich Jahre später beim Psychoanalytiker Carl Gustav Jung: Jeder Mensch, sagt er, hat einen »Schatten«, einen Anteil seiner Persönlichkeit, der abweicht von seinem Selbstbild – und den er deshalb mühsam unterdrückt.

Stellen Sie sich diesen Anteil wie einen Ball vor, den man mit viel Kraft unter Wasser drückt. Oft handelt es sich um Impulse, die gesellschaftlich unerwünscht sind. Zum Beispiel wurde jemand als Kind, wenn er sich durchsetzen wollte, »unsozial« genannt. Also lernte er mühsam, dieses Bedürfnis zu bekämpfen und anderen den Vortritt zu lassen.

Aber was passiert, wenn ich nun sehe, dass ein anderer im Übermaß auslebt, was ich in mir unterdrücke? Dann durchzuckt mich ein Schmerz: Wie kann er es wagen! Statt mich zu fragen, warum das gleiche Bedürfnis in mir keinen Raum findet, zücke ich den verbalen Knüppel. Statt selbst zu wachsen – was schmerzhaft sein könnte –, mache ich den anderen klein. Dieser psychologische Schutzmechanismus läuft unbewusst ab.

Wann immer Sie ein Mensch auf die Palme treibt, hat das nicht nur mit ihm, sondern auch mit Ihnen zu tun – überprüfen Sie es mal, indem Sie sich fragen:

- ▶ Was regt mich an ihm am meisten auf?
- ▶ Warum hat dieses Verhalten die Macht, mich so zu berühren?
- ▶ Und kann es sein, dass im Verhalten des anderen ein (winziger) Anteil meiner selbst steckt, den ich mir versage?

Dabei kann Spannendes ans Licht kommen. Zum Beispiel regte sich eine Ingenieurin in der Persönlichkeitsberatung maßlos über ihren Mann auf, der »völlig unsicher ist und für jeden Fliegenschiss meinen Rat braucht«. Später stellte sich heraus: Sie selbst fühlte sich damit überfordert, immer allein entscheiden zu müssen. Insgeheim hätte auch sie gern öfter mal Rat eingeholt, gestand sich diese vermeintliche Schwäche aber nicht zu. In ihrer Kindheit war ihr eingebläut worden: »Nur Dummköpfe fragen nach – Kluge wissen Antwort!« Was sie sich selbst verwehrte, stieß ihr an ihrem Mann sauer auf.

C.G. Jung sieht den Schatten als Entwicklungshelfer, der

»normale Instinkte, zweckmäßige Reaktionen« und »schöpferische Impulse« ermöglicht.[1] Heute weiß ich: Der egoistische Kollege hat mich schmerzlich daran erinnert, dass ich für meine eigenen Interessen zu wenig kämpfte. Ich war so bescheiden, dass ich oft übersehen wurde, so sozial, dass meine eigenen Interessen oft unter die Räder kamen.

Sein Verhalten tat weh, weil es unsozial war, aber auch, weil es einen wunden Punkt in mir selbst berührte. Darin lag eine große Chance, die ich erst später wahrnahm; ich hätte meinen »Schatten« belichten, den Kollegen studieren und mich fragen können:

▶ Wie stellt er es an, seine Interessen so effizient durchzusetzen?
▶ Wie gelingt es ihm, stets die Sahnestückchen der Arbeit auf seinen Teller zu lotsen?
▶ Wie schafft er es, seine Mini-Arbeiten den Chefs als große Leistung zu verkaufen?
▶ Aber ebenso: Was will ich keinesfalls übernehmen, womit übertreibt er es?
▶ Und: Wie kann ich ihm selbstbewusst Grenzen setzen?

Oft lassen wir uns von schwierigen Menschen in eine tiefe Ohnmacht stürzen, nehmen sie als Zumutung wahr, fühlen uns hilflos.[2] Klüger ist eine aktive Haltung: Konzentrieren Sie sich auf das, was Sie beeinflussen können – Ihr eigenes Denken und Verhalten. Wenn Sie anders handeln als bisher, stoßen Sie auch beim anderen neues Handeln an.

Es ist wie beim Autofahren auf einer Landstraße: Zwar können Sie niemandem verbieten, dass er Sie überholt. Aber was passiert, wenn Sie schneller fahren oder sich ein Blaulicht aufs Dach setzen? Ich wette, Sie verändern das Fahrverhalten der anderen *indirekt.* In der Psychologie spricht man von einer »systemischen Wechselwirkung«.

Hätten meine Kollegen und ich aktiver nach Dienstreisen gegriffen: Der Egoist hätte weniger davon abbekommen. Hätten wir seine Arbeiten liegen lassen, während er mal wieder unterwegs war: Er wäre zu mehr Büroarbeit gezwungen gewesen. Und hätten wir unsere Erfolge vor der Chefetage mehr hervorgehoben und seine auf ein realistisches Maß gestutzt: Ihm wäre weniger Raum für seine Schauläufe geblieben.

Ich lade Sie ein, jede Begegnung mit einem »schwierigen Menschen« künftig als Wachstumschance zu werten – darum werde ich ab sofort von »H-Menschen« sprechen, »H« wie Herausforderung. Dieses Buch wird Sie dreifach unterstützen:

▶ mit einem Einführungsteil, der Ihre Selbstreflexion stärkt und Sie zu neuen Blickwinkeln inspiriert;

▶ mit einem Hauptteil, der Ihnen sieben H-Menschen-Typen vorstellt und jeweils eine Anleitung für den Umgang mit ihnen gibt

▶ und mit einem Bonus-Kapitel, dessen 15 Übungen Sie als Trainingslager nutzen und auf Ihre persönlichen H-Menschen übertragen können.

Ein Torwart beim Fußball kann erst glänzen, wenn ihm gefährliche Schüsse um die Ohren fliegen. Und auch beim Umgang mit H-Menschen können Sie erst zeigen, was in Ihnen steckt, wenn's brenzlig wird. Dieses Buch macht Sie fit für solche Begegnungen.

Teil 1:

Die Hölle, das sind die anderen!

Im ersten Teil dieses Buches erfahren Sie unter anderem …

► warum Menschen sich oft gegenseitig für schwierig halten,

► warum unser Zeitalter Nervensägen heraufbeschwört,

► wie eine steinzeitliche Reaktion Ihres Gehirns zu Konflikten führt,

► wie es Ihnen gelingt, sich nicht mehr provozieren zu lassen

► und warum es Ihnen guttut, schwierige Menschen wie fallende Äpfel zu betrachten.

Ich bin nicht schwierig – *du* bist es!

Als der Produktionsleiter Tom Barke (42) mich ansprach, bebte seine Stimme vor Wut: »Ich hab die Schnauze voll von diesem Mitarbeiter, so ein schwieriger Mensch! Ständig provoziert er mich und hält damit den ganzen Laden auf. Wir kommen einfach nicht zu Potte!«

Die Rede war von Georg Harder (29). Angeblich verschwitzte der »jeden Termin«, blockierte neue Projekte und wagte es sogar, seinen Chef »vor dem versammelten Team zu belehren«.

»Wie sehen diese Belehrungen aus?«, wollte ich wissen.

»Er reklamiert Mängel in der Produktion – Kleinkram, der am Ende des Tages keine Sau juckt. Aber mit seinen Bedenken hält er das ganze Team auf.«

»Wie gehen Sie damit um?«

Tom Barke stöhnte auf wie ein Kugelstoßer. »Ich hab dem Kerl schon mehrfach den Kopf gewaschen. Aber das kümmert ihn nicht die Bohne, er reitet weiter auf seinen Details rum.«

Ein paar Tage später saß ich Georg Harder gegenüber. Ich stellte mich als neutralen Konfliktvermittler vor und sagte ihm absolute Vertraulichkeit zu.

»Wie nehmen Sie Ihren Chef wahr?«, wollte ich wissen.

Er schwieg eine Weile und verzog sein Gesicht, ehe es aus ihm herausbrach: »Tom Barke ist leichtfertig. Ich behalte die Qualitätsrichtlinien im Auge und mahne Lieferungen an, damit wir Termine einhalten. Als Dank dafür stehe ich nun auf seiner Abschussliste.«

Das klang, als wäre er ein Vorkämpfer der Termintreue. Aber hatte sein Chef ihn nicht als Bremsklotz beschrieben?

»Erzählen Sie mal: Wie sorgen Sie dafür, dass Terminzusagen eingehalten werden?«

»Ich bin realistisch. Mein Chef sagt dauernd Lieferungen zu, die einfach nicht zu schaffen sind. Oder nur mit Schlamperei. Dann erinnere ich ihn an unsere Qualitätsstandards, was ihn aber nicht kümmert: Hauptsache, wir liefern schnell, egal, wie mies. Er will gut dastehen vor der Geschäftsleitung.«

Er rieb sich mit der Handfläche über die Stirn, als verursachte unser Gespräch ihm Kopfschmerzen. »Tom Barke ist unberechenbar, er fährt oft aus der Haut, eben ein schwieriger Typ.«

Na prima: Der Chef sagte dem Mitarbeiter nach, ein schwieriger Mensch zu sein – und der Mitarbeiter dem Chef. Aber was stimmte denn nun?

Ich zog Zeugen hinzu, zunächst eine Kollegin Georg Harders. Sie verortete das Problem ebenfalls auf dem Chefsessel: »Tom Barke sprengt immer wieder unsere Planung, weil er uns spontane Arbeiten aufhalst.«

Bei weiteren Gesprächen stellte ich fest: Ein Teil der Produktionsmitarbeiter pflichtete Harder bei – ein anderer Teil stellte sich hinter den Chef, so notierte ich die Aussage: »Unter ihm gibt es keine Langeweile, er bringt uns besser auf Trab als sein Vorgänger.«

Warum ich Ihnen diese Geschichte erzähle? Weil ich seit fast 20 Jahren als Karriereberater erlebe, wie schnell sich Menschen *wechselseitig* das Etikett »schwierig« aufkleben. Gibt es also keine schwierigen Menschen? O doch. Aber ob Sie jemanden als »schwierig« empfinden, hat *auch* zu tun mit Ihrer Persönlichkeit, Ihren Werten und Ihren Erwartungen. Was davon abweicht, nehmen wir schnell als problematisch wahr.

Alles ist eine Frage der Maßstäbe: Ist jemand mit zwei Millionen Euro reich? Fragen Sie einen Durchschnittsverdiener, und der ruft: »Ja!« Fragen Sie einen hundertfachen Millionär, und der ruft: »Nein!«

Ist schroffer Ton schwierig? Je freundlicher und wertschätzender Sie sind, desto allergischer werden Sie als Freundlichkeits-Millionär darauf reagieren. Dagegen wird jemand, der sich selbst mit Umgangsformen nicht aufhält, also eine Höflichkeits-Kirchenmaus ist, diese Schroffheit kaum bemerken.

Wenn uns ein anderer »schwierig« erscheint, ist er oft ein Bewohner des Gegenpols, denkt anders, spricht anders, handelt anders. Umgekehrt bedeutet das: Auch Sie und ich werden als »schwierig« empfunden – von Menschen, die anders ticken als wir.

Jeder lebt nach einem bestimmten Verhaltensmuster, das er aus früher Kindheit mitbringt. Niemand entscheidet sich dafür, schwierig zu sein. Jeder ist, wie er ist. Wenn Sie so denken, erübrigt sich die Schuldfrage, befreit Sie das von dem fatalen Wunsch, es dem anderen heimzuzahlen.[3] Denn um Giftpfeile zu verschießen, müssten Sie vorher Gift in sich produzieren, destruktive Emotionen – und die schaden Ihnen mehr als dem anderen.

Nehmen Sie die beiden Typen aus der Einleitung: Tom Barke war ein Macher, dem es bei der Arbeit nicht schnell genug gehen konnte. Er wollte Ergebnisse produzieren, sich nicht mit Details aufhalten und spontan entscheiden. Außerdem fuhr er rasch aus der Haut.

Dagegen war Georg Harder der Gegenpol: ein gewissenhafter Mensch, der das bestmögliche Ergebnis anstrebte, gegen keine Richtlinie verstoßen und von langer Hand planen wollte. Er schätzte den sachlichen Dialog, keine emotionalen Ausbrüche.

Tom Barke erwartete unbewusst von seinem Mitarbeiter: »Gib Gas und verzettel dich nicht in Details.« Und Georg Harder von seinem Chef: »Mach langsam und nimm alles ganz genau.« Es war wie ein Treffen zwischen Fuchs und Fisch. Der Fisch: »Komm, Fuchs, tauch mit mir unter!« Der Fuchs: »Komm, Fisch, lauf mit mir in den Wald.« Jeder erwartete *sein* natürliches Verhalten vom anderen, ohne *dessen* natürliche Grenzen zu erkennen.

Warum wurde Tom Barke nicht von allen Mitarbeitern als schwierig erlebt? Weil es im Team einige gab, die wie er Geschwindigkeit und Spontaneität liebten (»Er bringt uns besser auf Trab als sein Vorgänger«). Dagegen hielten ihn andere wie Georg Harder für einen planlosen Aktionisten, weil sie berechenbar und in hoher Qualität arbeiten wollten. Die abweichenden Persönlichkeitstypen wirkten sich aus wie bei Fuchs und Fisch: Jeder erwartete ein Verhalten, das seinem eigenen Wesen ent- und dem des anderen widersprach.

Wäre Georg Harder klar gewesen, dass sein Chef ein Machtmensch ist (siehe ab Seite 167) – er hätte sich besser auf ihn einstellen und sich viel Ärger sparen können. Hätte Tom Barke erkannt, dass sein Mitarbeiter ein Perfektionist ist (siehe ab Seite 131) – niemals wäre er auf die Idee gekommen, sein Mitarbeiter wolle ihn »provozieren«; vielmehr hätte er typengerecht mit ihm kommunizieren und mehr erreichen können.

Wollen Sie wissen, welcher andere Menschentyp *Sie* bis aufs Blut reizt, um besser auf die nächste Begegnung vorbereitet zu sein? Dann hilft Ihnen der folgende Test.

Weißglut-Test:
Welcher Typ treibt mich auf die Palme?

Bitte lesen Sie die folgenden Punkte erst komplett durch und vergeben Sie dann jeweils eine Zahl von eins bis sieben als »Weißglut-Faktor«, umso höher, je mehr Sie das beschriebene Verhalten aufregt. Jede Zahl dürfen Sie nur *einmal vergeben*, sodass eine Reihenfolge entsteht – die 7 für das Verhalten, das Sie am meisten trifft, die 6 für jenes, das Sie am zweitmeisten trifft usw.

In der Auswertung erfahren Sie, welcher Persönlichkeitstyp hinter einem Verhalten steckt. Je höher Ihre Punktzahl, desto relevanter sind die Tipps für den Umgang mit diesem Typ für Sie.

1. Er kippt seine negative Stimmung über mir aus. Er fantasiert Katastrophen herbei, dramatisiert Risiken und blockt Neues ab. Unbeschwertheit ist ein Fremdwort in seiner Gegenwart.

WEISSGLUT-FAKTOR ⎯⎯⎯⎯⎯⎯

2. Er stellt sich selbst immer in den Mittelpunkt, verträgt keine Kritik und manipuliert mich: Erst ist er charmant und macht Komplimente – aber sobald ich den Köder geschluckt habe, nutzt er mich aus.

WEISSGLUT-FAKTOR ⎯⎯⎯⎯⎯⎯

3. Er reitet auf seinen Prinzipien herum, verliert sich in Details, klammert sich an Anleitungen, bereitet ewig vor – aber schließt Vorgänge nicht ab, macht alles kompliziert und ist so unspontan wie eine Eiszeit.

WEISSGLUT-FAKTOR _____

4. Er schubst mich herum: will bestimmen, wo's langgeht. Schnell ist ihm nicht schnell genug, er sitzt mir im Nacken, erwartet stets Steigerungen, ist undiplomatisch und kümmert sich nicht um Feinheiten.

WEISSGLUT-FAKTOR _____

5. Er spielt sich auf. Immer will er Aufmerksamkeit, alle Blicke auf sich ziehen. Er übertreibt seine Gefühle, agiert theatralisch, hört schlecht zu und hat von den Details meist keine Ahnung.

WEISSGLUT-FAKTOR _____

6. Er ist *scheinbar* freundlich, aber attackiert mich durch die Blume, etwa mit bissigen Andeutungen. Er sagt zu, was er nicht einhält, lässt mich auflaufen, verweigert sich – und lästert hinter meinem Rücken.

WEISSGLUT-FAKTOR _____

7. Er klammert sich fest an mir und macht mich zu seinem Babysitter: Jeden Schritt soll ich ihm vorgeben, immer ist mein Rat gefragt und entscheidend, nie bin ich sicher vor seinen Anrufen und Hilferufen.

WEISSGLUT-FAKTOR _____

Auswertung: Mit welchem Typ haben Sie es zu tun?

Hier erfahren Sie, welcher Typ hinter dem jeweiligen Verhalten steckt:

1. Der Schwarzmaler
(wenn ausgeprägt: ängstliche Persönlichkeit)

2. Der Narzisst
(wenn ausgeprägt: narzisstische Persönlichkeit)

3. Der Perfektionist
(wenn ausgeprägt: zwanghafte Persönlichkeit)

4. Der Machtmensch
(wenn ausgeprägt: Typ-A-Persönlichkeit)

5. Der Selbstdarsteller
(wenn ausgeprägt: histrionische Persönlichkeit)

6. Der Trotzkopf
(wenn ausgeprägt: passiv-aggressive Persönlichkeit)

7. Der Hilfe-Rufer
(wenn ausgeprägt: dependente Persönlichkeit)

Was hat Ihr Ergebnis zu heißen? Welche Informationen bekommen Sie über sich selbst?

1. Der Schwarzmaler

Weißglut-Faktor von 6 bis 7: Es treibt Sie auf die Palme, wenn jemand immer nur auf das halbleere Glas starrt und schlechte Laune wie eine ansteckende Krankheit verbreitet. Sie wünschen sich, dass andere nicht nur die Löcher sehen, sondern gefälligst auch den Käse.

Wahrscheinlich wissen Sie Ihr eigenes Glück zu schätzen und legen großen Wert auf Demut und Dankbarkeit.

Weißglut-Faktor von 4 bis 5: Sie mögen es nicht, wenn jemand vor lauter Schatten vergisst, dass nur Licht sie werfen kann. Wer sich aufs Negative fixiert, übersieht einen wesentlichen Teil der Wirklichkeit und ist für Sie oft anstrengend.

Weißglut-Faktor von 2 bis 3: Für Sie gibt es größere Schwächen als negatives Denken. Vielleicht lassen Sie sich nicht davon anstecken. Oder Sie stellen fest, dass Pessimisten oft sogar recht behalten.

Weißglut-Faktor 1: Sie nehmen Schwarzmalerei sehr gelassen. Vielleicht sind Sie jemand, der selbst lieber wenig erwartet und (etwas) mehr bekommt – als umgekehrt.

Alles über Schwarzmaler erfahren Sie ab Seite 58.

2. Der Narzisst

Weißglut-Faktor 6 bis 7: Sie hassen es, wenn sich jemand über andere stellt, Sie manipuliert und für seine Interessen missbraucht. Sie wünschen sich einen fairen Kontakt auf Augenhöhe und wollen sich nicht zum Werkzeug fragwürdiger Interessen machen lassen.

Vermutlich sind Sie ein Mensch, der großen Wert auf Fairness legt und sich durch soziales Verhalten auszeichnet.

Weißglut-Faktor 4 bis 5: Sie mögen es nicht, wenn Sie jemand hinters Licht führt, vor seinen Karren spannt oder in den Schatten stellt. Eine Beziehung ist für Sie ein Geben und Nehmen. Wer nur nehmen will und mit unfairen Mitteln agiert, ist Ihnen suspekt.

Weißglut-Faktor 2 bis 3: Offenbar trifft Sie narzisstisches Verhalten weniger als andere. Liegt es daran, dass Sie nicht darauf reinfallen? Oder haben Sie es geschafft, sich durch das Stahlbad Ihrer Erfahrung dagegen abzuhärten?

Weißglut-Faktor 1: Vielleicht sind Sie weise – wie sonst könnten Sie eine der größten menschlichen Schwächen so gelassen hinnehmen?

Alles über Narzissten erfahren Sie ab Seite 95.

3. Der Perfektionist

Weißglut-Faktor von 6 bis 7: Wenn sich einer verzettelt, Bürokratie verbreitet und mit seiner Haarspalterei den ganzen Laden aufhält, schießt Ihr Blutdruck in die Höhe. Sie wünschen sich, dass Dinge vereinfacht und nicht verkompliziert werden.

Vermutlich sind Sie ein Mensch, der effizient ist, auf Ergebnisse achtet, Umwege meidet und gern Verantwortung übernimmt.

Weißglut-Faktor von 4 bis 5: Es missfällt Ihnen, wenn jemand vor lauter Bäumen den Wald nicht mehr sieht. Sie erwarten von Ihren Mitmenschen, dass sie Prioritäten setzen und nicht zu lang auf Nebenschauplätzen verweilen.

Weißglut-Faktor von 2 bis 3: Aus Ihrer Sicht gibt es schlechtere Eigenschaft als Detailliebe. Vielleicht sagen Sie, dass es in Zeiten der Hast und Schlampigkeit gar nicht schadet, auf Feinheiten zu achten?

Weißglut-Faktor 1: Genauigkeit kann ein Wert sein, der Ihnen viel bedeutet. Deshalb haben Sie einen guten Draht zu Perfektionisten.

Alles über den Perfektionisten erfahren Sie ab Seite 131.

4. Der Machtmensch

Weißglut-Faktor von 6 bis 7: Es geht Ihnen total gegen den Strich, wenn Sie jemand dirigieren und antreiben will. Sie wollen nicht gezwungen, sondern überzeugt und einbezogen werden – und Ihr eigener Rhythmus ist Ihnen heilig.

Wahrscheinlich schätzen Sie Ihre Autonomie im hohen Maße und haben klare Vorstellungen von Ihren Lebens- und Arbeitswegen.

Weißglut-Faktor von 4 bis 5: Es bereitet Ihnen Unbehagen, wenn Sie in Ihrem eigenen Leben nur der Beifahrer sind. Lieber bestimmen Sie Ihre Richtung und Ihr Tempo selbst – wobei Sie gelegentlich Kompromisse eingehen.

Weißglut-Faktor von 2 bis 3: Sie kommen mit dem Machtmenschen besser klar als andere. Vielleicht schätzen Sie es, wenn jemand klare Ansagen macht – statt um den heißen Brei herumzureden.

Weißglut-Faktor 1: Sie können Machtmenschen besser ab als die meisten. Haben Sie gute Erfahrungen mit ihnen gesammelt? Oder erkennen Sie sich selbst darin wieder?

Alles über den Machtmenschen erfahren Sie ab Seite 167.

5. Der Selbstdarsteller

Weißglut-Faktor von 6 bis 7: Sie hassen Theatralik und Wichtigtuerei. Wenn jemand sein Ego aufbläst, würden Sie ihm gern den Ton abdrehen. Sie wünschen sich, dass jeder die gleiche Aufmerksamkeit bekommt – und keiner sie den anderen stiehlt.

Wahrscheinlich sind Sie ein Mensch, der sachorientiert ist oder über eine soziale Ader und einen ausgeprägten Teamgeist verfügt.

Weißglut-Faktor von 4 bis 5: »Aufführungen« sehen Sie lieber im Theater als im Alltag. Sie erwarten von Ihren Mitmenschen, dass sie sich nicht wichtiger nehmen, als sie es tatsächlich sind – und anderen oder der Sache Raum lassen.

Weißglut-Faktor von 2 bis 3: Sie regen sich über Selbstdarsteller weniger als andere auf. Vielleicht haben Sie ein Rezept gefunden, die »Show« zu beenden, etwa durch Entzug der Aufmerksamkeit.

Weißglut-Faktor 1: Wäre die Welt nicht langweilig ohne Menschen, die sich dann und wann produzieren? Für Sie gibt es Schlimmeres.

Alles über den Selbstdarsteller erfahren Sie ab Seite 279.

6. Der Trotzkopf

Weißglut-Faktor von 6 bis 7: Es bringt Sie in Wallung, wenn jemand seine Meinung *nicht* klar sagt, sondern Sie durch fiese Nadelstriche traktiert. Sie hassen giftige Andeutungen und regen sich auf, wenn einer »Ja« sagt, aber »Nein« meint und lebt.

Wahrscheinlich legen Sie großen Wert auf Klarheit und Verbindlichkeit. Sie sprechen lieber mit anderen, statt hinter ihrem Rücken über sie zu lästern.

Weißglut-Faktor von 4 bis 5: Warum durch die Blume sprechen, wenn es auch direkt geht? Sie ärgern sich, wenn Menschen ihre Erwartungen erst nicht artikulieren, dann aber heimlich einfordern. Sie wollen wissen, woran Sie bei jemandem sind.

Weißglut-Faktor von 2 bis 3: Aus Ihrer Sicht gibt es größere Schwächen, als dass jemand seine Gefühle und Meinungen nicht allzu deutlich vor sich herträgt. Muss ja nicht jeder eine Axt im Walde sein.

Weißglut-Faktor 1: Vielleicht sehen Sie den guten Kern in diesem Handeln: das diplomatische Verhalten.

Alles über den Trotzkopf erfahren Sie ab Seite 243.

7. Der Hilfe-Rufer

Weißglut-Faktor von 6 bis 7: Sie könnten aus der Haut fahren, wenn Sie jemand als Navigationssystem für sein eigenes Leben missbrauchen will. Sie erwarten von Erwachsenen, dass sie sich auch erwachsen verhalten: selber denken und entscheiden.

Vermutlich sind Sie ein Mensch, dem Eigenverantwortung sehr wichtig ist oder der sich ungern von den eigenen Prioritäten ablenken lässt.

Weißglut-Faktor von 4 bis 5: Sie mögen es nicht, wenn andere die Verantwortung für ihr Leben auf Sie abwälzen wollen. Jeder ist für sich selbst verantwortlich. Wer das begriffen hat, behelligt seine Mitmenschen nicht mehr.

Weißglut-Faktor von 2 bis 3: Sie gehen mit Hilfe-Rufern gelassen um. Vielleicht sind Sie ein sozialer Mensch, der andere gern unterstützt. Und ist es nicht auch ein Zeichen der Stärke, wenn sich jemand Rat einholt?

Weißglut-Faktor 1: Aus Ihrer Sicht ist es vielleicht sogar eine Qualität, wenn sich jemand von anderen beraten lässt und auf Alleingänge verzichtet.

Alles über den Hilfe-Rufer erfahren Sie ab Seite 206.

Warum gibt's immer mehr Nervensägen?

Liegt es also nur an Ihnen, wenn Sie sich von schwierigen Typen, von H-Menschen, umzingelt fühlen? Weit gefehlt, denn wir leben in Zeiten, die schwieriges Verhalten heraufbeschwören.

Noch nie, seit es Menschen gibt, wurde so viel gemobbt wie heute – die Heckenschützen liegen im Internet auf der Lauer und erledigen ihren schmutzigen Job digital. Jeder Feigling kann sich hinter einem Pseudonym verstecken und einen anderen mit Hass überziehen, vor den Augen der ganzen Welt.

Noch nie, seit es Menschen gibt, war die Bühne für Selbstdarsteller so groß, aber die Aufmerksamkeit der anderen so gering wie heute. Wer die Blicke der Smartphone-Zombies und Selbstoptimierer, der Überstunden-Drescher und Freizeit-Gestressten, der Patchworker und Singlebörsen-Händler noch auf sich lenken will, muss einen wahren Zirkus aufführen: laut, schrill und gnadenlos eitel.

Noch nie war die Zukunft so ungewiss wie heute. Wer zum Schwarzsehen neigt, schaut in einen Abgrund: Welche Ehe ist noch sicher, seit der Seitensprung nur einen Klick weit entfernt ist? Mit welchem Arbeitsplatz lässt sich noch kalkulieren, seit Jobs über Nacht auf andere Kontinente verlagert werden? Und was hilft eine Rente, die sich in Schallgeschwindigkeit dem Sozialhilfe-Niveau nähert, während die Preise für Wohnraum durch die Decke schießen?

Noch nie war der Konkurrenzkampf im Beruf so groß wie heute: Firmen marschieren an den globalisierten Märkten wie

Kriegsparteien auf, stürzen sich in »Fusionsschlachten« und machen Kollegen zu Konkurrenten: Sie stecken Mitarbeitern unrealistische Ziele, kürzen Teams, lassen Leih- und Stammmitarbeiter konkurrieren, kündigen Entlassungswellen an und teilen die Mitarbeiter in Güteklassen ein, von A (erste Wahl) bis C (Ausschussware).[4] 52 Prozent der Männer und 43 Prozent der Frauen fühlen sich durch nichts in ihrem Leben so gestresst wie durch die Arbeit.[5]

Jeder weiß: Wenn der Job meines Kollegen gestrichen wird, bleibt meiner vielleicht erhalten.

Und solange ich in der Meute laufe, die einen anderen mobbt, läuft die Meute nicht hinter mir her. Früher war ein »Opfer« jemand, den man von Herzen bedauert hat. Heute ist »Opfer« das schlimmste Schimpfwort auf dem Schulhof. Wer sich nicht wehren kann, ist selber schuld.

Dieser Sozialdarwinismus kitzelt nicht die besten, sondern die schlechtesten Eigenschaften aus Menschen hervor: Es wird gemobbt, intrigiert und an Stühlen gesägt, dass die Späne nur so fliegen.

Und noch nie, seit es Menschen gibt, war der soziale Druck so groß, jederzeit für andere verfügbar zu sein. Das Smartphone macht sogar das Schlafzimmer zum öffentlichen Raum.

Die Chance, digitale Medien jederzeit zu nutzen, verwandelt sich zur Pflicht, es auch zu tun. Rund um die Uhr sind wir online, müssen *sofort* reagieren.

Eine Kommunikation der Schnellschüsse greift um sich. Wer früher in Ruhe einen Wutbrief formuliert und danach womöglich zerrissen hat, geht heute beim *Posten* nicht mehr in sich, sondern sofort live. Und was einmal draußen ist, entfaltet seine Wirkung: jeder Hasskommentar, jede Stichelei, jeder Impuls-Tweet.

Pausenlos stehen wir unter Druck. Wir hetzen vom Arbeitsstress zum Freizeitstress und umgekehrt. Sogar unsere privaten Termine verwalten wir durch eine App. Das persönliche Leben gilt als Baustelle mit großem Optimierungspotenzial, und niemals ist dort Feierabend.

Warum begegnen uns immer mehr H-Menschen? Zum einen:

▶ weil die Sitten durch das Internet verrohen – es ist nichts mehr dabei, jemanden öffentlich zu beleidigen.

▶ weil die Zeiten so laut geworden sind, dass die Menschen schreien müssen, um noch gehört zu werden.

▶ weil die Ungewissheit tiefe Ängste schürt: Viele Menschen suchen sich Sündenböcke, um nicht mit ihrer eigenen Hilflosigkeit konfrontiert zu sein.

▶ weil der Konkurrenzkampf am Arbeitsplatz sich verschärft: Man zieht nicht mehr an einem Strang, man dreht einander einen Strick.

▶ weil viele Menschen pausenlos unter Druck stehen, auch in ihrem Privatleben, und dieser Stress primitive Reaktionsmuster fördert (siehe nächstes Kapitel).

Noch interessanter finde ich den zweiten Teil der Erklärung, denn er hat mit den Prinzipien unserer Leistungsgesellschaft zu tun. Vordergründig wird unsoziales Verhalten verpönt, doch heimlich winkt eine stattliche Belohnung dafür:

▶ Wir ärgern uns, wenn sich jemand in den Mittelpunkt spielt, aber: Wer bekommt heute die Aufmerksamkeit – der Stille oder der Schrille?

▶ Wir ärgern uns, wenn einer seinen Ehrgeiz auf Kosten anderer auslebt, aber: Wer wird befördert – der Teamplayer oder Mr(s) Ellenbogen?

▶ Wir ärgern uns, wenn jemand zu seinem Vorteil lügt, aber: Welcher gewinnt mehr Sympathie – der Ehrliche oder einer, der sagt, was alle hören wollen?

▶ Wir ärgern uns, wenn andere schlechte Laune verbreiten, aber: Wer bekommt bei Facebook mehr Likes – ein Realist oder ein Schwarzmaler, der den Untergang des Abendlandes ankündigt?

▶ Und wir ärgern uns, wenn sich jemand an Richtlinien und Anleitungen klammert, aber: Wer wird im Zweifel einen Kopf kürzer gemacht – einer, der selber denkt, oder ein akkurater Chef-Befehls-Umsetzer?

Der kluge Psychoanalytiker Hans-Joachim Maaz weist in seinem Buch *Die narzisstische Gesellschaft* darauf hin, dass es normal geworden ist, das eigene Ego aufzublasen, Selbstzweifel zu verleugnen und jeden vor sich herzujagen, der einen Tick ehrlicher, individueller oder mutiger ist als man selbst. Er sieht das kapitalistische System »von narzisstischen Kompensationsprozessen beherrscht«.[6] Will heißen: Menschen flüchten in die Außenwelt, machen sich wichtig und greifen andere an, nur damit sie nicht nach innen schauen und sich mit den seelischen Verletzungen aus ihrer Kindheit auseinandersetzen müssen.

Wir modernen Menschen haben einen riesigen Sumpf geschaffen, den wir täglich bewässern. Und dennoch wundern wir uns, dass immer mehr Frösche darin auftauchen. Und sind genervt, wenn sie quaken.

Ich bin ja gar nicht gestresst, du Depp!

Stellen Sie sich vor, Sie gehen spätabends nach Hause und durchqueren einen spärlich beleuchteten Tunnel. Die Straße ist wie leergefegt, alles vollkommen still. Auf einmal – Sie sind mitten im Tunnel – hören Sie ein Rascheln hinter sich im Dunkeln. Wie werden Sie reagieren?

Ich bin sicher: Ihr Atem beschleunigt, Ihr Herz rast, Ihr Blut schießt von den inneren Organen in die Muskeln – als hätte jemand einen Schalter in Ihrem Körper umgelegt. Ein Adrenalin-Schub macht Sie bereit zum Kampf oder zur Flucht. Und Ihre Wahrnehmung legt sich wie eine Lupe über die Gefahr; alles andere, etwa dass Sie einen schönen Abend mit Freunden hatten, blenden Sie sofort aus.

Dieses Reaktionsmuster bringen wir aus der Frühzeit mit: Wenn der Säbelzahntiger aus dem Gebüsch trat, blieb keine Zeit für einen inneren Diskurs über geeignete Reaktionen. Entweder der Urmensch floh schnell genug. Oder er erledigte den Tiger rasch. Oder er selbst wurde vom Tiger erledigt.

Das Gefährliche an dieser Stressreaktion: Sie vollzieht sich auch ohne rationalen Grund – wenn hinter Ihnen im Tunnel nur eine harmlose Maus raschelt. Aber während der Urmensch seine Stresshormone körperlich abbaute, indem er kämpfte oder floh, gleicht der moderne Mensch einem Pulverfass: Sein Arbeits- und Alltagsstress hat kein natürliches Ventil mehr, das führt zu neuen Volkskrankheiten: hohem Blutdruck, innerer Unruhe und Schlaflosigkeit.[7]

Was Spiritus fürs Feuer, ist Dauerstress für schwieriges Verhalten: ein Brandbeschleuniger.

▶ Je gestresster ein Mensch ist, desto schneller explodiert er, greift an oder fühlt sich angegriffen, auch wenn der »Gegner« harmlos wie die Maus im Tunnel ist.

▶ Je gestresster ein Mensch ist, desto mehr fixiert er sich auf die vermeintliche Gefahr, ohne die Folgen seiner Reaktion oder die positive Absicht eines anderen zu erkennen.

▶ Und je gestresster ein Mensch ist, desto mehr verliert er seinen Verstand: Er sagt und tut Dinge, die er selbst bereut, sobald sein Kopf sich wieder einschaltet.

Situativer Stress kann den Brand auslösen: Wenn Sie sich von Ihrer Chefin zu Unrecht kritisiert fühlen, erleben Sie diesen Vorgang wie den Angriff eines Säbelzahntigers. Entweder, Sie verteidigen sich aus Reflex und kämpfen. Oder Sie ducken sich weg und fliehen. Oder Sie erstarren. Dagegen fällt Ihnen eine rationale Reaktion schwer.

Aber genau das wäre notwendig, um die Situation zu retten: dass Sie über Ihre Reaktion bestimmen – und nicht Ihre Reaktion über Sie.

Was treibt uns dazu, so kopflos zu handeln? Stellen Sie sich das menschliche Gehirn wie ein Bauwerk aus drei Teilen vor;[8] ich vergleiche es gern mit einem dreistöckigen Gebäude:

▶ Das Erdgeschoss und damit die Basis bildet das *Reptiliengehirn.*

▶ Im ersten Stock befindet sich das *emotionale Gehirn,* auch limbisches System genannt.

▶ Und im Dachgeschoss sitzt der *Neokortex.*

Wann immer sich eine (vermeintliche) Gefahr nähert, ist das ein »Trigger«, sprich Auslöser:[9] Sofort springt der Bewegungsmelder im Erdgeschoss an. Das Reptiliengehirn ist der älteste Teil des Gehirns, es steuert alles, was unser Körper zum Überleben braucht: die Atmung, den Herzschlag, die Reflexe. Ehe in den oberen Stockwerken auch nur das Licht angeht, hat das Reptiliengehirn das Rascheln im Tunnel wahrgenommen und ruft Ihnen zu: »Kämpfe!« oder »Fliehe!« – je nachdem, ob Sie ein Kampf- oder Fluchttyp sind.

Erst *danach* begeben Sie sich eine Etage höher, ins emotionale Gehirn, und gewinnen Abstand zu Ihren Impulsen. Hier, im limbischen System, können Sie Ihre Gefühle bewusst entwickeln und wahrnehmen: *Dieses Rascheln hat mir Angst gemacht, mir einen Schrecken eingejagt, und mich in akute Panik versetzt!* Das emotionale Gehirn speichert Empfindungen und teilt sie ein: in positive und negative. Hier lagern unter anderem Liebe und Hass, Hoffnung und Furcht. Und hier können Sie sich auch in andere Menschen einfühlen, Empathie entwickeln.

Und erst die letzte Treppe führt Sie ins (evolutionär betrachtet) recht frisch angebaute Dachgeschoss, den Neokortex. Hier können Sie Ihre Gefühle durch den Filter des Verstandes laufen lassen, sie analysieren, bewerten und aussteuern: *Das Rascheln hinter mir war harmlos, nur eine Maus – kein Grund zur Angst.* Und statt wegzurennen oder geschockt zu verharren, wie im ersten Impuls, setzen Sie Ihren Nachtspaziergang in aller Ruhe fort – und lenken Ihre Aufmerksamkeit gezielt auf etwas Entspannendes, etwa die angenehme Nachtluft.

Warum es so oft zwischen Menschen kracht? Weil wir im Erdgeschoss verharren, ohne uns dessen bewusst zu sein. Zum Beispiel sagt Ihr Kollege mit einem süffisanten Grinsen bei der Teamsitzung: »Sammel erst mal so viel Erfahrung wie ich mit dem Thema, dann reden wir weiter.«

Wetten, dass ein solcher Satz Ihren Puls beschleunigen und Ihren Stresspegel steigen lässt, ähnlich wie das Rascheln im Tunnel? Aber vielleicht hindert eine innere Instanz Sie daran, das erste Stockwerk aufzusuchen. Vielleicht nehmen Sie die Attacke schweigend hin (Flucht) – oder Sie keifen zurück (Kampf). Oder Sie neigen dazu, gar nichts zu sagen, still zu leiden und sich später darüber zu ärgern, dass Ihnen spontan kein kluger Spruch eingefallen ist? Diese drei Strategien können sich in Ihrer Kindheit bei ähnlichen Angriffen bewährt und in Ihrem unbewussten Verhaltensrepertoire verfestigt haben (siehe nächstes Kapitel).

Solange Sie im Erdgeschoss verweilen, sind Sie ein Reiz-Reaktions-Automat, der einfach nur anspringt, ohne sich dafür zu entscheiden und die Folgen zu reflektieren. Je größer Ihnen der Stress erscheint und je gefährlicher die Situation, desto mehr verharren Sie im Reptiliengehirn.

Ich verspreche Ihnen: Wenn Sie dieses Buch gelesen haben, werden Sie das Erdgeschoss in kritischen Situationen mit H-Menschen öfter verlassen und den Überblick der beiden oberen Stockwerke nutzen. Gut möglich, dass Sie nach dieser Aussage Ihres Kollegen künftig die Treppe in den ersten Stock nehmen:

»Hoppla, da wallen starke Gefühle in mir auf. Was empfinde ich gerade? Ärger, weil er sich über mich stellt? Sorge, dass er mir die Butter vom Brot nimmt und mich vorm Team blamiert? Oder Angst, dass er tatsächlich mehr weiß als ich?«

Erst ein Gefühl, das Sie wahrnehmen, ist eines, das Sie hinterfragen und steuern können – indem Sie das Dachgeschoss aufsuchen, den Neokortex, und dort blitzschnell prüfen:

Will ich seine spitze Bemerkung persönlich nehmen und mich darüber ärgern? Oder geht es mir besser, wenn ich mich für Gelassenheit entscheide? Er verhält sich narzisstisch. Er stellt sich nicht über mich, weil er besonders souverän ist, sondern innerlich unsicher. Auf dieses verbale Schlamm-Catchen will ich mich nicht einlassen, eine souveräne Antwort dient mir mehr: »Stimmt, du hast 3 Jahre Erfahrung mit dem Thema – das respektiere ich. Bei mir sind es 2 ½ Jahre – ich erwarte von dir, dass du das auch respektierst. Darum noch einmal zurück zum Thema, und zwar ...«

Sie können beschließen, sich auf Ihre Bedürfnisse zu konzentrieren, statt den anderen zu kritisieren[10] – eine Wende im Denken, die Ihren Umgang mit H-Menschen enorm erleichtern wird.

Wenn das innere Kind für Ärger sorgt

»Ich könnte ihn erwürgen!« Jeder hat diesen Satz schon mal gedacht, aus Ärger über einen anderen. So zu denken ist normal. Aber es ist nicht normal, es auch zu tun. Hier hilft Ihnen die Analyse-Fähigkeit Ihres Neokortex weiter: Was veranlasst H-Menschen, sich provokant zu verhalten? Zwei Beispiele:

▶ Warum geht eine Kollegin offenen Konflikten aus dem Weg, lästert aber und macht giftige Andeutungen?
▶ Warum fährt ein Chef so schnell aus der Haut und brüllt seine Mitmenschen an?

Die Antwort findet sich in der Kindheit. Jedes Kleinkind ist seinen Eltern auf Gedeih und Verderb ausgeliefert. Nur wenn die Eltern es füttern, verhungert es nicht. Nur wenn die Eltern ihm Zuwendung schenken, überlebt es seelisch. Eltern sind für ein Kind eine Übermacht, eine Gottheit, seine einzige Lebensversicherung.

Wann immer ein kleines Kind spürt, dass es seine Eltern erzürnt, wackeln die Grundpfeiler seiner Existenz: wenn das Lächeln im Gesicht der Mutter erstirbt oder der Vater einen Tick lauter wird. In solchen Momenten fürchtet das Kind instinktiv: Ich werde nicht mehr gefüttert, nicht mehr geliebt, muss sterben!

Diese Furcht hat Gründe: In früheren Zeiten, als Eltern viele Kinder, aber wenig zu essen hatten, standen sie oft vor der Entscheidung: Welches Kind wollen wir durchbringen? Man kann sich vorstellen, dass ein »liebes Kind« bessere Chancen als ein trotziges hatte.

Jedes Kind entwickelt einen siebten Sinn dafür, was die Eltern von ihm wollen. Es strebt ein Verhalten an, das Vater und Mutter mit ihrer Gunst belohnen – und unterdrückt, was sie durch Entzug ihrer Gunst bestrafen. Diese Erfolgsstrategien im Umgang mit den Eltern prägen das Verhalten ein Leben lang, wie die Psychologin Stefanie Stahl in ihrem Bestseller *Das Kind in dir muss Heimat finden* eindrucksvoll beschreibt.[11]

Nehmen Sie die Kollegin, die Konflikte meidet, aber giftige Bemerkungen macht: Als kleines Kind hat sie ihren Gefühlen noch freien Lauf gelassen, hat geweint, geschrien und getrotzt. Aber was, wenn sie damit den Zorn ihrer Eltern heraufbeschwor, bestraft oder ignoriert wurde – während sie, wenn sie still war oder lächelte, ihre Gunst gewann?

Dann lernte sie mit der Zeit: »Ich habe kein Recht, wütend zu sein!«, »Ich muss meine Traurigkeit runterschlucken!«, »Ich muss lächeln, auch wenn ich brüllen möchte!«

Zugleich haben sich die negativen Gefühle ein Ventil gesucht, um *ungestraft* zu entweichen – zum Beispiel hat das Kind seine Empfindungen nur angedeutet oder sie durch passiven Widerstand legitimiert, etwa indem es beim Laufen stürzte, was ihm das Recht zum Weinen gab.

Diese frühkindlichen Strategien wiederholt die Kollegin heute: Sie vermeidet es, ihre negativen Gefühle zu zeigen, etwa offen zu widersprechen, und lässt sie durch ein Ventil entweichen, indem sie stichelt oder lästert.

Wer ihr Verhalten oberflächlich betrachtet, könnte meinen: Sie ist eine falsche Schlange, haut andere hinter deren Rücken in die Pfanne. Wer genauer hinschaut, sieht ein verletztes Mädchen, das im Körper einer Erwachsenen seine frühkindlichen Strategien wiederholt (wie Sie mit dieser passiven Aggression eines Trotzkopfes umgehen, lesen Sie ab Seite 243).

Nehmen Sie den Chef, der so schnell aus der Haut fährt: Vielleicht wurde er als Kind von seinen Eltern übersehen, wenn er ganz normal gebrabbelt, gerufen und geweint hat: *Keine Panik, Kinder weinen nun mal, das hat nichts zu heißen.* Hilflos lag er da, wie vergessen, die Aufmerksamkeit der Eltern ging an ihm vorbei.

Aber eines Tages fiel ihm auf: Wenn er wie am Spieß schrie, bis sein Kopf rot wurde und Schaum aus seinem Mund quoll – dann beugte sich die Mutter mit besorgtem Gesicht über ihn, nahm ihn auf den Arm und fragte: »Was ist los, mein Kleiner?« Mit solchen Wutanfällen gelang es ihm eine Kindheit lang, seine Interessen durchzusetzen. Der bloße Wunsch, ein Fahrrad zu bekommen – vergeblich. Ein Heulkrampf, ein Wutanfall, ein geworfenes Spielzeug – schon stand das Fahrrad vor der Tür. Das Kind lernte: »Wenn ich schreie, werde ich gesehen«, »Wenn ich tobe, setze ich mich durch.«

Diese frühkindliche Strategie wiederholt der erwachsene Chef. Er tritt laut und aggressiv auf, weil er heimlich meint: »Sonst übersehen mich die anderen, nehmen mich nicht ernst und lassen mich auflaufen.«

Wer sein Verhalten oberflächlich betrachtet, könnte meinen: Er ist eine Axt im Wald, macht andere gern nieder! Wer genauer hinschaut, erkennt ein hilfloses Kind im Körper eines Erwachsenen, das gegen seine Angst anbrüllt, ignoriert zu werden (wie Sie mit einem Machtmenschen umgehen, lesen Sie ab Seite 167). Und auch Zorn bei Kritik weist auf kindliche Selbstzweifel hin. Schon Aristoteles stellt in seiner *Rhetorik* fest, dass ein Mensch umso heftiger auf Kritik reagiert, je mehr er an sich zweifelt; wer wirklich überlegen sei, kümmere sich nicht darum.[12]

Ebenso wird ein Kind durch das Vorbild seiner Eltern geprägt: Ein Junge, dessen Vater sich mit Wut durchsetzt, greift zum selben Instrument – er hat nur gelernt, andere zu überwältigen, nie, sie zu überzeugen.

Nun werden Sie fragen: Entschuldigt die Kindheit denn alles? Nein – aber sie erklärt (fast) alles. Und es macht einen großen Unterschied, wen Sie in Gedanken vor sich sehen: einen tobenden Erwachsenen, der *Sie bedroht* – oder ein verletztes Kind, das sich *selbst bedroht* fühlt. Im ersten Fall fühlen Sie sich angegriffen und verfallen in archaische Muster: Sie kämpfen oder fliehen.

Im zweiten Fall, gegenüber einem großen Kind, können Sie innerlich souverän und überlegen bleiben, im Hochstatus, wie das Psychologen nennen.[13] Was der andere hier aufführt, ist kein Affront gegen Sie, sondern ein Ausdruck unbewältigter Schmerzen. Wer andere anschreit, schreit auch um Hilfe.

Aber darf man von einem erwachsenen Menschen nicht erwarten, dass er sich zivilisiert verhält? Eigentlich schon. Aber wer »er-wartet«, der wartet. Statt selber etwas zu tun, sieht er die Aktivität beim anderen – das drängt ihn in eine Opferrolle. Und wenn er nicht gestorben ist, dann wartet er noch heute.

Vielleicht halten Sie es für notwendig, dass der andere sich verändert – aber sieht er das auch so? Jenes Verhalten, das Sie belastet, hat sich in seiner Lebensgeschichte als Erfolgsmodell erwiesen. Deshalb betrachtet er es in mildem Licht. Oder haben Sie es noch nie erlebt, dass ein Choleriker nach einem Streit verblüfft sagte: »Ich? Gebrüllt und getobt? So ein Quatsch, ich habe meine Stimme nur etwas angehoben.«?

Richten Sie den Blick nach innen, statt vom anderen etwas zu erwarten:

▸ Wie gehe ich mit dem schwierigen Verhalten des anderen um?

▸ Welche Reaktionen löst es in mir aus?

▸ Kann es sein, dass ich auf sein Brüllen ebenfalls mit einem kindlichen Muster reagiere, etwa mit Rückzug? Dass ich Angst bekomme (»Ich gebe besser nach, sonst flippt er noch mehr aus!«), mich ganz klein mache (»Jetzt besser nicht widersprechen!«) oder ihn beschwichtigen will (»Bitte regen Sie sich doch nicht so auf!«)?

Falls ja, gießen Sie durch Ihr komplementäres Verhalten Öl ins Feuer: Er tobt, um sich durchzusetzen –, und Sie gewähren ihm seinen Willen, weil er tobt. Logisch, dass er dieselbe Verhaltensmünze möglichst oft in Ihren Kommunikationsautomaten einwirft – es sei denn, das gewünschte Ergebnis bleibt eines Tages aus.

Darin liegt die Chance: dass Sie *Ihre eigene* Reaktion verändern, sich neu programmieren.[14] Das gelingt Ihnen leichter, wenn Sie Ihren Konfliktgegner mit Distanz betrachten und das bedürftige Kind in ihm sehen.

Ein russischer Spion, auf dem Weg nach Moskau

»Schau dir diesen Kerl mit dem Schlapphut an«, rief ich aufgeregt und stupste meinen Bruder an. »Das ist ein Bankräuber, der fährt gerade zur nächsten Sparkasse.« Mein Bruder sah kurz hin und rief dann, zur anderen Seite zeigend: »Hey, der hat ja einen Vollbart bis zum Lenkrad runter – das ist ein russischer Spion, auf dem Weg nach Moskau!«

Wann immer wir mit unseren Eltern lange Autobahn-Fahrten unternahmen, überzogen wir andere Verkehrsteilnehmer mit Geschichten. Es war einfach spannender für uns Kinder, im Nachbarauto eine Hollywood-Schönheit, einen RAF-Terroristen oder einen Menschenfresser zu sehen – als jemanden, der einfach nur ins Büro fuhr.

Was haben unsere Aussagen über die anderen verraten? Nichts. Was über uns? Jede Menge. Unsere Abenteuer-Fantasien (»Bankräuber«), unsere Ängste (»Menschenfresser«) und unsere Hoffnungen (»Hollywood-Schönheit«) luden wir in den Nachbarautos ab.

Dieses Kinderspiel betreiben auch Erwachsene, jedoch subtiler. Wenn ein anderer sich *nicht* so verhält, wie wir es erwarten, erfinden wir eine oft abstruse Geschichte, die sein Handeln erklärt – wir interpretieren. Psychologen sprechen von der Intoleranz der Ambiguität[15]: Wir füllen die Erklärungslücke mit einem Motiv, das viel mit unseren Erwartungen, aber wenig mit den Tatsachen zu tun hat.

Hier ein paar Beispiele, wie ich sie in der Beratung höre:

► Da ist die junge Frau, die nach einem Streit mit ihrem Freund erzählt: »Wenn wir Ärger hatten, bestraft er mich: Er geht mir aus dem Weg und zeigt mir die kalte Schulter. Er will mich emotional aushungern, bis ich angekrochen komme und wieder den Kontakt suche. Das baut sein Ego auf.«

► Da ist die 25-jährige Tochter, die über ihren Vater sagt: »Er macht mich dauernd klein, als wäre ich noch ein Baby. Zum Beispiel fragt er mich, wo ich meinen Abend verbracht habe. Oder ob ich mir morgens zur Arbeit auch einen zweiten Wecker stelle. Er traut mir einfach nichts zu.«

► Da ist der Bankkaufmann, der über seinen Chef sagt: »Er ist ein Sadist. Er tritt anderen in den Hintern, damit sie schneller arbeiten. Er brüllt rum, um Menschen einzuschüchtern. Es macht ihm Freude, andere Menschen an die Wand zu drücken.«

Was fällt Ihnen an diesen Aussagen auf? Mir stechen vier Punkte ins Auge: Erstens gehen die Sprechenden davon aus, Tatsachen wiederzugeben – dabei bestehen ihre Aussagen zum großen Teil aus Interpretationen. Zweitens betrachten sie sich als Opfer – Täter ist immer der andere. Drittens deuten sie seine Handlungen negativ, statt sich zu fragen: Was will der andere Gutes? Und viertens beziehen sie das, was der andere tut, ausschließlich auf sich selbst – ohne sich zu fragen: Welchen Zweck erfüllt das *für ihn*?

Bitte gehen Sie die Aussagen noch einmal durch, ehe Sie weiterlesen: Was verändert sich durch eine neue Sichtweise?

Hier meine Gedanken:

► Woher weiß die junge Frau, dass ihr Freund »sie bestrafen« und »emotional aushungern« will? Tatsache ist nur: Er zieht sich zurück. Vielleicht geht er auf Abstand, um eine weitere Eskalation zu verhindern. Vielleicht braucht er Distanz, um den Konflikt zu verarbeiten. Und vielleicht fehlen ihm später die Worte, um die Brücke des Kontaktes wiederaufzubauen – gut möglich, dass er seiner Freundin dankbar ist, wenn *sie* das tut (ohne sie damit demütigen zu wollen).

▶ Woher weiß die Tochter, dass der Vater ihr nichts zutraut, sie »für ein Baby« hält? Tatsache ist nur: Er stellt Detailfragen zu ihrem Leben und ihrer Selbstorganisation. Gut möglich, dass der Vater ein Mensch mit scharfem Blick für Risiken ist. Vielleicht liegt es in seiner Natur, dass er grübelt und sich Sorgen macht, auch um andere – vielleicht meint er das von Herzen gut, ohne ihre Reife damit abwerten zu wollen.

▶ Woher weiß der Bankkaufmann, dass sein Chef ein »Sadist« ist, der andere gern an die Wand drückt? Tatsache ist nur: Der Chef tritt fordernd und rabiat auf. Kann es sein, dass er seine hohen Ansprüche nicht in erster Linie an andere, sondern an sich selbst stellt? Dass er unter einem Druck steht, den er unbewusst an andere weitergibt – wie ein Teekessel, der nicht aus Sadismus, sondern aus Notwendigkeit pfeift? Vielleicht will er seine Mitarbeiter sogar vor Fehlern bewahren?

Es gibt immer zwei Möglichkeiten, wenn Sie das kritische Handeln eines H-Menschen interpretieren:

▶ Sie können es als Angriff gegen sich selbst werten – dann haben *Sie* das Problem.

▶ Oder Sie werten es als Ausdruck seiner eigenen Bedürfnisse – dann hat *er* das Problem. Welche Sichtweise, glauben Sie, macht glücklicher?

Im ersten Fall unterstellen Sie dem Apfel, der auf Ihren Kopf fällt, dass er ein gezieltes Attentat verübt. Im zweiten Fall gehen Sie davon aus, dass er einfach nur seiner Natur gefolgt ist. Äpfel fallen, weil sie fallen müssen.

Viele Menschen, die wir als schwierig erleben, folgen ihrer Natur. Entweder reden Sie auf den Apfel ein, er möge doch am Baum hängen bleiben – dann wird das Leben Sie ent-täuschen. Oder Sie akzeptieren, dass er fallen wird. Und gehen zur Seite.

Nehmen Sie einen Choleriker: Gelegentlich wird er aus der Haut fahren, weil das in seiner Natur liegt. Was wäre, wenn Sie das Problem bei ihm beließen (siehe Seite 188)? Das ist die Kunst im Umgang mit H-Menschen: nicht *sie* verändern zu wollen – sondern den *eigenen Umgang* mit ihrem Verhalten. Das geht los beim Deuten: Oft lesen wir in andere Menschen hinein, was auf unserer eigenen Seele geschrieben steht – in der Psychologie nennt man das »Projektion«:

▶ Weil die junge Frau nach dem Streit womöglich mit sich selber hadert, unterstellt sie ihrem Freund dasselbe.

▶ Weil die Tochter selbst gelegentlich an sich zweifelt, unterstellt sie ihrem Vater dasselbe.

▶ Weil der Bankkaufmann vielleicht seine eigene Autorität bezweifelt, nimmt er die seines Chefs übertrieben deutlich wahr.

Es ist wie bei den kindlichen Zuschreibungen durch mich und meinen Bruder: Wer einen anderen interpretiert, sagt damit viel über sich und wenig über den anderen aus. Am Ende des Tages entscheiden Sie selbst, was Sie aus dem fallenden Apfel machen: einen Unfall – oder einen Apfelkuchen.

Wem erlaube ich, mich aufzuregen?

»Haste mal 'nen Euro?« Das Gesicht des jungen Mannes, der mich am Berliner Hauptbahnhof ansprach, hatte lange keinen Rasierer mehr gesehen. Er roch nach Schnaps und tat mir leid. Ich gab ihm einen Euro, er steckte ihn hastig und ohne Dank ein. Ich wollte schon weitergehen, da hielt er mich am Mantel fest: »Einer ist verdammt wenig – haste nicht noch 'n Euro?« Er zerrte an mir.

Energisch trat ich einen Schritt zurück und ging weiter. Mit gellender Stimme rief er mir hinterher: »Arrogantes Arschloch!«

Ein heißes Gefühl wallte in mir auf: Was fiel diesem Kerl ein! Sollte ich mich umdrehen und ihn zur Rede stellen? Mir seine Beschimpfung verbieten? Ihm sagen, wie undankbar er war? Ich atmete tief durch – und es gelang mir, ins Dachgeschoss des Neokortex zu steigen: *Wie schade für ihn, dass er sich nicht mal über den Euro freuen kann. Bestimmt hat er schon viel mitgemacht – und nie gelernt, was Dankbarkeit ist.* Ich drehte mich um, nickte ihm freundlich zu und ging weiter.

Jeder negative Kommentar trifft uns, denn im ersten Moment empfinden wir dieses Urteil als zutreffend.[16] Erst nachträglich sind wir in der Lage, uns zu distanzieren und eine andere Haltung einzunehmen (»Nein, ich bin nicht arrogant«) oder das Urteil zu relativieren (»Vielleicht war ich schon mal arrogant, diesmal aber nicht«). Aus Studien geht hervor, dass sich negative Wortwechsel fünfmal stärker auf uns auswirken als positive.[17]

Bei jeder Begegnung mit einem H-Menschen haben Sie die Wahl, sich für eine Position zu entscheiden. Fragen Sie sich:

▶ Gestatte ich einem anderen Menschen, dass er mir auf den Geist geht?

▶ Gebe ich ihm die Macht, mich auf die Palme zu treiben?

▶ Erlaube ich ihm, dass er mein Lebensboot in eine bestimmte Richtung lenkt – oder bestimme ich lieber selbst meinen Kurs?

Ich behaupte: Niemand kann Ihnen auf den Geist gehen – es sei denn, Sie lassen das zu. Jede Provokation ist Treibgut im Fluss des Lebens: Sie können es an Ihrem Ufer vorübertreiben lassen – oder Sie ziehen es zu sich an Land. Der junge Mann hatte ein Schimpfwort auf mich zutreiben lassen. Aber ich ließ seine Provokation, entgegen meinem ersten Reflex, vorüberziehen.

H-Menschen reizen Sie fortwährend mit emotionalem Treibgut. Aber was geschieht, wenn Sie seltener zugreifen? Bitte kreuzen Sie an, welchen der folgenden Aussagen Sie zustimmen:

1. Ein anderer kann Provokantes sagen – aber ob ich mich provozieren lasse, das entscheide ich.	Ja	Nein
2. Ein anderer kann mir Vorwürfe an den Kopf werfen – aber ob ich sie in meinen Kopf lasse, das entscheide ich.	Ja	Nein
3. Ein anderer kann eine Beleidigung aussprechen – aber ob ich mich beleidigen lasse, das entscheide ich.	Ja	Nein
4. Ein anderer kann mir ins Gewissen reden – aber ob ich mir ein schlechtes Gewissen machen lasse, das entscheide ich.	Ja	Nein
5. Ein anderer kann sich in den Mittelpunkt drängen – aber ob ich mir die Schau stehlen lasse, das entscheide ich.	Ja	Nein

Es macht einen himmelweiten Unterschied, ob Sie das Gefühl haben: Ich bin einem anderen ausgeliefert. Oder ob Sie wissen: Ich entscheide selbst. Psychologen sind sich einig, dass Selbstwirksamkeit – also das Gefühl, eine Situation selbst bestimmen zu können – nicht nur Lebensglück erhöht, sondern auch Depression verhindert.[18]

Wer jedoch das Treibgut eines anderen an sein eigenes Ufer zieht, macht sich damit unglücklich. Mehr noch: Er ermutigt den anderen, auf dieselbe Weise nachzulegen, denn das Spielchen funktioniert ja:

▶ Jemand macht Ihnen einen theatralischen, völlig überzogenen Vorwurf – und Sie rechtfertigen sich lang und breit. Schon bekommt er, was er wollte: eine doppelte Portion Aufmerksamkeit. Seine Rechnung geht auf (das Verhalten eines Selbstdarstellers – Tipps ab Seite 279).

▶ Eine Arbeitskollegin eilt sogar mit Mini-Aufgaben zu Ihnen und fleht um Ihre Anleitung. Und Sie? Atmen tief durch und geben ihr die gewünschten Tipps. Schon bekommt die Kollegin jenes Stützrad, das sie haben wollte – was sie noch unselbstständiger macht und dazu ermutigt, bei nächster Gelegenheit wieder auf Ihrer Matte zu stehen (das Verhalten einer Hilfe-Ruferin – Tipps ab Seite 206).

Wenn es Ihnen gelingt, dieses Treibgut vorüberziehen lassen, erzielen Sie einen doppelten Effekt:

▶ Zum einen senken Sie für den H-Menschen den Anreiz, dass er sein Verhalten wiederholt – es funktioniert ja offenbar nicht.

▶ Und zweitens gelingt es Ihnen, die Autonomie über Ihre

Gefühle zu wahren – Sie entscheiden selbst, was Sie berühren darf.

Ebenso entscheiden Sie selbst, worauf Sie sich konzentrieren: auf die Schwächen oder auf die Stärken eines H-Menschen. Zum Beispiel könnten Sie Ihre Gedanken, gerade wenn's brenzlig wird, in die positive Richtung lenken:

▶ Was kann er gut? Was gelingt ihm regelmäßig?
▶ Welche Stärken zeichnen ihn aus?
▶ Was ist liebenswürdig an ihm?
▶ Wofür könnte ich ihm spontan ein Kompliment machen?
▶ Wofür könnte ich mich bei ihm bedanken?[19]

Die Herausforderung besteht darin, Automatismen zu unterbrechen. Und das gelingt Ihnen, sobald Sie hinter einem Verhalten die einzelnen Menschentypen erkennen, ihre Spielchen durchschauen und ihr emotionales Treibgut vorhersehen.

Typ erkannt, Gefahr gebannt

Warum habe ich mich entschieden, im Hauptteil dieses Buches die H-Menschen in sieben Typen einzuteilen? Laufe ich damit nicht Gefahr, Menschen in Schubladen zu stecken und Verhalten unzulässig zu vereinfachen?

Stellen wir die Frage anders: Warum entscheiden sich die Menschen seit Jahrtausenden dafür, andere zu typisieren? Zum Beispiel:[20]

▶ Wie kam der griechische Arzt Hippokrates bereit 400 Jahre v. Chr. dazu, die Charaktereigenschaften der Menschen in vier Temperamente einzuteilen, je nach vorherrschendem »Körpersaft«: den lebhaften Sanguiniker (Blut, heiß und feucht), den aufbrausenden Choleriker (Feuer, heiß und trocken), den schwermütigen Melancholiker (schwarze Galle, kalt und trocken) sowie den schwerfälligen Phlegmatiker (Wasser, kalt und feucht)?

▶ Wie kam der große Psychoanalytiker Carl Gustav Jung dazu, 1921 sein Werk *Psychologische Typen* zu veröffentlichen? Was trieb ihn an, Menschen in mehrere Kategorien einzuteilen: in den extrovertierten Typ, der sich nach außen wendet, und den introvertierten Typ, der in sich geht? Warum kategorisierte er die Menschen darüber hinaus in Empfindungs-Typ und intuitiven Typ, Denk-Typ und Fühl-Typ, sodass in Kombination acht Typen entstanden?[21]

▶ Was brachte die amerikanischen Psychologinnen Katherine

Briggs und ihre Tochter Isabel Briggs Myers vor rund 90 Jahren dazu, aus Jungs Grundidee ein populäres Modell mit 16 Typen zu entwickeln, das bis heute in der Personalauswahl zum Einsatz kommt, den Myers-Briggs-Typenindikator (MBTI)?

▶ Warum hat der Psychoanalytiker Fritz Riemann Anfang der 1960er Jahre aus den Grundformen der menschlichen Angst vier Persönlichkeitstypen abgeleitet: den schizoiden Typ, mit Angst vor Nähe; den depressiven Typ, mit Angst vor Distanz; den zwanghaften Typ, mit Angst vor Veränderung; und den hysterischen Typ, mit Angst vor Beständigkeit?[22]

Warum also interessieren uns Typisierungen? Ebenso könnte ich Sie fragen: Warum interessiert Sie der Wetterbericht? Doch nicht, weil er immer zu 100 Prozent und bis in den letzten Winkel des Landes stimmt. Aber er verrät Ihnen eine *Tendenz:* Sie können sich aufs Wetter einstellen, es überrascht Sie nicht mehr. Wenn Sie wissen, dass Regen droht, nehmen Sie einen Schirm mit.

Wer *in etwa* weiß, was ihn erwartet, kann seinen Stress reduzieren: Ein Mäuse-Rascheln im Tunnel erschreckt Sie nur dann, wenn Sie es nicht einordnen können. Und Typisierungen erlauben Ihnen, das wahrscheinliche Verhalten des anderen einzuschätzen, womit es seinen Schrecken verliert; denn jeder Mensch folgt gewissen Mustern:

▶ Wenn Sie wissen, dass ein Machtmensch immer wieder aus der Haut fährt, können Sie sich wappnen – zum Beispiel durch innere Distanz.

▶ Wenn Sie wissen, dass ein Narzisst sich auf Ihre Kosten erhöht, können Sie sich wappnen – zum Beispiel durch klare Abgrenzung.

► Und wenn Sie wissen, dass ein Hilfe-Rufer Sie immer wieder um Ihren Rat anfleht, können Sie sich wappnen – durch Ideen, wie Sie seine Eigenkräfte stärken.

Wenn ich Ihnen in diesem Buch sieben Typen von H-Menschen vorstelle, dann nicht mit dem Anspruch, einen realen Menschen haargenau zu treffen – etwa 80 Prozent der Bevölkerung sind Mischtypen.[23] Und der amerikanische Persönlichkeits-Psychologe Gordon Allport hat völlig recht, wenn er sagt: »Typen existieren nicht in Menschen oder in der Natur, sondern vielmehr im Auge des Betrachters.«[24] Keiner von uns ist in Stein gemeißelt, jeder besteht aus Merkmalen, die sich verändern können.[25]

Und doch ist es hilfreich, Tendenzen aufzuzeigen – sodass Sie diesen Wetterbericht auf Ihre H-Menschen übertragen, individuell abwandeln und sich für die nächste Begegnung besser wappnen können.

Wie definiere ich die Typen in diesem Buch? Wir sagen »Narzisst«, wenn jemand besonders eitel und auf seinen Vorteil bedacht ist. Dieser Mensch kann kerngesund sein. Dagegen ist »narzisstische Persönlichkeit« ein klinischer Befund, eine Persönlichkeitsstörung.

Laut dem Diagnosehandbuch der *American Psychiatric Association* liegt eine Persönlichkeitsstörung vor, wenn ein Mensch mit seinen Verhaltensmustern wiederholt von seinem Umfeld abweicht, in zwei oder mehr dieser Bereiche:[26]

1. Die Art, wie er sich selbst, andere Menschen und Ereignisse wahrnimmt, weicht von der Wahrnehmung und Deutung der anderen eklatant ab. Zum Beispiel fühlt er sich provoziert, ohne objektiven Grund.

2. Seine emotionale Reaktion ist unflexibler, intensiver, labiler oder weniger angemessen als bei anderen. Zum Beispiel rastet er bei Kleinigkeiten aus, wird von Heulkrämpfen geschüttelt oder stürzt in tiefe Ängste.

3. Sein Umgang mit anderen, vor allem die Kommunikation, ist gestört. So kommt es häufig zu unerklärlichen Missverständnissen. Oder er kriegt sich mit allen möglichen Menschen in die Haare.

4. Seine Impulskontrolle ist auffallend gering. Zum Beispiel beleidigt er andere oder schädigt sich durch sein Verhalten selbst.

Etwa jeder zehnte Mensch in Deutschland leidet unter einer Persönlichkeitsstörung.[27] Vermutlich gehört nur ein kleiner Teil Ihrer H-Menschen dazu. Zwar zeigen viele dasselbe Verhaltensmuster, aber zu wenig ausgeprägt, um eine solche Diagnose zu rechtfertigen. Nicht jeder »Perfektionist« ist eine »zwanghafte Persönlichkeit«, nicht jeder »Trotzkopf« leidet unter einer »passiv-aggressiven Persönlichkeitsstörung«.

Deshalb habe ich die Kapitel mit populären Typennamen überschrieben, gehe jedoch auch auf die entsprechenden Persönlichkeitsstörungen ein, als Essenz eines Verhaltens. Die Tests zu Beginn der Typenbeschreibungen geben Ihnen ein Gefühl, welche Ausprägung bei Ihrem H-Menschen vorliegt. Bitte denken Sie daran, dass es sich um Ihre subjektive Wahrnehmung handelt. Ein solcher Kurztest ersetzt keine ärztliche Diagnose, kann Ihnen aber erste Hinweise geben.

Meine Beschreibungen sind zugespitzt, weil ein Augenzwinkern vieles erleichtert und der Blick durch die Lupe die Wahrnehmung schärft. Wer über das Verhalten eines anderen lachen kann, ist einen großen Schritt weiter.

Wenn Sie in einer brenzligen Situation einen H-Menschen als Typ aus diesem Buch *erkennen*, ist etwas Großartiges passiert: Sie haben das Erdgeschoss Ihres Verhaltens, das Reptiliengehirn, verlassen – und sind ins Dachgeschoss, den Neokortex, aufgestiegen. Damit können Sie das Steuerrad Ihres Verhaltens ergreifen, zwischenmenschliche Unfälle verhindern – und Ihren Umgang mit H-Menschen auf Erfolgskurs bringen.

Teil 2:

Sieben Persönlichkeits-Typen – eine Anleitung

Im zweiten Teil dieses Buches erfahren Sie unter anderem …

▶ wie Sie einen Schwarzmaler aus seinen negativen Fantasien hervorlocken,

▶ wie Sie einen Narzissten zu sozialerem Verhalten veranlassen,

▶ wie Sie einen Perfektionisten vom Zaudern ins Handeln bringen,

▶ wie Sie souverän auf die Wutanfälle eines Macht-menschen reagieren

▶ und wie Sie einen Selbstdarsteller vom Theater zur Sachlichkeit lotsen.

1. Der Schwarzmaler:

»Ich rechne mit dem Schlimmsten!«
(Ängstliche Persönlichkeit)

Bitte lesen Sie diese 15 Aussagen durch. Kennen Sie einen Menschen, auf den einiges zutrifft? Kreuzen Sie an, wie oft Sie mit Blick auf ihn »Ja« antworten können. Die Auswertung verrät Ihnen: Ist er ein Schwarzmaler – und wenn ja, wie ausgeprägt?

Typen-Test: Kennen Sie einen Schwarzmaler?

	Ja	Nein
1. Er macht sich oft über Kleinigkeiten einen Kopf.	Ja	Nein
2. Er rechnet sofort mit Kritik, wenn sein Chef ihn sprechen will.	Ja	Nein
3. Er kann nicht aus dem Haus, ohne dreimal zu schauen, ob der Herd aus ist.	Ja	Nein
4. Er muss Rechnungen sofort begleichen, sonst schläft er schlecht.	Ja	Nein
5. Er vermutet hinter leichten Schmerzen schnell Schlimmeres.	Ja	Nein
6. Er schreibt seine Erfolge eher Zufällen als seinen Fähigkeiten zu.	Ja	Nein

7. Er hat oft Angst, dass andere ihn missverstehen.	**Ja**	**Nein**
8. Er ist auffallend nervös vor wichtigen Anlässen.	**Ja**	**Nein**
9. Er fürchtet seltene Krankheiten wie Vogelgrippe.	**Ja**	**Nein**
10. Er checkt in fremden Gebäuden rasch die Notausgänge.	**Ja**	**Nein**
11. Er macht sich ständig Sorgen um seine Angehörigen.	**Ja**	**Nein**
12. Er denkt viel über Alterssicherung und eine mögliche Verarmung nach.	**Ja**	**Nein**
13. Er hat auffallend viele Versicherungen abgeschlossen.	**Ja**	**Nein**
14. Er ist bei Terminen oft zu früh da, aus Angst vor Verspätung.	**Ja**	**Nein**
15. Er vermutet schnell ein Unglück, wenn jemand unpünktlich ist.	**Ja**	**Nein**
Wie oft haben Sie mit »Ja« geantwortet? Bitte zählen Sie das Ergebnis zusammen, ehe Sie die Auswertung lesen.		
Ergebnis: _____x **Ja**		

Auswertung: Der dreifache Schwarzmaler

Wie ausgeprägt ist das Schwarzmalen des Menschen, an den Sie gedacht haben? Hier bekommen Sie eine Einschätzung:

5–7 Punkte: Leichter Schwarzmaler	8–11 Punkte: Mittlerer Schwarzmaler	12–15 Punkte: Ängstliche Persönlichkeit
Er ist nicht gerade ein Optimist, hat ein scharfes Auge für die Risiken des Lebens. Mal geht sein Pessimismus zu weit, mal hält er Maß. *Resümee:* Mit Wohlwollen kann man ihm eine gesunde Skepsis attestieren.	Er sieht die Welt als einen riskanten Ort. Und er ist pausenlos bemüht, Risiken zu meiden und zu minimieren. Positives fliegt unter seinem Radar hindurch. *Resümee:* Sein Pessimismus ist ausgeprägt. Wer mit ihm zu tun hat, wird leicht davon angesteckt.	Er sieht das Glas nicht halbleer – sondern schon zerbrochen am Boden. Überall wittert er Katastrophen. Die Schwärze seiner Gedanken färbt ab. *Resümee:* Nicht er hat Angst – die Angst hat ihn. Sein negatives Denken kann andere runterziehen.

Erlebnis mit einer Schwarzmalerin

»Ich bin sicher, die nehmen mich nicht!«

Luise (32) erzählt von ihrer älteren Schwester, einer Pharmakologin:

Schon als Kind war Silvia (34) eigenartig. Ich kann mich an ein Weihnachtsfest erinnern, als die ganze Familie unseren Christbaum bewunderte – nur sie, damals etwa zehn, sagte trocken:

»Wir sollten die Kerzen wieder auspusten. Sonst brennt noch das Haus ab.«

An diese Geschichte musste ich denken, als Silvia ein Vorstellungsgespräch in der Schweiz hatte, bei einem großen Pharmakonzern. Der Termin war für 16 Uhr angesetzt, die Anreise aus Norddeutschland stellte sie vor ein Dilemma: »Wenn ich die Bahn nehme, bin ich garantiert unpünktlich. Ich erwische immer die verspäteten Züge.« Doch das Fliegen schien ihr ebenso riskant: »Es streiken doch gerade die Piloten.« Ich glaube, sie war seit ihrer Kindheit nicht mehr geflogen.

Ich schaute im Internet nach und hatte gute Nachrichten: Der Tarifkonflikt der Piloten war beigelegt worden. Worauf sie meinte: »Und das Kabinenpersonal? Die haben doch einen eigenen Tarif!« Als die Recherche auch hier grünes Licht ergab, meinte sie: »Und wenn die Maschine abstürzt? Der Schweizer Luftraum ist unsicher, vor ein paar Jahren gab es doch diesen Absturz am Bodensee.«

Das alte Spiel: Wenn ich sie überzeugen wollte, dass etwas harmlos war, tauchte sie nur tiefer in ihre Befürchtungen ein. Am Ende fuhr sie mit dem Zug nach Basel, am Vortag des Gespräches, mit fast 24 Stunden Reserve.

Nach dem Gespräch rief sie mich mit resignierter Stimme an: »Ich bin sicher, die nehmen mich nicht. Der Personaler ist auf meinen Schwächen rumgeritten.« Ich fand heraus, dass sie ein einziges Mal nach ihren Schwächen gefragt worden war. Auf meinen Hinweis, das sei doch ganz normal, meinte sie: »Du hast den Ton nicht gehört. Er war gegen mich!«

Das kam mir vertraut vor: Nach jeder Klassenarbeit hatte Silvia schlechte Noten angekündigt, nach jeder Prüfung ihr Durchrasseln – und die guten Ergebnisse, die dann immer folgten, als

»Glückssache« abgetan. Ich kannte niemanden, der Klausuren so gründlich vorbereitete. Sie übte wie verrückt, weil sie sich schon durchfallen sah.

Der Pharmakonzern sagte zu, aber erst 14 Tage nach dem Gespräch – woraus Silvia den Schluss zog: »Denen ist bestimmt ein Kandidat erster Wahl abgesprungen, und ich bin nur nachgerückt. Die Probezeit wird ein Ritt auf der Rasierklinge.«

Der neue Job stürzte Silvia in ein Meer aus Sorgen: Was, wenn sie den aufwändigen Umzug in die Schweiz anstieß, aber nach vier Wochen entlassen wurde? Was, wenn sie mit der Schweizer Mentalität nicht klarkam? Was, wenn Malte, ihr Freund, sie wegen der Fernbeziehung verließ?

»Das war doch die Karrierechance, auf die du immer gewartet hast, noch dazu mit Spitzengehalt«, erinnerte ich sie. Silvia verzog ihr Gesicht. »Je höher man steigt, desto tiefer kann man fallen. Außerdem verdienen in der Schweiz alle viel mehr als in Deutschland. Sicher ist mein Gehalt dort eher niedriger.«

Ich bat sie, sich selbst nicht so klein zu machen, worauf sie sagte: »Du hast gut reden; du bist ja kerngesund.«

»Fehlt dir denn etwas?«, fragte ich besorgt.

»Ist dir nicht aufgefallen, wie kurzatmig ich in letzter Zeit bin?«

Offenbar meinte sie, etwas leichter als sonst aus der Puste zu kommen. Und schloss daraus auf eine »womöglich seltene Lungenkrankheit« – obwohl sie sich regelmäßig von ihrem Hausarzt durchchecken ließ. Aber der sei »nun mal kein Lungenspezialist«.

Um ihre Gesundheit ist sie ohnehin ständig besorgt. Sie schluckt Vitaminpräparate, klebt die »Apotheken Umschau« mit Post-its zu und fürchtet sich vor seltenen Krankheiten wie Tropenfieber, ohne je in den Tropen gewesen zu sein (alle die gefährlichen Tiere dort, das wär ihr viel zu riskant!). Dauernd redet sie mir ins Gewissen, ich müsse mehr Schutzimpfungen und Vorsorgemaßnahmen nutzen.

Anstrengend wird es mit ihr bei Familienfeiern. Wenn jemand nur ein paar Minuten auf sich warten lässt, redet sie sofort von einem Unfall – eine Sorge, die sich vor allem auf meine Mutter überträgt. Dann sackt die Stimmung in den Keller.

Und doch liebe ich meine Schwester. Niemand sorgt sich so sehr um mich wie sie – was aber auch eine Belastung ist: Wenn ich unterwegs zu ihr nach Basel bin, rufe ich von jedem Rastplatz aus an – damit sie weiß, dass mir nichts passiert ist. Ich will ihr keine zusätzlichen Sorgen bereiten.

Sieben Erkenntnisse über Schwarzmaler

Welche typischen Eigenschaften von Schwarzmalern, die den Umgang erschweren, treten in diesem Erlebnis ans Licht?

1. Schwarzmaler sehen viele Risiken, aber kaum Chancen.

Was gutgehen könnte, übersehen sie – was schiefgehen könnte, nehmen sie mit scharfem Auge wahr. Für sie ist die Welt ein Ort voller Gefahren. Steigen sie ins Auto, denken sie: Unfall. Kaufen sie Aktien, denken sie: Crash. Und leben sie in einer glücklichen Beziehung, wittern sie schon die Trennung. Nie fühlen sie sich auf der sicheren Seite. Das Leben liegt wie ein schweres Gewicht auf ihren Schultern, weshalb sie nachts im Bett oft grübeln.

Silvia fürchtet, zu spät zum Bewerbungsgespräch zu kommen, in der Probezeit entlassen zu werden oder ihren Freund zu verlieren. Und ihr Aufstieg scheint ihr riskant: »Je höher man steigt, desto tiefer kann man fallen.«

2. Sie rechnen immer mit Enttäuschungen.

Wer hofft, kann enttäuscht werden. Schwarzmaler sichern sich gegen dieses Risiko ab, indem sie auf Hoffnungen verzichten. Sie gehen von Misserfolgen, Rückschlägen und unerwarteten Hindernissen aus. Wer das Schlimmste annimmt, wird allenfalls bestätigt, aber nie enttäuscht. An diesem mentalen Sicherungsseil hangeln sie sich durchs Leben.

Silvia sagt nach dem Vorstellungsgespräch: »Ich bin sicher, die nehmen mich nicht.« Damit niemand zu viel erwartet, weder sie selbst noch ihre Schwester Luise. Ähnlich ging sie früher bei Klassenarbeiten und Prüfungen vor: den Ball ganz flach halten.

3. Sie neigen zu Katastrophen-Fantasien.

Es gibt zwei Orte, wo Katastrophen mit Fantasie produziert werden: in Hollywood – und im Kopf eines Schwarzmalers. Schwarzmaler steigern ihre Gedanken gern bis zum negativen Superlativ. Ein Klient von mir malte sich vor einer Bewerbung nicht nur eine Absage aus, sondern dass sein aktueller Chef von seiner Illoyalität erfahren, ihn entlassen und er deshalb verarmen würde. Am Ende bewarb er sich nicht, obwohl er es in seiner aktuellen Firma kaum noch aushielt. Der schlechte Zustand schien ihm berechenbar – der Weg zur Veränderung nicht.

Silvia malt sich nicht nur einen Pilotenstreik, sondern gleich einen Flugzeugabsturz überm Bodensee aus. Und wer sich zur Familienfeier verspätet, steht nicht im Stau, sondern muss schwer verunglückt sein.

4. Sie sind passionierte Hypochonder.

Das größte Risiko, dem keiner entgeht, hat drei Buchstaben: Tod. Schwarzmaler fürchten ihn übermäßig, auch wenn es ihnen noch gutgeht (Betonung auf: »noch«). Als Vorboten des nahen Endes betrachten sie Krankheiten, die sie meisterlich dramatisieren. Jedes Zipperlein kann in ihrem Kopf zum Krebsgeschwür anschwellen, jedes Stolpern des Herzens zum Vorboten eines Infarkts. Sie haben keine Erkältung, sondern mindestens eine Lungenentzündung.

Silvia redet sich ein, sie habe eine seltene Lungenkrankheit, nur weil sie etwas schneller aus der Puste kommt. Ihre Sorge ist so groß, dass sie nicht einmal der positive Befund des letzten medizinischen Checks beruhigt.

5. Sie tun alles, um Gefahren zu mindern.

Wer sich von Risiken umstellt fühlt, ergreift Schutzmaßnahmen. Schwarzmaler schließen absurde Versicherungen ab, lassen sich von ihren Ärzten im Monats-Takt durchchecken oder fahren Vitaminpräparate gegen Krankheiten auf. Ehe sie ein Auto kaufen, prüfen sie die Crashtest-Ergebnisse. Und im Flugzeug organisieren sie sich den Platz direkt beim Notausgang.

Das Drama besteht darin, dass sie sich dennoch nicht sicher fühlen. Was nützt der Notausgang, wenn das Flugzeug zerschellt? Und was nützt Silvia ihre Vorsorgeuntersuchung – wenn der Hausarzt, wie sie meint, sich mit der Lunge nicht auskennt?

6. Sie trüben die Stimmung anderer Menschen.

»Auf unsere Firma rollt eine Entlassungswelle zu!« Was macht diese Aussage einer Kollegin mit Ihnen? Ich wette: Das wird Sie beunruhigen, wenigstens ein bisschen, selbst wenn Sie anderer

Meinung sind. Die Evolution hat das so gewollt: dass wir Risiken selektiv wahrnehmen, den Stock am Boden des Waldes für eine mögliche Schlange halten, um unser Leben zu schützen.

Deshalb gelingt es Schwarzmalern so oft, andere Menschen anzustecken. Gerade feiern alle noch und freuen sich auf weitere Gäste – doch als Silvia einen Unfall an die Wand malt, stürzt die Stimmung ab. Schwarzmaler locken die tiefen Ängste ihrer Mitmenschen ans Licht.

7. Sie sorgen sich (übertrieben) um ihre Angehörigen.

Schwarzmaler leben in ständiger Sorge um ihre Familien. Weil *sie* sehen, was die anderen übersehen: die *wahren* Gefahren des Lebens. Ihre Kinder ahnen ja nicht, wie gefährlich ein Diskobesuch ist – die Schwerhörigkeit stellt sich erst später ein. Und liest man nicht dauernd von K.-o.-Tropfen?

In ihren Gedanken beschwören Schwarzmaler stets das Schlimmste herauf, zwei Beispiele: »Mein Partner steigt arglos in Züge – sagt ihm Eschede nichts mehr?« Oder: »Mein naiver Vater wird sich noch wundern, wenn einer seiner Downloads nicht nur zu Virenbefall, sondern zur 10 000-Euro-Forderung eines Urhebers führt.«

Schwarzmaler warnen ihre Angehörigen pausenlos und sehen sie in Gefahr. Luise fühlt sich verpflichtet, Silvia von jedem Rastplatz aus ein Lebenszeichen zu geben – weil sie weiß, wie tief sich ihre Schwester um sie sorgt.

Der Schwarzmaler in vier Lebensräumen

Am Arbeitsplatz:

Wer ihn sieht, spürt seine Haltung: Oft verschränkt er die Arme vor der Brust, rollt mit den Augen, atmet schwer. Keine Frage: Hier leidet jemand unter der Leichtfertigkeit seiner Kollegen. Wo andere neue Projekte sehen, sieht er neue Reinfälle. Wo andere sich freuen, wenn sich reihum das Gehalt erhöht, sieht er »ein Schmerzensgeld, das bestimmt seinen Grund hat – wartet ab!« Seine Meinung streut er gern in der Kaffeeküche oder der Raucherecke, vorzugsweise hinter dem Rücken des Chefs. Und immer findet er Menschen, die im Grund ja auch meinen: alles Mist hier! Er ist wie der faule Apfel im Korb, steckt die anderen an.

Andererseits: Manchmal liegt er richtig – und warnt vor Risiken, die alle anderen in ihrer Euphorie übersehen. Außerdem sorgt er sich um enge Kollegen und denkt für sie mit.

In der Familie:

Wer mit ihm Kinder bekommen will, muss ihn erst mal überzeugen, dass man eine Geburt auch überleben kann, zumindest theoretisch. Aber selbst dann bleiben die Sorgen: Warum sollte ein Baby nachts länger als eine Stunde schweigen, wenn es nicht Opfer des plötzlichen Kindstods geworden ist? Überhaupt: Wie kann man Kinder in der heutigen Zeit noch allein auf die Straße lassen – bei all den Verkehrsunfällen und Sexualverbrechen? Wenn möglich, bringt er sie zur Schule bis zur Abschlussklasse.

Und von seinem Herzensmenschen erwartet er Lebenszeichen im Halbstundentakt, sofern der sich in Gefahr befindet, also –

wahlweise – auf der Straße (Unfall!), auf dem Weihnachtsmarkt (Attentat!), beim Joggen im Wald (Überfall!) oder beim Frühjahrsputz (Sturz von der Leiter!). Es ist schwer, größere Unternehmungen mit ihm zu planen, etwa Urlaube, weil er überall auf der Welt Gefahren sieht. Reisewarnungen gehören zu seiner Lieblingslektüre.

Andererseits: Er kümmert sich um nahe Menschen, ist für sie da, denkt für sie mit und hält auch in schweren Zeiten zu ihnen.

In der Partnerschaft:

Seine Ängste, Sorgen und Nöte sind wie der Dampf eines Kessels: Sie wollen raus. Und die größte Portion bekommt ab, wer mit ihm in einer Beziehung lebt. Manchmal erzählt er morgens von seinen Albträumen, schildert den bevorstehenden Tag als Katastrophenparcours und gibt Überlebenstipps für die Fahrt zur Arbeit.

Sobald er in die Zeitung schaut, fühlt er sich bestätigt: Unglücke, Kriege, Katastrophen: »Sag ich doch immer! Aber auf mich hört ja keiner!« Wer ihn aufs Positive lenken möchte, etwa aufs schöne Wetter, muss das hartnäckig tun, denn seine Gedanken federn stets ins Negative zurück: Gut möglich, dass er nicht eitel Sonnenschein sieht, sondern die Klimakatastrophe, Dürre und vertrocknete Blumen im Garten.

Andererseits: Er teilt alles mit seinem Herzensmenschen, legt seine Gedanken und Ängste offen und ist bereit, sich auf Sorgen und Nöte des anderen einzulassen.

Im Internet:

Wenn unter einem Artikel jemand kommentiert, der Autor beschönige die Wirklichkeit und übersehe Risiken, dann ist ein Schwarzmaler am Werk. Er selbst malt in seinen Beiträgen und Kommentaren stets den Teufel an die Wand. Er sagt den Börsen-Crash als Erster voraus – und fühlt sich bestätigt, auch wenn's erst zehn Jahre später kracht. Und wer in den sozialen Medien einfach bekennt, dass er Spaß am Leben hat – etwa durch lebenslustige Fotos –, handelt sich seine Zwischenrufe ein: Er verurteilt den Blick durch die rosarote Brille und mahnt mehr Aufmerksamkeit für die Risiken an.

Andererseits: Er öffnet niemals eine Mail mit Trojaner und fällt auch sonst nicht auf Internet-Betrüger rein, ebenso wenig auf positive *Fake News* – dazu ist er viel zu vorsichtig.

Psychologie des Schwarzmalers: So tickt er!

»Jede Sekunde kann *es* passieren!« Davon ist der Schwarzmaler überzeugt. Wobei »es« alles Mögliche sein kann: eine schwere Krankheit, ein Autounfall, eine Entlassung, eine Naturkatastrophe, ein Krieg, ein Todesfall. Also pirscht er auf leisen Sohlen durchs Leben, immer auf der Hut vor einer unsichtbaren Gefahr. Aber statt sich der Gefahr zu ergeben, wie ein depressiver Mensch, trotzt er ihr durch Gegenmaßnahmen.[28] Himmel und Hölle setzt er in Bewegung, um sein Leben und das seiner Lieben zu schützen. Das Repertoire kann von der Lebensversicherung über die Alarmanlage bis zum Atomschutzbunker reichen.

Der Bedarf an Absicherung ist groß, denn wer lebt, ist von Gefahren umzingelt. Jeder Ziegel kann vom Dach fallen, jeder

Autoreifen platzen, jeder Passant ein Meuchelmörder sein. Und wer abends im Bett die Augen schließt, hat keine Garantie, sie morgens wieder zu öffnen. Leben führt zum Tod.

Schenkt ihm sein Schicksal eine Medaille, sieht er sofort die Kehrseite. Wenn er befördert wird, denkt er: Jetzt steigt der Druck! Wenn er Geld erbt, fürchtet er: Jetzt kommen die Anlagebetrüger! Und wenn er ein Haus baut, sieht er den Flammenteufel schon zuschlagen.

Alle Menschen haben Sorgen, bei ihm aber ist es umgekehrt: Die Sorgen haben ihn – rund um die Uhr. Er tritt nicht als Gläubiger des Lebens auf, der Forderungen stellt, zum Beispiel: Ich muss glücklich werden! Das empfände er als Einladung ans Leben, ihn durch einen Schicksalsschlag zu bestrafen. Denn wer nach der Taube auf dem Dach greift, verliert nicht nur den Spatz in der Hand, sondern kann auch vom Dach stürzen.

Das Glück ist für ihn ein schüchternes Wesen, das sich, sobald man es anspricht, von einem abwendet; deshalb gilt sein Blick dem Unglück. Er ist der Passagier einer Lebens-Kreuzfahrt, der schon bei ruhiger See ins Rettungsboot steigt, was ihn den Genuss an der Fahrt kostet, ihm aber einen Teil der Furcht nimmt; wer einen Regenschirm dabeihat, wird bekanntlich seltener vom Regen überrascht als ohne.

Andere Menschen empfindet der Schwarzmaler als leichtfertig und naiv. Sein Versuch, sie zu warnen, scheitert regelmäßig. Dabei ist der Blick fürs Negative in uns allen angelegt: Das menschliche Gehirn untersucht die Umgebung fünfmal pro Sekunde nach Gefahren, so der Neurowissenschaftler Evan Gordon.[29]

Doch Pessimisten zahlen einen hohen Preis: Ihr Risiko, bei negativen Ereignissen in eine Depression zu fallen, ist achtmal höher als bei Optimisten. Beruflich bleiben sie oft hinter ihren

Möglichkeiten zurück, außerdem werden sie häufiger krank und sterben früher.[30]

Der Schwarzmaler ist ein besorgter Mensch, eine Haltung, die er oft von seinen Eltern übernommen hat.[31] Geprägt haben ihn Sätze wie: »Übermut tut selten gut«, »Wer hoch steigt, kann tief fallen« oder »Heute noch auf stolzen Rossen, morgen durch die Brust geschossen.« Als würde der Versuch, viel vom Leben zu wollen, stets im Unglück enden.

Womöglich haben ihn seine Eltern für »überzogene Wünsche« bestraft: Wenn er ein »großes Eis« verlangte, bekam er gar keins – bis er seine Forderungen einstellte und mit einer kleinen Portion belohnt wurde. Also zensierte das Kind seine Wünsche: Es wollte nichts mehr, um vielleicht gerade deshalb doch etwas zu bekommen. Wer nichts mehr erwartet, wird nicht mehr enttäuscht. Ein solches Verhalten hängt auch von der Persönlichkeit des Kindes ab – Geschwister wie Luise und Silvia können sich unterschiedlich entwickeln.

Ebenso kommt es vor, dass das Kind die Ängste der Eltern übernimmt: Wenn die Eltern sich von Risiken umzingelt fühlen, vom drohenden Krebsgeschwür, von lauernden Trickbetrügern und von rücksichtslosen Autofahrern, die ihr Kind überfahren, falls es nicht »immer dreimal nach links und rechts« schaut, so die Anweisung – dann entwickelt das Kind einen selektiven Blick für Gefahren. Als Erwachsener sieht dieser Mensch kaum Chancen, nur Risiken.

Außerdem können Schicksalsschläge einen Schwarzmaler prägen: Wer überraschende Todesfälle oder andere Unglücke erleidet, dessen Urvertrauen ins Leben wird erschüttert.[32] Etliche ängstliche Persönlichkeiten wurden durch einen frühen Verlust geprägt, mal ist ein Angehöriger gestorben, mal haben sich die Eltern getrennt, mal hat eine schwere Krankheit im engsten Kreis zugeschlagen. Weitere Unglücke »aus heiterem Himmel« kann der Schwarzmaler nur vermeiden, indem er keinen Himmel mehr als heiter ansieht – sondern immer die Wolken hinter der Sonne wittert.

Der kleine Übersetzer: Schwarzmaler – Deutsch

Schwarzmaler sprechen oft zwischen den Zeilen. Wenn Sie solche Andeutungen verstehen, sind Sie besser präpariert. Diese kleine, nur leicht augenzwinkernde Übersetzungshilfe macht Sie schlauer:

Schwarzmaler	Deutsch
Jetzt ist es leider so weit: Ich habe morgen den wichtigen Arzttermin.	Rechnet damit, dass ich schwer krank bin.
Er wollte um 12 Uhr mit dem Auto hier sein – wir warten jetzt schon zehn Minuten.	Sicher hatte er einen schweren Unfall!
Er ist auffallend freundlich.	Bald rückt er mit einer schlechten Nachricht raus.
Das Auswärtige Amt hat seine Reisewarnung schon aufgehoben.	Die Warnung war richtig, das Aufheben falsch.
Glaubst du tatsächlich, der Kunde bezahlt seine Rechnung pünktlich?	Keine Frage: Der haut uns übers Ohr!

Schwarzmaler	Deutsch
Unser Geschäftsführer hat behauptet, dass er berufserfahrene Leute wie mich schätzt.	Er hält mich für zu alt – ich stehe auf der Abschussliste!
Ich bin in Sorge, mein Auto macht ein merkwürdiges Geräusch.	Wahrscheinlich ein Totalschaden.
Hast du vorhin die Feuerwehrsirene gehört?	Bestimmt meine Wohnung! Mein Herd! Mein Fehler!
Wo sitzen wir eigentlich im Flugzeug?	Ich wette, der Notausgang ist wieder viel zu weit entfernt!
Noch läuft das Projekt gut.	Klar, dass es bald den Bach runtergeht.

Die fünf Schlüssel zum Schwarzmaler

Was müssen Sie beachten, um mit einem Schwarzmaler klarzukommen? Wie gelingt es Ihnen, seiner negativen Energie zu widerstehen und ihn ins Konstruktive zu lenken? Welche innere Haltung hilft dabei? Und was können Sie von ihm lernen? Dieses Kapitel antwortet auf die fünf wichtigsten Fragen:

Frage 1: Was sagt es über mich aus, wenn ich auf einen Schwarzmaler allergisch reagiere?

Gerade Menschen, die das Glas halbvoll sehen und Dinge vorantreiben, empfinden den Schwarzmaler als störenden Gegenpol. Statt andere zu inspirieren, färbt sein Pessimismus ab. Negative Bemerkungen wirken auf Visionen und Pläne wie der Nadelstich auf den Luftballon: Mit einem Knall zerplatzt alles, schrumpft zum Problem. Das ärgert jene, die den Luftballon mit viel Mühe aufgeblasen haben.

Ungünstige innere Haltung:

Er ist ein Miesepeter vor dem Herrn! Wo ich Chancen sehe, sieht er nur Risiken – offenbar will er mir in die Suppe spucken. Ernst nehmen kann ich seine Schwarzmalerei schon längst nicht mehr. Denn von hundert Unglücken, die er voraussagt, treten exakt hundert nicht ein. Allen fällt das auf, nur ihm nicht. Ich habe das Gefühl, er gefällt sich in der Rolle der Kassandra und sprengt gern die Party.

Günstige innere Haltung:

Er ist ein ängstlicher Mensch, der sich viele Sorgen macht. Seine Wahrnehmung ist wie eine Lupe, die über den Risiken des Lebens liegt und sie übertrieben groß erscheinen lässt. Er ist sich dessen nicht bewusst, weil er schon immer durch diese Lupe schaut. Das erklärt, warum ich ihm Risiken so schlecht ausreden kann. Er hat sich die Angst nicht ausgesucht, er hat sie einfach – wie andere einen Klumpfuß haben. Und in etlichen Situationen ist die Angst nützlich, weil sie ihn vor Fehlern bewahrt oder ihm zumindest ein beruhigendes Gefühl vermittelt. Je ernster ich seine Sorgen nehme, desto leichter kann ich seinen Blick zum Positiven lenken.

Frage 2: Wie verändere ich das Verhalten eines Schwarzmalers?

Wie hätte es gelingen können, Silvia zu einer späteren Anreise zum Vorstellungsgespräch zu bewegen, also ohne übertriebenen Zeitpuffer? Ihre Schwester schlägt genau den falschen Weg ein: Luise redet die Risiken klein, und ihr Appell entfaltet eine paradoxe Wirkung: Silvia fühlt sich verpflichtet, mit ihren Argumenten dagegenzuhalten.

Wann immer Sie einem Schwarzmaler klarmachen wollen, dass er die Dinge zu schwarzsieht, wird er die Gefahr noch schwärzer an die Wand malen – damit Sie ihn endlich verstehen. Der Versuch, ihm Risiken auszureden, treibt ihn tiefer in seine Angst.

Stellen Sie sich die Botschaft eines Schwarzmalers wie ein Paket vor, das er Ihnen hinstreckt: Solange Sie es abwehren, sind seine Hände blockiert – er kann nichts von Ihnen aufnehmen. Sobald Sie sein Verbalpaket aber angenommen haben, sind seine Hände frei, um Ihre Gedanken zu fassen.

Der paradoxe Weg funktioniert: Wenn Sie alle Risiken einräumen, wenn Sie zugeben, dass Züge sich verspäten, Kabinenpersonal streiken und Flugzeuge vom Himmel stürzen können – dann fühlt sich Silvia verstanden und ist aufnahmebereit.

Wie nimmt man einem Menschen seine Angst? Indem man sie an*nimmt*! Mit dieser Strategie hätte Silvias Schwester deutlich mehr erreicht. Zum Beispiel hätte sie antworten können:

»Stimmt, Züge sind oft unpünktlich. Du kannst dich nicht darauf verlassen, zur geplanten Zeit in Basel zu sein.« (*Zeigt, dass sie die Sorge für berechtigt hält.*) »Lass uns mal annehmen, dein Zug nach Basel verspätet sich so richtig: Welche Verspätung hältst du für möglich?« *(Geht vom schlimmsten Fall aus – und bittet um eine Konkretisierung.)* »Also gut: Dein Zug hat drei

Stunden Verspätung, sagst du. Welche Verbindung müsstest du dann morgens nehmen, um dennoch pünktlich bei deinem Vorstellungsgespräch zu sein?« *(Lenkt den Blick auf gangbare Optionen, die selbst im negativen Fall bestehen.)* »Und jetzt mal den allerschlimmsten Fall angenommen: Der Zug bleibt auf der Strecke liegen, du verpasst dein Vorstellungsgespräch.« *(Nimmt den größten Katastrophenfall vorweg.)* Wie würde die Firma wohl reagieren, wenn du von unterwegs anrufst und sagst: »Obwohl ich 3 ½ Stunden Reserve eingeplant habe, kann ich wegen einer Bahnpanne nicht pünktlich bei Ihnen sein.«? *(Lädt Silvia ein, ihre diffusen Ängste am konkreten Beispiel zu prüfen.)*

Wer einem Schwarzmaler seine Angst ausreden will, erntet Widerspruch. Wer sie jedoch einräumt, geht als Verbündeter durch. Die Stärke dieser Gesprächsführung besteht darin, dass Silvia zu nichts gedrängt, aber dennoch aus ihrer diffusen Angst geholt wird: Sie kann die befürchteten Szenarien prüfen, sie greifbar machen – und überlegen, wie sie damit umgeht. Dieses Netz, das sie unter ihr Handeln spannt, verleiht ihr mehr Sicherheit.

Eine solche Argumentationstechnik erhöht die Wahrscheinlichkeit, dass Silvia einen Teil ihrer Sorge loslässt und eine rationalere Lösung wählt.

> **MEINE DREI BESTEN TIPPS:**
>
> ▶ Räumen Sie am konkreten Beispiel ein, dass alle vom Schwarzmaler gefürchteten Gefahren eintreten können. Dann erst ist er offen für Ihre Impulse.
> ▶ Spielen Sie mit ihm durch, welche Konsequenzen der schlimmste Fall hätte. Was er in Gedanken durchgeht, verliert seine *diffuse* Bedrohlichkeit.
> ▶ Lassen Sie ihn ein Netz unterm Seil spannen: Wie würde er mit dem schlimmsten Fall umgehen? Diese Absicherung erhöht seine Risikobereitschaft.

Frage 3: Welches sind die besten Strategien im Umgang mit einem Schwarzmaler?

Durch die Art, wie Sie mit einem Schwarzmaler umgehen, können Sie sein Verhalten steuern. Welche drei Ansätze sind am hilfreichsten?

Strategie 1:
Lassen Sie ihn tun, was er fürchtet, möglichst oft und in kleiner Dosis.
Mario (53), Abteilungsleiter im Mittelstand, erzählt von einer Mitarbeiterin:

Vor ein paar Jahren fiel mir auf, dass Laura sich bei Präsentationen immer zurückhielt. Andere Teammitglieder traten vor die große Gruppe, sie stand unbeteiligt daneben. Ich fand heraus, dass sie beim Reden einen »Blackout« befürchtete. Sie sprach davon, sie könnte auf der Bühne »ohnmächtig werden« und »das ganze Team lächer-

lich machen«. Dabei drückte sie sich in kleineren Runden prima aus. Doch ich wusste, dass sie zu negativen Fantasien neigte; oft sah sie Projekte in Gefahr und Kunden abspringen, obwohl aus meiner Sicht alles rundlief.

Ich versuchte, sie zu überreden, eine eigene Präsentation zu halten. Aber sie stemmte sich dagegen. Also lud ich sie ein, bei der Gruppen-Präsentation nur einen einzigen Satz zu übernehmen, ein zusammenfassendes Element. Zweifelnd ließ sie sich darauf ein.

Der Versuch gelang: Ihr Satz kam unfallfrei rüber. Vor der nächsten Präsentation ermunterte ich sie, sich auf zwei Sätze zu steigern. Wieder ein Erfolg. So ging das noch ein paar Mal, bis sie bei der Präsentation ähnlich viel wie ihre Kollegen sprach. In ganz kleinen Schritten hatte sie es geschafft, ihre Angst zu überwinden.

Eine Methode aus der Verhaltenstherapie, die »systematische Desensibilisierung«, ist wie für den Schwarzmaler gemacht: Er tut gezielt, was er fürchtet – um dabei festzustellen: Ist ja gar nicht so schlimm![33]

Aber wie können Sie einen Schwarzmaler dazu überreden, das zu tun, was er fürchtet? Indem Sie die Hürde senken, wie der Chef im Beispiel: Er gibt seiner Mitarbeiterin eine winzige Aufgabe, die er nach und nach steigert. Sie sammelt positive Erfahrung, und ihre Ängste schwinden.

Nehmen wir an, ein Schwarzmaler meidet S-Bahn-Fahrten, weil er Mord- und Totschlag sowie Zugunglücke fürchtet. Dann könnten Sie ihn einladen, sich mit Ihnen auf einem S-Bahnhof umzusehen – nur umzusehen. Vielleicht erwischen Sie ja einen Zeitpunkt, zu dem gerade kein Mord geschieht. Dann könnten Sie mit ihm zusammen eine Station fahren – nur eine Station. Vielleicht werden Sie ja zufällig nicht überfallen. Dann könnten Sie zusammen eine etwas längere Fahrt unternehmen – nur *etwas* länger. Vielleicht springt der Zug ja zufällig nicht vom Gleis.

Erst in einer späten Phase unternimmt der Schwarzmaler *kleine* Fahrten allein – ehe am Ende die größeren folgen. Seine Angst wird auf ein vernünftiges Maß schmelzen, durch seine positiven Erfahrungen. Dabei ist es ganz wichtig, dass er zu nichts gezwungen wird und in *ganz* kleinen Schritten vorgehen kann.

! MEINE DREI BESTEN TIPPS:

▶ Sorgen Sie dafür, dass ein Schwarzmaler sich jenen Ängsten stellt, die ihn einschränken. Vermeiden stärkt nur die Angst, Tun die Kompetenz.

▶ Laden Sie ihn ein, in kleiner Dosis Erfahrungen zu sammeln und seine Fantasie mit der Realität abzugleichen. Meist ist diese viel harmloser als gedacht.

▶ Lassen Sie ihn die Dosis so lang steigern, bis er die Schwelle seiner Angst überschritten hat und handlungsfähig ist.

Strategie 2:
Helfen Sie dem Schwarzmaler, Risiken realistisch zu berechnen.
Ein Schwarzmaler hasst Überraschungen. Spontane Unternehmungen, veränderte Pläne und rasante Richtungswechsel bringen ihn völlig aus dem Konzept. Denn allem, was er tut, geht eines voran: die Vor-Sorge. Er denkt über die Risiken nach. Und darüber, wie er sie minimieren kann.

Sagen Sie einem Schwarzmaler frühzeitig, was ihn erwartet. Bleiben Sie ihm vom Leib mit Wochenend-Trips, die erst am Freitagmorgen geplant werden. Werfen Sie ihm kein neues Projekt auf den Tisch, sondern kündigen Sie an, wann es auf ihn zukommt und was es beinhaltet. Schicken Sie ihn nicht auf überraschende Dienstreisen und stoßen Sie ihn nicht in plötzliche Verhandlungen. Wenn schon außergewöhnliche Unternehmungen, dann mit langem Vorlauf, damit er sich auf das Risiko einstellen und sich mental absichern kann.

Bei der Art, wie er die Risiken einschätzt, können Sie ihn unterstützen. Nehmen Sie Silvia, die einen Flug mit dem Hinweis ablehnt, über dem Bodensee sei die Absturzgefahr besonders groß – nur weil dort vor Jahren ein Flugzeug abgestürzt ist.

Ein Realitätscheck, ein rationaler Blick auf die Wahrscheinlichkeiten, kann weiterhelfen. So hätte die Schwester zu Silvia sagen können:

»Ja, Silvia, an diesen Absturz überm Bodensee erinnere ich mich auch noch. Vielleicht ist der Luftraum dort besonders gefährlich.« *(Räumt die mögliche Gefahr ein.)* »Ich finde diese Frage interessant: Wie groß ist die Gefahr generell, mit einem Flugzeug abzustürzen? Und wie groß über dem Bodensee?« *(Wirft eine Frage auf, deren Antwort ihre Schwester garantiert interessiert, frei von Belehrung.)* »Lass uns doch beide mal eine Schätzung abgeben: erst du, dann ich.« *(Macht ein Spiel daraus, was die Situation entkrampft und die Schwarzmalerin zwingt, von der diffusen Angst zu einer konkreten Einschätzung zu gelangen.)*

Da Silvia eine kluge Frau ist, wird ihre Einschätzung nicht *völlig* an der Realität vorbeigehen. Auf dieser Basis kann sie ihre Sorgen einordnen. Ihre Schwester antwortet mit einer eigenen Schätzung. Dann recherchieren die beiden im Internet: Wie wahrscheinlich ist es, mit einem Flugzeug tödlich zu verunglücken? Und weicht die Bodensee-Region von dieser Wahrscheinlichkeitsrechnung ab?

Ein solcher Realitäts-Check lässt sich zu allen möglichen Themen durchführen und hilft Schwarzmalern, ihre Befürchtungen einzuordnen. Das unberechenbare, diffuse, von schwarzer Fantasie gedüngte Angstgewächs schrumpft zu einem *kalkulierbaren* Risiko – und damit kann ein Schwarzmaler, der Meister im Berechnen ist, gut umgehen.

Überlassen Sie ihm die richtigen Schlüsse: »Jetzt kannst du noch konkreter einschätzen, wie die Risiken des Fluges aussehen. Überleg mal, inwiefern du sie eingehen willst.« Manchmal dauert es ein paar Stunden oder Tage, ehe sich der Schwarzmaler einen Ruck gibt. Geben Sie ihm Zeit und drängen Sie ihn nicht.

MEINE DREI BESTEN TIPPS:

▶ Erklären Sie das Risiko zum Forschungsobjekt, und werfen Sie die Frage auf: Wie wahrscheinlich ist sein Eintreten?

▶ Beziehen Sie den Schwarzmaler in die Recherche ein. Berechnungen von Risiken sind sein Spezialgebiet, er wird gern mitmachen.

▶ Halten Sie das Ergebnis am Ende fest – und überlassen Sie es ihm, was er damit anfängt. Je geringer der Druck, desto wahrscheinlicher ein Kurswechsel.

Strategie 3:
Stellen Sie Fragen, die seine Gedanken zum Positiven lenken.
Torben (28) arbeitet für eine große Unternehmensberatung, ist vier Tage die Woche beim Kunden vor Ort und erzählt von einem Kollegen, mit dem er ein Team bildet:

Mike (29) und ich wohnen immer im selben Hotel, fahren morgens gemeinsam zur Arbeit und essen dann zusammen Abend. Mike ist oft negativ drauf: Er spricht darüber, was unsere Kunden alles falsch machen, warum unsere Beratung am Ende des Tages nichts bringt und warum unser Chef eine Null ist.

An manchen Tagen zieht mich sein Pessimismus derart runter, dass mir mein Essen nicht mehr schmeckt. Denn so ganz unrecht hat er mit seinen Aussagen ja nicht. Aber wenn ich mich auf diese Gedanken einlasse, fühlt sich das Leben leer und sinnlos an. Ich widerspreche ihm dann – was ihn noch mehr schimpfen lässt, weil er mir beweisen will, dass er der Realist ist und ich die Welt schönfärbe.

Mit dieser Geschichte tauchte Torben bei mir in der Karriereberatung auf. Er wollte etwas unternehmen, um sich von der destruktiven Haltung seines Kollegen nicht länger anstecken zu lassen – aber was? Das Beratungsgespräch verlief etwa so:

Coach: »Was tun Sie eigentlich, um Ihren Kollegen auf bessere Gedanken zu bringen?«

Klient: »Ich sage ihm, dass er aufhören soll mit seinem Pessimismus.«

Coach: »Womit Sie das Gegenteil erreichen, wie Sie mir ja schon erzählt haben. Wie wäre es, seine Gedanken durch Fragen in eine positivere Richtung zu steuern?«

Klient: »Das geht immer schief! Wenn ich ihn frage, was er klasse an unserer Arbeit findet, fällt ihm nichts ein.«

Coach: »Wenn er das Wort ›klasse‹ hört, macht er als Schwarzmaler dicht. Das provoziert ihn geradezu, Ihnen das Gegenteil zu beweisen.«

Klient: »Wie könnte ich sonst fragen?«

Coach: »Verwenden Sie eine Negation, und senken Sie den Anspruch so weit wie möglich: ›Was läuft in unserer Firma noch am wenigsten schief?‹«

Klient: »Ist das nicht nur Sprachkosmetik?«

Coach: »Nein, Sie sprechen seine Landessprache und holen ihn in seiner Denkwelt ab. Dass etwas weniger schlecht läuft, kann er viel leichter einräumen, als etwas ›klasse‹ zu nennen. Wenn Sie positiv fragen, betont er das Negative umso mehr.«

Klient: »Dann funktionieren positive Fragen gar nicht?«

Coach: »Doch, aber nur in relativierter Form: Fragen Sie nicht nach den besten Ergebnissen Ihrer gemeinsamen Arbeit, sondern: ›Was ist ein bisschen besser als das andere gelaufen?‹ Je tiefer die Latte des Positiven hängt, desto eher wird er darüberspringen.«

Torben hat die Tipps in den folgenden Wochen umgesetzt, und die Erfolge waren verblüffend: Tatsächlich ließ sich sein Kollege dem negativen Strudel zeitweise entreißen – umso länger, je mehr Torben im Gespräch diese positiven Ansätze durch Nachfragen vertiefte. Endlich gelang es ihm, die schwarzen Gedanken seines Gesprächspartners aufzuhellen.

> **!** **MEINE DREI BESTEN TIPPS:**
>
> ▶ Nehmen Sie den negativen Monolog des Schwarzmalers nicht wie eine Naturkatastrophe hin, sondern steuern Sie seine Gedanken – indem Sie Fragen als Wegweiser nutzen.
> ▶ Stellen Sie Ihre Fragen in der Landessprache des Schwarzmalers, mit Negationen – fragen Sie nicht nach dem Guten, sondern nach dem weniger Schlechten.
> ▶ Wenn Sie eine positive Frage stellen, dann in relativierter Form: Erkundigen Sie sich nicht, was »gut läuft« – sondern: »etwas besser läuft«.

Frage 4: Was sollte ich vermeiden im Umgang mit einem Schwarzmaler?

Mit welchem Verhalten treiben Sie einen Schwarzmaler noch tiefer ins negative Denken? Was macht die Beziehung zu ihm schwieriger? Diese Tabelle erklärt Ihnen, was Sie besser vermeiden und wann Sie sich abgrenzen sollten.

Unbedingt vermeiden	Möglicher Schaden	Klügeres Verhalten
Beschwichtigen: »Jetzt mach dir doch nicht so viele Sorgen, wir werden den Liefertermin schon einhalten.«	Der Schwarzmaler fühlt sich missverstanden – und malt seine Sorge noch schwärzer aus.	Hören Sie aktiv zu und spiegeln Sie den positiven Wunsch, der hinter der Sorge steckt: »Du suchst nach einem Weg, wie wir eine pünktliche Lieferung sicherstellen können.«

Unbedingt vermeiden	Möglicher Schaden	Klügeres Verhalten
Verallgemeinern: Sie werfen ihn mit anderen in einen Topf: »Andere, zum Beispiel ich, leben mit diesem Risiko doch auch ganz gut.«	Er wird tausend Gründe darlegen, warum sein Fall ein Sonderfall ist, also dramatischer als der Rest.	Akzeptieren Sie seine Sicht und signalisieren Sie ihm das – auch ohne seinen Standpunkt zu teilen.
Provozieren: »Dann bedeutet eine Zugfahrt also zwangsläufig ein Zugunglück, verstehe ich das richtig?«	Er fühlt sich in seiner Sorge verkannt und verschließt sich komplett.	Räumen Sie mögliche »Unglücke« ein – und suchen Sie einen ernsthaften Diskurs über die Wahrscheinlichkeiten.
Ignorieren: Sie gehen nicht auf seine Sorgen ein, arbeiten zum Beispiel einfach weiter.	Er denkt, sein Warnruf sei zu leise gewesen – und ruft seine negative Sicht noch lauter heraus.	Nehmen Sie seine Sorgen ernst. Erst danach ist er bereit zur Diskussion.
Argumente persönlich nehmen: Er lehnt einen Vorschlag von Ihnen ab – und Sie reagieren beleidigt.	Ihre Reaktion verwirrt ihn. Warum gehen Sie nicht auf die Sache ein? Er ist der Meinung, nichts gegen Sie persönlich gesagt zu haben.	Nehmen Sie seine Argumente ernst. Gehen Sie sachlich darauf ein. Sehen Sie niemals einen Angriff darin.[34]

Unbedingt vermeiden	Möglicher Schaden	Klügeres Verhalten
Immer nur zuhören: Sie überlassen ihm die Gesprächsführung und verfolgen einen Sorgen- und Angstmonolog nach dem anderen.	Er wertet Ihr Schweigen als Zustimmung und hört gar nicht mehr auf, über Negatives zu reden.	Steuern Sie ihn durch Fragen. Haken Sie nach, was etwas besser als der Rest läuft. Oder wie groß die Wahrscheinlichkeit eines Unglücks ist.
Immer nachgeben: »Also gut, dann blase ich unsere Traumreise mal wieder ab, weil sie dir zu gefährlich erscheint.«	Er sieht sich in seiner Warnung bestätigt und wird auch künftig solche Anliegen torpedieren.	Opfern Sie ihm keine Wünsche. Gehen Sie auch mal im Alleingang voraus, um ihm zu zeigen, dass Risiken nicht immer eintreten.

Frage 5: Was kann ich von einem Schwarzmaler lernen?

Vieles, was der Schwarzmaler denkt und tut, enthält einen positiven Kern – es kommt nur auf die Dosis an. Was können Sie von ihm lernen, gerade als sehr optimistischer Mensch? Und welcher Blickwinkel erleichtert den Umgang mit ihm? Hier ein paar Anregungen:

Verhalten des Schwarzmalers	Positive Sicht auf ihn	Impuls zur eigenen Entwicklung
Er sieht Risiken, wo andere keine sehen.	Er ist ein Seismograph für Gefahren und spürt als Erster, was schiefgehen könnte. Seine Sorge ist zugleich eine Fürsorge, die seine Familie, seine Freunde und seine Firma vor Unglücken bewahren soll.	Wie scharf ist mein Auge für Risiken? Denke ich für andere mit? Sind mir vor Entscheidungen die Gefahren klar? Bin ich auf den Fall der Fälle vorbereitet? Oder kann es sein, dass mich die Risiken öfter kalt erwischen?
Er sorgt sich ständig um seine Gesundheit.	Er nimmt seine Gesundheit ernst und versäumt keine Vorsorgeuntersuchung. Es ist ihm wichtig, mit seinen körperlichen und geistigen Ressourcen verantwortungsvoll umzugehen.	Wie sorgfältig gehe ich mit meiner Gesundheit um? Beobachte ich wichtige Veränderungen an mir? Nehme ich Vorsorge-Untersuchungen wahr? Oder setze ich meine stabile Gesundheit voraus – und riskiere sie so?
Er will sich einfach nicht auf verbindliche Termine festlegen.	Er gibt nie leichtfertige Versprechungen und tut alles, sein Wort zu halten, auch unter schwierigen Umständen. Zusagen, zu denen er sich durchringt, sind höchst verbindlich.	Überlege ich lang genug, ehe ich etwas zusage? Frage ich mich, was dagegenspricht und ob Risiken drohen? Halte ich Zusagen immer ein? Oder verspreche ich öfter mehr, als ich einhalten kann?

Verhalten des Schwarzmalers	Positive Sicht auf ihn	Impuls zur eigenen Entwicklung
Er misstraut allen Komplimenten.	Er ist ein bodenständiger Mensch, der seine eigenen Schwächen und Grenzen kennt. Deshalb lässt er sich durch Schmeichelei nicht um den Finger wickeln.	Wie gehe ich mit Lob um? Höre ich auch kritische Zwischentöne? Fällt mir auf, wenn mich jemand durch Lob manipulieren will? Inwieweit wäre es hilfreich, differenzierter mit Komplimenten umzugehen?
Er taucht überpünktlich bei Terminen auf.	Er ist gut organisiert und geht sorgsam mit der Zeit seiner Gesprächspartner um. Termine nimmt er ernst und kommt nie zu spät.	Wie ernst nehme ich Verabredungen? Plane ich Zeitreserven bei der Anreise ein? Bin ich pünktlich? Oder tauche ich auch mal verspätet auf? Wenn ja, welche Botschaft sende ich damit an die Wartenden?

Übungsfall: »Es wird ein Unglück geschehen!«

Thomas (56) arbeitet als freier Architekt und hat mit einem Kunden zu kämpfen, der als privater Immobilien-Investor mehrere Häuser baut. Jedes Gespräch mit ihm ist anstrengend, denn der Bauherr fürchtet Unglücke: Arbeiter könnten vom Gerüst stürzen (»Ihre Sicherheitsvorkehrungen reichen nicht aus!«), Pläne nicht exakt um-

gesetzt werden und billige Materialien zum Einsatz kommen. Außerdem fürchtet er, dass seine Häuser nicht wie geplant im Herbst fertig sind, sondern erst im Winter (»Dann zieht sofort die Feuchtigkeit ein!«).

Mit solchen Aussagen versetzt er die Baustellen in Aufruhr, auch die Handwerker.

Der Plan: Thomas hat ein Coaching gebucht, um zielführender mit seinem Auftraggeber umzugehen. In einem Rollenspiel stellt der Coach den Auftraggeber dar, und Thomas sagt zu ihm: »Ich finde, Sie machen hier die Pferde unnötig scheu. Wir sind Profis im Baugewerbe und haben alles im Griff. Wenn Sie die Leute allerdings weiter verunsichern, kann ich für nichts garantieren.« Nun will er vom Coach wissen: »Soll ich wirklich so direkt sein, um endlich Ruhe in die Situation zu bringen?«

ÜBUNG: Bitte beurteilen Sie, ob Thomas gute Chancen hat, mit diesem Vorgehen den gewünschten Erfolg zu erzielen – und lesen Sie erst dann weiter.

Meine Einschätzung: Eine solche Aussage wäre ein großer Fehler, aus drei Gründen: Erstens nimmt Thomas die Sorgen seines Auftraggebers nicht ernst – das wird sie größer machen, nicht kleiner, zumal er seinen Architekten nun für leichtfertig hielte. Zweitens will er ihm einen Maulkorb verpassen – das wird diesen noch lauter schreien lassen, da er sich als Auftraggeber nicht ernst genommen fühlt. Und drittens stellt die Aussage, er könne bei fortgesetzter Kritik »für nichts garantieren«, seine eigene Kompetenz in Frage – der Bauherr wird sich eingeladen fühlen, selbst in dieses vermeintliche Vakuum zu stoßen.

Im Coaching haben wir folgende Idee entwickelt: Thomas nahm ein Blatt Papier, zog in der Mitte einen Strich und schrieb über die linke Spalte: »Was mich besorgt.« Damit ging er auf den Bauherrn zu und meinte: »Es ist mir wichtig, dass ich Ihre Sorgen kenne und wir etwas daraus ableiten. Darum möchte ich Sie einladen, auf der linken Seite dieses Zettels alles festzuhalten, was Ihnen bei unseren Baustellen Sorge bereitet.«

Es war, als hätte er Frau Holle um Schnee gebeten – der Bauherr schüttelte eine Sorge nach der anderen aus dem Ärmel, unter anderen: »Bauarbeiter tragen die Helme nicht regelmäßig«, »Die Gewerke sprechen zu wenig miteinander« und »Der Architekt ist zu selten auf der Baustelle.«

Thomas ging den Zettel gründlich durch, eher er über die zweite Spalte daneben schrieb: »Stattdessen wünsche ich mir (…), denn dann (…).« Er sagte zu seinem Auftraggeber: »Ich möchte, dass Sie jetzt bei jedem Kritikpunkt Ihren Wunsch hinzufügen: Was soll anders laufen? Und was ist dann für Sie gewährleistet?« Am Ende sah der Zettel bei den genannten Punkten so aus:

Was mich besorgt	Was ich mir wünsche, denn dann (…)
Bauarbeiter tragen Helme nicht regelmäßig.	*Ich wünsche mir,* dass jeder, der die Baustelle betritt, seinen Helm aufsetzt (…), *denn dann* sinkt die Gefahr, dass jemand durch Herabfallendes vom Kran schwer verletzt wird und ich dafür hafte.
Die Gewerke sprechen zu wenig miteinander.	*Ich wünsche mir,* dass es jeden Tag mindestens zwei Gespräche zwischen den Gewerken gibt (…), *denn dann* sind schwere Fehler durch mangelnde Abstimmung unwahrscheinlicher, die mich Geld und Nerven kosten.
Der Architekt ist zu selten auf den Baustellen.	*Ich wünsche mir,* dass der Architekt dreimal pro Tag jede Baustelle besucht (…), *denn dann* kann er rechtzeitig eingreifen, wenn etwas schiefläuft, und behält die Termine besser im Blick.

Statt nur den Teufel an die Wand zu malen, war der Bauherr gezwungen, konstruktive Vorschläge aus seinen Sorgen abzuleiten. Einige davon waren sofort umsetzbar, etwa die Anregung zu den Helmen. Bei anderen griff Thomas das Bedürfnis auf und bot Alternativen an. Zum Beispiel sagte er zu, jeden Tag mehrfach Kontakt zu den Baustellen aufzunehmen und sie, bei Bedarf, auch anzufahren.

Nach diesem Gespräch lief die Zusammenarbeit besser. Der Bauherr schätzte es, dass seine Bedenken ernst genommen wurden. Die regelmäßigen Gespräche mit Thomas gaben ihm Sicherheit, seine negativen Zwischenrufe wurden seltener.

!

MEINE DREI BESTEN TIPPS:

▶ Bitten Sie einen Schwarzmaler, all seine Sorgen, Bedenken und Ängste auszusprechen (oder aufzuschreiben). Alles, was er formuliert, wird greifbarer und verliert an Schrecken.

▶ Laden Sie ihn ein, zu jedem Punkt einen Wunsch zu formulieren: Was soll stattdessen geschehen? Das lenkt seine Gedanken in eine konstruktive Richtung.

▶ Vereinbaren Sie regelmäßige Gespräche, um die Fortschritte zu steuern. Das gibt seinen Sorgen einen Rahmen, dann durchdringen sie nicht mehr jedes Alltagsgespräch.

Sieben neue Glaubenssätze für Schwarzmaler

Kommt es vor, dass Sie sich von Sorgen umstellt fühlen und selbst zum Schwarzmalen neigen? Dann prüfen Sie bitte, ob Sie sich in den alten Glaubenssätzen aus der folgenden Tabelle wiedererkennen. Falls ja: Probieren Sie die sieben neuen Glaubenssätze in der rechten Spalte aus – zum Beispiel, indem Sie jeden davon für einen Tag der nächsten Woche als Leitmotto mit in den Alltag nehmen. Vergleichen Sie: Mit welcher Haltung geht es Ihnen besser?

Alter Glaubenssatz	Neuer Glaubenssatz
Die Welt ist ein Ort voller Gefahren und Risiken.	Ich finde in der Welt, was ich suche. Ich gebe dem Positiven eine Chance.
Ich muss immer mit dem Schlimmsten rechnen.	Ich darf auch mal mit dem Besten rechnen, sonst übersehe ich es.
Die meisten Unglücke kann ich verhindern, indem ich vorsichtig bin.	Ich kann nicht alles kontrollieren, Loslassen entspannt mich.
Ich muss überpünktlich da sein, denn eine Verspätung wäre katastrophal.	Ich breche rechtzeitig auf. Wenn ich mich dennoch verspäte, geht die Welt nicht unter.
Ich muss alles sofort erledigen, sonst bleibt es liegen und bereitet Probleme.	Ich darf mir Zeit nehmen und Dinge nach Wichtigkeit erledigen.
Ich muss auf meine geliebten Menschen aufpassen, damit ihnen nichts passiert.	Meine geliebten Menschen können auf sich selbst aufpassen.
Wenn ich Erfolg habe, kann es immer reiner Zufall sein.	Die meisten Erfolge habe ich mir verdient und erarbeitet.

STECKBRIEF: DER SCHWARZMALER

Drei Eigenschaften, die ihn kennzeichnen:

► Er kocht seine Sorgen auf großer Flamme.

► Er ist fixiert auf Gefahren und Risiken.

► Er tut alles, um Enttäuschungen zu verhindern.

Drei Wörter, die er gern verwendet:

► »Noch« – weil Glück schnell vergeht.

► »Katastrophe« – weil er so viele davon wahrnimmt.

► »Vorsicht« – weil er den nächsten Schicksalsschlag schon ahnt.

Drei Sätze anderer, die ihn aufregen:

► »Jetzt sei doch nicht so pessimistisch.« (*Bin ich ja gar nicht – du übersiehst die Risiken!*)

► »Ist doch halb so wild.« (*Wie kann man eine Katastrophe so verharmlosen!*)

► »Man muss halt mit den Risiken leben.« (*Nein: Man stirbt, wenn man sie nicht sieht!*)

Drei Verhaltensweisen, die ihm entgegenkommen

► Nehmen Sie seine Sorgen ernst, das öffnet ihn fürs Konstruktive.

► Lenken Sie das Gespräch dosiert auf Lösungen, statt im Problem zu verharren.

► Stellen Sie ihm Fragen, die seine Gedanken aufhellen.

Drei Wege, ihn konstruktiv zu kritisieren:

► Machen Sie ihm deutlich, wie seine Äußerungen auf andere wirken.

► Fordern Sie ihn auf, beklagte Zustände aktiv zu verändern.

► Erhöhen Sie seinen Realismus, sprechen Sie über Wahrscheinlichkeiten.

2. Der Narzisst:

»Ich bin der Mittelpunkt der Welt!«
(Narzisstische Persönlichkeit)

Fällt Ihnen jemand ein, auf den einige der folgenden 15 Aussagen zutreffen? Und auf wie viele Jas kommen Sie bei ihm? Am Ende des Testes erfahren Sie, ob es sich um einen Narzissten handelt – und wenn ja, wie ausgeprägt.

Typen-Test: Kennen Sie einen Narzissten?

1. Er kann auf den ersten Blick charmant sein und interessant wirken.	**Ja**	**Nein**
2. Sein Äußeres ist wie aus dem Ei gepellt, und er liebt Statussymbole.	**Ja**	**Nein**
3. Er hält sich für etwas ganz Besonderes, auch ohne Grund.	**Ja**	**Nein**
4. Er tut alles, um im Mittelpunkt zu stehen und bewundert zu werden.	**Ja**	**Nein**
5. Er schmückt sich gern mit erfolgreichen, schönen und hochrangigen Menschen.	**Ja**	**Nein**

6. Er hasst nichts mehr, als sich öffentlich zu blamieren oder zu scheitern.	**Ja**	**Nein**
7. Er redet viel über sich – Lieblingswort: »ich« – und geht kaum auf andere ein.	**Ja**	**Nein**
8. Er überschätzt seine Leiden und unterschätzt das Unglück anderer.	**Ja**	**Nein**
9. Er nutzt andere Menschen aus, wenn es seinem Vorteil dient.	**Ja**	**Nein**
10. Er schmückt sich mit attraktiven Partnern, ist aber Affären nicht abgeneigt.	**Ja**	**Nein**
11. Er bricht Regeln, um zu bekommen, was ihm nach seiner Meinung zusteht.	**Ja**	**Nein**
12. Er möchte andere kontrollieren und erwartet, dass sie sich ihm unterordnen.	**Ja**	**Nein**
13. Er übertreibt seine Verdienste und erzählt oft Unwahres.	**Ja**	**Nein**
14. Er nimmt Kritik persönlich und reagiert rachsüchtig.	**Ja**	**Nein**
15. Er erniedrigt andere, um sich selbst zu erhöhen und sie zu kontrollieren.	**Ja**	**Nein**
Wie oft haben Sie mit »Ja« geantwortet? Bitte zählen Sie das Ergebnis zusammen, ehe Sie die Auswertung lesen.		
Ergebnis: _____x Ja		

Auswertung: Der dreifache Narzisst

Wie ausgeprägt ist der Narzissmus des Menschen, an den Sie gedacht haben? Hier bekommen Sie eine erste Einschätzung:

5–7 Punkte: Leichter Narzisst	8–11 Punkte: Mittlerer Narzisst	12–15 Punkte: Narzisstische Persönlichkeit
Er steht gern im Mittelpunkt. Seine Eitelkeit treibt ihn zu besonderen Leistungen. Er repräsentiert mit Vorliebe, nimmt sich wichtig, übertreibt schon mal. Und es gibt bessere Zuhörer. *Resümee:* Er ist etwas selbstverliebt, aber hält sich im Großen und Ganzen an Regeln, auch im Umgang mit anderen Menschen.	Sein Geltungsdrang ist groß. Er singt Loblieder auf sich selbst, schmückt sich mit fremden Federn, betreibt Namedropping. Andere Menschen drängt er beiseite oder sieht sie als Handlanger. *Resümee:* Sein Bedürfnis nach Anerkennung verlockt ihn zu unsozialem Verhalten. Manchmal agiert er rücksichtslos und kaltherzig.	Er hält sich für einmalig, genial, völlig unterschätzt. Andere Menschen benutzt er nur. Er entwertet sie, um sich aufzuwerten. Kritik wehrt er ab. Er missachtet Gesetze und bricht Regeln. *Resümee:* Er überschätzt sich selbst und geht über Leichen, sobald es ihm Vorteile bringt. Für eigenes Versagen klagt er andere an.

Erlebnis mit einem Narzissten

»Erst hat er mich beeindruckt – dann beschimpft!«

Clara (33) erzählt über ihren direkten Vorgesetzten:

Schon im Vorstellungsgespräch beeindruckte mich Georg Luthe.[35] Galant nahm er mir den Mantel ab und plauderte weltmännisch. Sein Äußeres war auffallend gepflegt: schneeweiße Zähne, akkurat frisierte Haare und ein maßgeschneidertes Jackett im englischen Stil, dessen Ärmellänge genau auf die goldenen Manschetten abgestimmt war. Sein Abteilungsleiter-Büro war groß wie das eines Geschäftsführers, ein weicher Teppich dämpfte die Schritte. Und Gemälde, offenbar Originale, verliehen dem Raum etwas Herrschaftliches.

Georg Luthe warf sich ins Zeug, um mich als seine Stellvertreterin zu gewinnen. Er lobte meine Vita und schwärmte von meiner Qualifikation. Zugleich erwähnte er seinen Einfluss auf die Geschäftsführung und deutete Chancen auf eine rasche Beförderung an. Viele Namen von Branchengrößen ließ er fallen, alles Kumpels und Duzfreunde. Den Golfpokal auf seinem Schreibtisch band er beiläufig ein, als er vom Bürgermeister, einem »Golffreund«, erzählte.

Einen so selbstbewussten und gut vernetzten Chef hatte ich mir gewünscht – und bekam ihn. Der erste Dämpfer folgte bei einem Messebesuch. Wir klapperten die Stände ab. Er umgarnte die Kunden mit Smalltalk und streute seine Erfolge ein: wie er einen Lieferstopp überwunden, ein Projekt gerettet, einen Terminengpass gemeistert habe. Er erzählte spannend, die Leute hörten ihm gern zu.

Wo *er* stand, war die Bühne. An mir ging der Scheinwerfer leider vorbei. Manchmal vergaß er sogar, mich vorzustellen. Von Stand zu Stand wiederholte er seine Anekdoten. Und reihenweise versicherte er seinen Gesprächspartnern, sie seien sein »absoluter Lieblingskunde«.

Bei einer Firma, zu der Luthe bisher noch keinen Kontakt hatte, stellte ich ihm den Vertriebschef vor. Als wir weitergingen, zischte er: »Sie haben mich vor dem Kunden diffamiert!«

Ungläubig starrte ich ihn an. »Wie meinen Sie das?«

»Überlegen Sie einmal, wie Sie mich vorgestellt haben!«

»Ich habe gesagt: ›Das ist mein Kollege in der neuen Firma, unser Abteilungsleiter Georg Luthe.‹«

Er holte tief Luft: »Ich bin nicht Ihr Kollege, sondern Ihr Chef. Und das müssen Sie auch so kommunizieren!«

Seine Empfindlichkeit war völlig übertrieben: Hinter jedem Wort, das ihn nicht ausdrücklich bejubelte, witterte er Kritik und reagierte mit Vergeltung. Es gab ihn zweifach: als Gentleman und als Geltungssüchtigen. Er war gewinnend, wenn ich die Kohlen für ihn aus dem Feuer holen sollte. Und Minuten später zischte er: »Sie wären längst gefeuert, wenn ich nicht meine schützende Hand über Sie halten würde!«

Obwohl ich seine Stellvertreterin war, durfte ich keine Urlaubsanträge unterschreiben, keine Reisespesen abzeichnen und ihn bei Sitzungen der Geschäftsleitung nicht vertreten. Nachdem er mich anfangs in den Himmel gelobt hatte, bezeichnete er mich bald als »Versagerin«. Diese Geringschätzung nagte an meinem Ego.

Luthe tat alles, um vorm gehobenen Management zu glänzen: Erfolge seines Teams verkündete er in der Ich-Form. Und unrealistische Termine sagte er ohne Rücksprache mit den verantwortlichen Mitarbeitern zu. Damit setzte er sein Team unter Druck, alle gingen auf dem Zahnfleisch. Ich wies ihn darauf hin, doch er reagierte gewohnt empfindlich: »Halten Sie sich da raus! Die sollen froh sein, dass sie für mich arbeiten dürfen. Ich bin der beste Abteilungsleiter im Haus.«

Ebenso hielt er sich für einen vorbildlichen Familienvater – weshalb er ein übertrieben großes Familienbild auf dem Schreibtisch präsentierte. Dabei baggerte er attraktive Frauen grundsätzlich an, und seine Affären waren kein Geheimnis.

Georg Luthe galt als Günstling der Geschäftsleitung. Unser Team war bestens angesehen und verfügte über größere Etats als die Nachbarabteilungen. Dennoch war er unzufrieden. Er wollte weiter aufsteigen und kritisierte das Management in kleinen Runden heftig.

Einmal kam morgens die Nachricht, ein Projektmitarbeiter sei mit dem Auto verunglückt und schwer verletzt. Luthe war sichtlich getroffen und zog sich in sein Büro zurück. Ich folgte ihm, und er sagte: »Wie kann der Kerl mir das antun – jetzt verunglücken! Das bringt mich in größte Terminschwierigkeiten!«

Seine Mitarbeiter behandelte er umso schäbiger, je tiefer sie in der Hierarchie standen. Dafür knipste er sein Strahlen an, wenn ein Vorgesetzter zu ihm in den Aufzug stieg. Einmal erlebte ich, wie er dem Prokuristen ein frisch erschienenes Management-Buch als »großartige Lektüre« ans Herz legte. Ich selbst hatte ihm das Buch erst am Abend zuvor empfohlen.

Ehrlichkeit hielt er für überflüssig, Regeln und Gesetze galten nur für andere. Mit Tricks umging er eine Etatsperre. Die Zahlen unserer Abteilung hübschte er durch kreative Buchhaltung auf. Und einen Hausmeister-Gehilfen spannte er während der Arbeitszeit für Dienste an seiner Privatvilla ein, er meinte: »Die Firma zahlt mir ohnehin zu wenig.«

Sieben Erkenntnisse über Narzissten

Welche herausfordernden Eigenschaften von Narzissten spiegeln sich in diesem Erlebnis? Hier sieben wichtige Merkmale:

1. Narzissten wirken charismatisch.

Charmant und charismatisch wirken Narzissten auf den ersten Blick. Was für die Spinne die Fäden, sind für sie die Worte: Andere Menschen fangen sie damit ein. Ihr geschickter Smalltalk öffnet ihnen Türen, ihre Erfolgsgeschichten verschaffen ihnen Ansehen. Und mit gezielten Komplimenten erobern sie Sympathie.

Georg Luthe lobt die Vita der Bewerberin, begrüßt auf der Messe reihenweise »Lieblingskunden« und punktet durch seine Ausstrahlung. Wer den Köder schluckt und von ihm abhängig wird, lernt jedoch seine Schattenseite kennen: egoistisch, fordernd, herrschsüchtig. So ergeht es auch seiner Stellvertreterin.

2. Sie legen großen Wert aufs Aussehen und Statussymbole.

Ob Körper oder Kleidung, Büro oder Haus, Auto oder Lieblingsrestaurant: Narzissten wollen aus der Masse hervorstechen. Alles soll ein paar Nummern schöner, exklusiver und größer ausfallen. Damit der Narzisst ein dickes Auto fahren, eine Villa bewohnen und Designer-Kleidung tragen kann, nagt seine Familie schon mal am Hungertuch.

Georg Luthe residiert in einem Riesenbüro mit Teppichboden, präsentiert Gemälde an den Wänden und kleidet sich in englischem Stil. Nicht mal der Golfpokal auf dem Tisch darf fehlen.

Und auf seinen Titel legt er größten Wert: Er will als Chef vorgestellt werden.

3. Sie schmücken sich mit fremden Federn und hassen Kritik.

Wer einen bedeutenden Menschen kennt, muss selbst bedeutend sein. Deshalb suchen Narzissten den Kontakt zu Mächtigen und betreiben Namedropping. Georg Luthe weist auf Duzfreundschaften mit Branchengrößen hin, erwähnt seinen guten Draht zur Geschäftsführung und bezeichnet den Bürgermeister als »Golffreund«. Diese Beziehungen können frei erfunden oder stark übertrieben sein. Erfolge seines Teams beansprucht Luthe in der Ich-Form für sich.

Dagegen reagiert er auf Kritik übertrieben empfindlich, weist sie zurück und verbittet sich Einmischung.

4. Sie treten nach unten und haben kaum Einfühlungsvermögen.

Wenn Georg Luthe einem Mitglied der Geschäftsführung begegnet, knippst er sein Lächeln an und schindet Eindruck: Er schmückt sich mit Büchern, die er nie gelesen hat. Er sagt Termine zu, die kaum einzuhalten sind. Die Einflussreichen sollen ihm gewogen sein. Anders behandelt er Untergebene: Seine Stellvertreterin schränkt er ein, seine Mitarbeiter beutet er aus.

Narzissten sehen andere Menschen als Werkzeuge für ihren Erfolg. Sie versetzen sich nicht in andere, ihre Gefühle sind ihnen egal. Was auch immer in der Welt geschieht, sie beziehen es auf sich. Sogar den schweren Autounfall des Mitarbeiters sieht Luthe als *sein* Unglück – weil er dadurch einen Termin für gefährdet hält.

5. Sie überschätzen sich total und halten sich selbst für fehlerlos.

Narzissten sind Pressesprecher in eigener Sache – und glauben selbst, was sie anderen über sich erzählen. Sie betrachten sich als Traumpartner, Traumchefs und Traumnachbarn. Als außerordentliche Menschen trauen sie sich außerordentliche Leistungen zu. Die größten Herausforderungen sind für sie nur ein Katzensprung. Obwohl seine Mitarbeiter aus dem letzten Loch pfeifen, hält sich Georg Luthe für eine vorbildliche Führungskraft.

Und wenn das jemand anders sieht? Dann nimmt der Narzisst ihn als »undankbar« wahr, fühlt sich verkannt und holt zum Racheschlag aus. Fehler suchen Narzissten grundsätzlich nur bei den anderen.

6. Sie machen andere klein, um sich groß zu fühlen.

Warum verweigert Georg Luthe einer Stellvertreterin alle Rechte, etwa ihn in Sitzungen zu vertreten? Warum beschimpft er sie als »Versagerin«? Narzissten fühlen sich umso größer, je kleiner sie ihre Mitmenschen machen. Erst knicken sie den anderen, dann stützen sie ihn wieder. So entsteht Abhängigkeit. Die Stellvertreterin soll froh sein, dass er angeblich eine »schützende Hand« über sie hält.

Ähnlich verhalten sich Narzissten in Liebesbeziehungen: Sie erniedrigen ihre Partner, schränken sie ein und tauchen das Leben des anderen in Schatten – auf dass ihr eigenes Licht umso heller erstrahle.

7. Sie brechen Regeln, weil sie meinen, es stehe ihnen zu.

Georg Luthe spannt einen Hausmeistergehilfen privat ein mit der Begründung, er verdiene zu wenig. Was ihm zusteht, definiert der Narzisst selbst. Sein Wille beugt sich nicht dem Gesetz, sondern umgekehrt.

Ausgeprägte Narzissten fühlen sich im Recht, wenn sie Steuern hinterziehen (der Staat will sie ausbeuten!), ihren Partner betrügen (denn der soll froh sein, dass sie zu ihm zurückkehren!), rote Ampeln überfahren (denn mit ihrer pünktlichen Ankunft ist der Allgemeinheit gedient) oder Lügengeschichten erzählen (was wahr ist, bestimmen sie selbst).

Der Narzisst in vier Lebensräumen

Am Arbeitsplatz:

Im Management setzen sich oft Typen durch, deren Ego groß wie ein Mittelgebirge ist. Andere beiseitezurempeln, kleine Erfolge aufzublasen, rücksichtslose Entscheidungen zu fällen – das treibt die Karriere voran. Kanadische Psychologen fanden heraus, dass narzisstische Persönlichkeitsmerkmale dem Berufserfolg dienen.[36] Und hilft nicht auch Schönheit? Jeder dritte Manager glaubt laut einer Studie, seine äußere Erscheinung entscheide über den beruflichen Erfolg.[37]

Als Teammitglied schnappt sich der Narzisst die Brückentage für den Urlaub. Er denkt, es stehe ihm zu. Er sieht sich als Star der Gruppe. Routinearbeiten hasst er, weil sie ihm unter seiner Würde scheinen. Oft fühlt er sich unterfordert. Es fällt ihm schwer, sich Vorgesetzten zu fügen, denn er verträgt keine Kritik und hält sich selbst für die bessere Führungskraft.

Andererseits: Narzissten sind kontaktfreudig, suchen Herausforderungen und (re)präsentieren gekonnt. Sie finden die richtigen Worte und holen (kurzfristig) Vorteile für ihre Firma heraus.

In der Familie:

Ein Narzisst betrachtet das Familienleben als Zulieferbetrieb für sein Ego. Sein Wille hat zu geschehen. Wenn ein Angehöriger stirbt, ohne ihn vorher um Erlaubnis zu fragen, nimmt er das persönlich: Alle haben zu tun, was ihm dient, und zu lassen, was ihm schadet. Er bevorzugt auffallend attraktive Lebenspartner und spektakuläre Familiensitze. Er reißt sich in Stücke, um seine Kinder im Fernsehen zu platzieren, sie in den Profisport zu treiben oder als kommende Mozarts ans Klavier zu fesseln. Ihr Glanz soll auf ihn abstrahlen.

Oder aber er zieht das psychologische Spielchen »Sieh, was du angerichtet hast« vor.[38] Etwa indem er die Erziehung der Kinder an das andere Elternteil delegiert und es dann anklagt, wenn die Kinder nicht mindestens Einserschüler werden.

Andererseits: Narzissten sind ehrgeizig und stellen für ihre Familien oft ein repräsentatives Leben auf die Beine, vom Eigenheim (natürlich groß!) bis zum Urlaub (natürlich exklusiv!).

In der Partnerschaft:

»Das Gefühlsleben des Narzissten ist derart unterkühlt, dass er wie ein halber Mensch ist: Er braucht immer jemanden, der ihn vervollständigt«, schreibt der FBI-Verhaltensanalyst Joe Navarro.[39] Aber niemand wird dem Narzissten in einer Partnerschaft gerecht. Zwar will er mit jemand ganz Besonderem zusammen sein, etwa einer Schönheitskönigin oder einem Mister Universum. Zugleich aber hasst er es, wenn der andere mehr Beachtung als er selbst findet. Sein Selbstwertgefühl wächst, wenn er sich geliebt fühlt, und sinkt, wenn er daran zweifelt.[40]

Der ausgeprägte Narzisst hält seine bessere Hälfte klein. Gut möglich, dass er sich *nicht* zu ihr bekennt und sich alle Türen offen hält.[41] Oder er wirft sie seelisch zu Boden – dann muss sie ihm dankbar sein, wenn er sie vorübergehend wieder aufrichtet. Er sucht Bestätigung in Seitensprüngen, ist aber eifersüchtig auf alle Kontakte und Freundschaften des Partners, sogar auf die Eltern. Nur um *ihn* sollen sie kreisen, wie die Erde um die Sonne.

Andererseits: Narzissten sind auffallend attraktiv und können in der Phase des Kennenlernens oder in Gegenwart anderer vor Charme nur so sprühen.

Im Internet:

Stündlich zählt der Narzisst seine Twitter-»Follower«, ergötzt sich an der Zahl seiner Facebook-Freunde und posaunt seine Großartigkeit gern per YouTube-Kanal in die Welt hinaus. Likes pumpen sein Ego auf, zumal er sein analoges Leben auf Instagram so inszeniert, dass andere ihn beneiden müssen: Paarbilder vom Profifotografen, Urlaubsbilder vom Traumstrand, Selfies mit bekannten Persönlichkeiten.

Dagegen hasst er es, wenn ihm andere den Rang ablaufen. Stars oder Konkurrenten aus dem Büro müssen mit seinen anonymen Hasskommentaren rechnen. So lenkt er die Aufmerksamkeit wieder in die korrekte Richtung: auf sich selbst.

Andererseits: Ohne Narzissten gliche das Selbstdarstellungs-Medium Internet einem trockenen Fluss – durch sie gibt's was zu schauen, zu lesen. Und viel zum Kopfschütteln.

Psychologie des Narzissten: So tickt er!

Ein Kleinkind schreit, wenn es Hunger hat, laut und ohne Rücksicht auf andere. Es muss sich so verhalten, um zu überleben. Wer schreit, wird gefüttert. Jedes Kleinkind hält sich für den Nabel der Welt. Der Narzisst bleibt ein emotionales Baby, sein primärer Narzissmus wird von einem sekundären gefolgt:[42] Er schreit sein Leben lang nach Aufmerksamkeit und nährt sich von ihr. Die Augen der anderen sind das Spieglein an der Wand, in das er blickt, um sich zu vergewissern, dass es ihn gibt und wie schön er ist.

Sigmund Freud sieht den Narzissmus als normalen Entwicklungsschritt, der einer autoerotischen Phase folgt und in die Objektliebe mündet.[43] Wer sich aber von seinen Bezugspersonen im Stich gelassen fühlt, läuft Gefahr, in der Ich-Bezogenheit des Narzissmus hängen zu bleiben. Er bezieht sich auf sich selbst, weil ihm die Bezugspunkte in der Außenwelt fehlen – als würde ein Autofahrer, dessen Windschutzscheibe verschmiert ist, nur noch auf sein eigenes Gesicht im Rückspiegel starren.

Ebenso lauert die Narzissmus-Falle auf Kinder, wenn sie von ihren Eltern verherrlicht und nie in ihre Grenzen gewiesen werden. Ein solcher Mensch erwartet als Erwachsener, dass ihm die Welt einen roten Teppich ausrollt. Seine Lehrerin soll ihm Bestnoten geben, sein Chef ihn befördern, sein geliebter Mensch ihn vergöttern und seine Internet-Follower ihn mit Likes überschütten. Wenn es schiefgeht, haben die anderen versagt, nicht er.

Der US-Psychiater Otto F. Kernberg, einer der Forschungspioniere, sieht im narzisstischen Verhalten einen Schutzmechanismus: Ein früher Liebesentzug verleitet einen Menschen dazu, sein wahres Ich abzuspalten.[44] Unerwünschte Gefühle wie Angst, Neid, Kränkung und Wut werden aus dem Bewusstsein geschoben. Und in dieser emotionalen Lücke breitet sich ein künstlich aufgeplustertes Riesen-Ego aus, das Angriff als Verteidigung praktiziert: Es erklärt sich für großartig, erhebt höchste Ansprüche und unterwirft andere seinen Bedürfnissen.

Die Selbstwahrnehmung des Narzissten ist kognitiv verzerrt: Er stellt Zusammenhänge her, die es so nicht gibt.[45] Zum Beispiel kann er die Gehaltserhöhung einer Kollegin als gezielten Affront gegen sich selbst wahrnehmen. Oder ein freundliches Wort, das der Ehepartner beim gemeinsamen Spaziergang mit jemand anderem wechselt, als dreisten Flirt und Herabsetzung seiner Person. Nicht ausgeschlossen, dass er eine Sonnenfinsternis als gezielten Anschlag auf seine gepflegte Körperbräune deutet.

Die drei wichtigsten Kennzeichen eines Narzissten: Er hält sich selbst für großartig. Er reagiert überempfindlich auf Kritik. Und er kann sich nicht in andere einfühlen.[46]

Sein Hunger nach Aufmerksamkeit ist so groß, dass er für eine Extraportion oft Provokantes tut. So überspringt er Stufen in der Hierarchie, etwa indem er direkten Kontakt zum Oberboss sucht, verletzt die Tagesordnung, weil seine Themen ohnehin die wichtigsten sind, lässt Termine platzen oder sprengt Veranstaltungen durch Zwischenrufe.

Sein Wort hält er, wenn es ihm dient, und bricht er, wenn es ihm schadet, wie vom Machtstrategen Machiavelli empfohlen: »Ein kluger Fürst kann und darf daher sein Wort nicht halten, wenn dessen Erfüllung sich gegen ihn wendet (…)«.[47] Drei Viertel aller Narzissten sind Männer.[48]

Viele Narzissten haben als Kinder keine »Mutterliebe« erfahren, keine bedingungslose Zuwendung, die ihrer reinen Existenz galt.[49] Liebe bekamen sie nur im Tauschgeschäft: für gute Noten, für Bravsein, für tadelloses Aussehen. Ohne Leistung keine Liebe. So kann ein Kind kein Urvertrauen fassen.

Andere Narzissten wurden als Kinder verhätschelt und von ihren (oft selbst narzisstischen) Eltern zu etwas ganz Besonderem erklärt: schöner, klüger und wichtiger als alle anderen. An dieser Hypothek arbeiten sie sich lebenslang ab.

In beiden Fällen bleibt hängen: »Ich muss anderen meinen *besonderen* Wert beweisen!« Das scheinbare »Selbstbewusstsein« des Narzissten ist eine künstliche Selbstüberhöhung. Hinter Kritik wittert er eine Nadel, die Luft aus seinem aufgeblasenen Selbstbild lassen könnte, deshalb weist er sie so harsch zurück.

Weil er pausenlos mit sich selbst beschäftigt ist, schafft der Narzisst es nicht, sich wahrhaft für andere Menschen zu interessieren. Er nimmt, ohne zu geben. Deshalb unterliegen seine Freundschaften und Beziehungen einer kurzen Halbwertszeit.

Heimlich lebt der Narzisst auf dünnem Eis, riskiert Depression und Desorientierung.[50] Denn seine überzogenen Erwartungen schlagen hart in der Realität auf, grandiose Ziele führen zu grandiosem Scheitern. Und mit den Jahren wird es immer unglaubwürdiger, die Schuld auf andere zu schieben.

Der kleine Übersetzer: Narzisst – Deutsch

Ein Narzisst redet gern und macht gern von sich reden. Seine Sätze sind im wahrsten Sinne vielsagend. Aber was meint er mit seinen typischen Aussagen wirklich? Hier eine kleine, nur leicht augenzwinkernde Übersetzungshilfe:

Narzisst	Deutsch
Neulich traf ich Dieter, den Fabrikanten, im Golfclub.	Aufgepasst: Ich duze mich mit einem Fabrikanten und betreibe einen Elite-Sport.
Ich bin mit meiner Position als Bereichsleiter nicht ganz unzufrieden.	Verdammt noch mal, wo bleibt meine nächste Beförderung? Ich hätte sie längst verdient!
Danke für dein Stichwort, dazu möchte ich jetzt was sagen.	Halt endlich die Klappe und lass *mich* reden, ich kann das – und alles andere – besser als du.
Ich freue mich, eine Führungskraft so hohen Ranges kennenzulernen.	Ich schmier dir so viel Honig um den Bart, bis du deine Macht zu meinem Vorteil nutzt.
Du bist der schönste und intelligenteste Typ, der mir je begegnet ist.	Kurzum: Du passt zu mir. Aber komm bloß nie auf die Idee, mir die Schau zu stehlen, sonst gibt's Saures.
Diese These wird weltweit von Experten vertreten, aber sie ist falsch.	Alle Experten der Welt sind nur kleine Lichter – verglichen mit mir!
Ich habe mir leider eine blöde Erkältung eingefangen.	Bemitleidet mich, kocht mir Tee, bietet mir Bonbons an – schenkt mir Aufmerksamkeit!
Unser Management hat die ganze Tragweite des Problems noch nicht erkannt.	Ich blicke weiter als die Entscheider – eigentlich müsste ich diesen Laden leiten!

Narzisst	Deutsch
Ich finde, du kannst richtig gut mit Sprache umgehen, darum eine kleine Bitte …	Lass dich manipulieren! Schreib das Protokoll für mich, dann kann ich mich wichtigeren Dingen widmen.
Natürlich brauchen wir Regeln für die Allgemeinheit.	Regeln gelten fürs gemeine Volk, nicht für Ausnahmemenschen wie mich.

Die fünf Schlüssel zum Narzissten

Wie gelingt es Ihnen, einem Narzissten mit mehr Gelassenheit zu begegnen? Wie können Sie verhindern, dass er Sie manipuliert? Wie schaffen Sie es, seine Eitelkeit für Ihre Zwecke zu nutzen – und sogar von ihm zu lernen? Hier bekommen Sie Antwort auf die fünf wichtigsten Fragen im Umgang mit ihm:

Frage 1: Was sagt es über mich aus, wenn ich auf einen Narzissten allergisch reagiere?

Je sozialer Sie sind, desto schärfer werden Sie die Selbstbezogenheit des Narzissten verurteilen. Je bescheidener Sie auftreten, desto mehr werden Sie sich an seinen übertriebenen Ansprüchen stören. Sein Verhalten kontrastiert Ihre Werte. Nun haben Sie die Wahl zwischen zwei Haltungen:

Ungünstige innere Haltung:
Dieser Typ profiliert sich auf meine Kosten! Unglaublich, wie er sich aufbläst und aus jedem Leistungskrümel eine Sahnetorte

backt. Mit jedem großen Spruch, den er klopft, würdigt er meine Leistung herab – denn ich bleibe realistisch. Und jedes Vorrecht, das er sich schnappt, nimmt er mir weg. Offenbar will er mich kleiner machen. Er hält sich für den großen Star und will mich zum Fan degradieren!

Günstige innere Haltung:
Wie spannend: Da schreit ein erwachsener Mensch nach Aufmerksamkeit, als wäre er ein Kleinkind. Merkt er denn nicht, welche Macht er mir damit einräumt? *Ich* darf entscheiden, wann und wofür ich ihm Lob »spende«. Offenbar überhöht er sein Ego nur, weil er es heimlich für klein hält. Das muss sehr anstrengend sein, die Welt rund um die Uhr beeindrucken und andere übertrumpfen zu wollen. Zum Glück bin ich da entspannter. Das versetzt mich in die Lage, ihm gelegentlich einen Triumph zu gönnen – aber auch, ihn nötigenfalls in seine Grenzen zu verweisen.

Frage 2: Wie verändere ich das Verhalten eines Narzissten?

Nichts liebt ein Narzisst mehr, als gelobt und anerkannt zu werden. Er meint, dafür müsse er auffallen, aus einer Gruppe ragen und andere übertrumpfen. Jedes Mal, wenn er Aufmerksamkeit für Prahlerei und Ellbogen-Verhalten einfährt, fühlt er sich in diesem Weltbild bestätigt.

Die gute Nachricht ist: Jeder Narzisst verhält sich *gelegentlich* anders, sozial und unauffällig. Nur neigen wir dazu, diese Ausnahmen zu übersehen. Es liegt an Ihnen, worauf Sie Ihre Wahrnehmung richten:

► Konzentrieren Sie sich auf seine sozialen Momente, die positiven Ausreißer?

► Oder lenken Sie Ihr Augenmerk auf seine eitlen Pirouetten und seine unsozialen Attacken?

Unsere Wahrnehmung ist wie eine Lupe: Sie vergrößert, worauf sie sich richtet. Wenn Sie sich auf die Schwächen eines Narzissten konzentrieren, sorgt das für schlechte Laune bei Ihnen. Und zusätzlich animiert es den Narzissten, sein Verhalten auszubauen, denn er bekommt damit die gewünschte Aufmerksamkeit – eine negative Verstärkung.

Aber was passiert, wenn Sie den umgekehrten Weg gehen? Wenn der Narzisst für seine doppelten Saltos auf dem Rücken anderer nicht mit Applaus belohnt, sondern mit Ignoranz bestraft wird? Wenn er umso mehr Lob einfährt, je normaler und teamfähiger er sich verhält? Wenn er dafür anerkannt wird, dass er Kollegen respektiert und gute Sacharbeit leistet?

Dann kann es zu einer positiven Verstärkung kommen. Hier ein Beispiel aus meiner Beratungspraxis:

Jana (34) ist Werbetexterin in einer Agentur und bekannt dafür, dass sie sich bei Sitzungen in den Vordergrund spielt. Ihre »Ich bin toll«-Monologe sind gefürchtet, die anderen Teammitglieder kommen kaum zu Wort. Doch nun, in der zweiten Hälfte einer Sitzung, spricht sie für ihre Verhältnisse wenig – vielleicht ist sie müde? Und einmal, beim Wortbeitrag eines Grafikers, stellt sie eine kluge Rückfrage.

Am Ende der Sitzung sagt die stellvertretende Abteilungsleiterin: »Jana, das hat mir heute richtig gut gefallen: dass du deinen Kollegen so viel Raum gelassen hast, dazu gehört viel Selbstbewusstsein. Und toll, dass du beim Beitrag der Grafikerin diese wichtige Frage gestellt hast.

Ich glaube, nur wenige haben so gut zugehört wie du.« Der oberste Chef, der am Tisch sitzt, nickt eifrig.

Diese Rückmeldung verblüffte Jana – bislang hatte sie Lob nur für rhetorisches Auftrumpfen erwartet. Beim nächsten Meeting nahm sie sich spürbar zurück, worauf die anderen Teammitglieder erneut Lob nachlegten. So ging das ein paar Mal – bis Jana insgesamt sozialer bei den Meetings auftrat.

Ein solche »positive Verstärkung« sorgt dafür, dass jemand ein belohntes Verhalten wiederholt. Je öfter und zeitnäher Sie ihn belohnen, umso nachhaltiger prägt sich dieses Verhalten ein. Der Verhaltenspsychologe Burrhus F. Skinner spricht vom »operanten Konditionieren«.[51] Darum sollten Sie den Narzissten *wiederholt* für ein erwünschtes Verhalten loben, möglichst nicht nach, sondern *in* der Situation. Dagegen beeinflusst die »negative Verstärkung«, etwa wenn Sie kritisieren, das Verhalten deutlich langsamer und oberflächlicher.

MEINE DREI BESTEN TIPPS:

▶ Verstärken Sie positive Ausnahmen, indem Sie den Narzissten für sozialeres Verhalten regelmäßig loben – das macht ihn zum erwünschten »Wiederholungstäter«.

▶ Loben Sie ihn in Gegenwart anderer, vor allem Vorgesetzter – darauf springt er doppelt an, denn es geht ihm um öffentliche Anerkennung.

▶ Lassen Sie ihn die Erfahrung sammeln, dass er Anerkennung gerade dann findet, wenn er sich *nicht* um sie reißt.

Frage 3: Welches sind die besten Strategien im Umgang mit einem Narzissten?

Wie schaffen Sie es, mit einem Narzissten klarzukommen? Die folgenden Regeln und Beispiele geben Ihnen einen Leitfaden an die Hand.

Strategie 1: Stellen Sie seinen Vorteil in den Mittelpunkt (nicht Ihren)!
Georg Luthe verweigert seiner Vize-Chefin das Recht, ihn zu vertreten. Warum tut er das? Man könnte meinen, er hielte sich für das Maß aller Dinge, dem niemand anders gewachsen ist. Aber wer unter die Oberfläche blickt, stößt bei einem Narzissten auf unterdrückte Selbstzweifel: Was, wenn die Stellvertreterin ihre Sache allzu gut macht – und wenn ihn, den Einmaligen, niemand mehr vermisst?

Wenn Sie einen Narzissten davon überzeugen wollen, Ihnen mehr Vertrauen und Verantwortung zu schenken, müssen Sie auf beide Punkte eingehen: seine Selbstüberhöhung, die er nach außen transportiert, und seine Selbstzweifel, die heimlich an ihm nagen. Es ist eine Gratwanderung: Sagen Sie ihm, dass Sie sein Ansehen mehren, ohne ihm die Schau zu stehlen.

Zum Beispiel könnte Luthes Stellvertreterin wie folgt argumentieren:

▶ *Schritt 1, Verständnis für Standpunkt äußern:* »Ich verstehe das völlig, dass Sie mit Vollmachten vorsichtig sind. Sie tragen die Verantwortung und stehen mit Ihrem guten Namen für die Ergebnisse ein.«
▶ *Schritt 2, Verbeugung vor Leistung und Erfahrung:* »Und ich weiß, Sie verfügen über langjährige Erfahrung, kennen die Abläufe perfekt, sind einer der dienstältesten Abteilungsleiter.«

▶ *Schritt 3, Kooperation mit ihm betonen:* »Deshalb würde ich meine Beiträge und Entscheidungen gut mit Ihnen abstimmen.«

▶ *Schritt 4, Vorteil des Narzissten betonen:* »Ich bin sicher: Wenn die Abteilung auch in Ihrer Abwesenheit funktioniert, werden Sie der Geschäftsleitung imponieren. Vor allem kann ich Ihre Interessen dann bei den Sitzungen im Spiel halten – bis Sie den Ball wieder selbst übernehmen.«

Mit dieser Argumentation können Sie den Narzissten für Ihre Pläne gewinnen, weil Sie ihm so die Angst nehmen, ausgebootet zu werden. Vor allem steht im Mittelpunkt, was für ihn zählt: sein eigener Vorteil – wie er sein Ansehen mehrt und seine Interessen wahrt.

MEINE DREI BESTEN TIPPS:

▶ Erkennen Sie den Standpunkt des Narzissten an, auch wenn Sie ihn nicht teilen – erst dann wird er seine Ohren für Ihre Argumente öffnen.

▶ Lassen Sie Anerkennung für ihn persönlich einfließen, das stimmt ihn gewogen. Einem Gesprächspartner, der seine Qualitäten erkennt, traut er mehr Klugheit zu.

▶ Zeigen Sie einem Narzissten, was *er* von einer Entscheidung hat. Dabei ist der Blick auf die Außenwirkung am wichtigsten: »(...) werden Sie der Geschäftsleitung imponieren.«

Strategie 2: Befriedigen Sie sein verborgenes Bedürfnis nach Anerkennung.

Ein Narzisst giert nach Anerkennung. Nur deshalb erzählt er Heldengeschichten und drängt sich auf die Bühne. Wenn Sie auf sein verborgenes Bedürfnis *nicht* reagieren, kann es passieren, dass er noch dicker aufträgt.

Wie schaffen Sie es, dem Narzissten Anerkennung zu schenken, ohne ihn zu noch schrilleren Eitelkeitstänzen anzustacheln? Loben Sie nur das, was Sie wirklich gut an ihm und seiner Arbeit finden. Die meisten Narzissten glänzen beim Repräsentieren, bewegen sich sicher auf glattem Parkett und vertreten die Interessen ihrer Arbeitsbereiche erfolgreich.

Narzissten neigen dazu, auf Kritik und andere Kränkungen mit Rache oder lebenslanger Feindschaft zu reagieren.[52] Aber wenn Sie einen Narzissten loben und er sich in seiner Einmaligkeit bestätigt fühlt, lässt seine Empfindlichkeit gegenüber indirekter Kritik nach. Nun, schwebend auf der Wolke, kann er Vorschläge annehmen, die er sonst als Angriff werten und abschmettern würde.

Nehmen wir wieder Georg Luthe, der sein Team durch Überstunden auslaugt. Seine Stellvertreterin könnte zu ihm sagen:

»Ich glaube, Ihre Mitarbeiter schätzen es, dass Sie die Interessen der Abteilung so gekonnt nach oben vertreten. Keine andere Abteilung ist bei der Geschäftsführung so gut angesehen und verfügt über so hohe Etats. Und was Einsatz angeht, leben Sie die Leistungsbereitschaft vor. Nur merke ich, dass viele Mitarbeiter an ihre Belastungsgrenze stoßen. In letzter Zeit haben sich vermehrt Fehler eingeschlichen. Ich bin in Sorge, dass der tadellose Ruf unserer Abteilung leidet. Deshalb könnte man prüfen, ob (…)«

Das aufrichtige Lob am Beginn ist ein Stoßdämpfer, der die indirekte Kritik abfedert – denn nichts fürchtet ein Narzisst mehr, als sein Gesicht zu verlieren. Gleichzeitig holt ihn die Stellvertreterin bei seinem Geltungsdrang ab, indem sie den tadellosen Ruf der Abteilung anspricht. Das erhöht die Chance, dass der Narzisst sich auf den Vorschlag einlässt.

MEINE DREI BESTEN TIPPS:

▶ Loben Sie einen Narzissten vorweg. Wenn sein Ego das nötige Futter erhält, wird vorsichtige Kritik für ihn annehmbarer.

▶ Betonen Sie, welchen Imagevorteil es ihm bringt, wenn er sich auf Ihren Vorschlag einlässt.

▶ Formulieren Sie Ihre Vorschläge in einer tastenden Sprache, gern in der »man«-Form. Sagen Sie also nicht: »Wir müssen (…)«, sondern besser: »Deshalb könnte man prüfen, ob (…)«

Strategie 3: Achten Sie darauf, ihm formale Anerkennung zu schenken.

Narzissten halten sich für VIPs des Lebens, für einmalig und besonders. Wer sie in diesem Gefühl bestätigt, ist ihr Freund. Wer ihnen aber die Anerkennung verweigert, wird sofort als Feind wahrgenommen. Dabei geht es auch um formale Anerkennung, etwa dass Sie einen Doktortitel verwenden, in der richtigen Reihenfolge grüßen oder einem Hauptabteilungsleiter niemals sein »Haupt« verweigern.

In meiner Beratungspraxis höre ich immer wieder, dass schon kleine Verstöße gegen solche Formalien großen Ärger mit einem Narzissten bedeuten können:

▶ Eine Bewerberin stellt sich vor und grüßt alle Gesprächspartner namentlich – nur den letzten nicht, weil sein Name auf der Einladung fehlte. Als sie fragt, wie er heiße, läuft er rot an und brüllt: »Was wollen Sie hier, wenn Sie nicht mal den Geschäftsführer kennen!«

▶ Ein Trainee schreibt eine Rundmail an mehrere Abteilungsleiter. Kurz darauf ruft ihn eine Abteilungsleiterin an: »Warum haben Sie mich in der Mail erst als Dritte angesprochen? Mein Name steht im Alphabet ganz vorne. Und der Doktortitel fehlt auch!«

▶ »Das war eine tolle Idee Ihrer Firma«, sage ich zu einem Geschäftsführer mit Blick auf ein neues Produkt. Er knurrt zurück: »Es war allein meine Idee!«

Achten Sie darauf, einem Narzissten stets den nötigen Respekt entgegenzubringen, auch formal. Dabei müssen Sie nicht so weit gehen wie ein erfolgreicher Außendienstler, der mir verriet, er spreche narzisstische Geschäftsführer zunächst immer mit Doktortitel an – auch wenn er weiß, dass sie nicht promoviert haben. Die meisten weisen den Titel zurück, geschmeichelt und auffallend gut gelaunt. Einige jedoch tun es *nicht* – sie genießen ihren Doktortitel exklusiv im Kontakt mit ihm. So groß kann der Geltungsdrang eines Narzissten sein.

Komische Resultate erzeugt dieser Drang, wenn sich ein krankhafter Narzisst selbst Titel verleiht. So taufte sich ein gewisser Iosseb Bessarionis dse Dschughaschwili in »Mann aus Stahl« um: Josef »Stalin« (wörtlich übersetzt: »Stahl«). Als sowjetischer

Diktator schmückte er sich unter anderem mit folgenden Titeln: »Koryphäe der Wissenschaften«, »Vater der Nationen« und, bescheiden wie er war, als »brillantes Genie der Menschheit«.[53]

! MEINE DREI BESTEN TIPPS:

▶ Prägen Sie sich im Vorfeld eines Termins die Gesichter, Namen und Titel Ihrer wichtigsten Gesprächspartner ein – Narzissten wollen erkannt und richtig angesprochen sein.

▶ Grüßen Sie so, wie es der Knigge vorschreibt: Hierarchie vor Geschlecht – und mit akademischem Titel. Ein Geschäftsführer ist vor der Personalchefin dran.

▶ Und achten Sie bei Reihenfolgen darauf, niemanden hinter die natürliche Position aus Alphabet oder Sitzordnung zurückzusetzen. Ein Narzisst nähme Ihnen so was ewig krumm.

Frage 4: Was sollte ich vermeiden im Umgang mit einem Narzissten?

Einige Fettnäpfe sollten Sie im Umgang mit einem Narzissten unbedingt vermeiden – damit Sie Ihre Lebens- und Arbeitsfreude behalten und nicht in seine emotionalen Fallen treten. Es folgen die sieben größten Risiken – und alternative Verhaltensweisen.

Unbedingt vermeiden	Möglicher Schaden	Klügeres Verhalten
Sich manipulieren lassen: Der Narzisst schwärmt von Ihnen, umgarnt Sie mit Komplimenten und verspricht Ihnen Großartiges. Sie fühlen sich geehrt und wollen seinen Wünschen gerecht werden.	Er spannt Sie für seine Zwecke ein. Und je mehr Sie ihm verfallen, desto mehr wird seine Anerkennung in Geringschätzung umschlagen.	Bewahren Sie eine gesunde Distanz. Fragen Sie sich, welche Interessen der Narzisst verfolgt – und ob Sie das unterstützen wollen.
Mit eigenen Erfolgen hausieren: Sie schwärmen dem Narzissten vor, wie Sie bei Ihrem letzten Projekt eine Heldentat vollbracht haben. Oder dass Ihre Tochter die beste Schülerin der ganzen Klasse ist.	Er fühlt sich zurückgesetzt und nimmt sofort den Wettbewerb auf: Er will Ihnen beweisen, dass er Ihnen überlegen ist. Und seine Tochter natürlich auch.	Sprechen Sie sachlich über Ihre Erfolge, ohne sie übermäßig zu betonen. Oder behalten Sie diese für sich.
Generelle Kritik üben: »Immer sagst du dem Team Dinge zu, an die du dich später nicht mehr erinnern willst.«	Niemand reagiert auf Kritik so empfindlich wie ein Narzisst, denn er nährt sich von Anerkennung. Generelle Kritik, die seiner Person gilt, veranlasst ihn zur Rache.	Kritisieren Sie ihn nur, wenn es sein muss. Beziehen Sie sich dabei ausdrücklich auf die Sache. Und seien Sie so konkret wie möglich.

Unbedingt vermeiden	Möglicher Schaden	Klügeres Verhalten
Eigene Privilegien betonen: »Meine Eltern haben mir gerade ihr Mietshaus in München überschrieben.«	Er wird wütend auf Sie, weil er findet: Solche Privilegien stehen eher ihm zu. Also wird er gegen Sie agieren und intrigieren.	Behalten Sie Privilegien, die er nicht kennen muss, für sich.
Ausnahmen machen: Der Narzisst nimmt sich ein Sonderrecht heraus, etwa, dass er sich bei einem Projekt ausklinkt – und Sie akzeptieren es »ausnahmsweise«, um ihn nicht zu verärgern.	Er leitet aus der Ausnahme eine Regel ab. Was Sie ihm einmal gewähren, fordert er immer wieder ein. Und ein Nein, das Sie später zu ihm sagen, kommt bei ihm immer als ein entzogenes Ja an – als raubten Sie ihm Rechte, die er sich hart verdient hat.	Definieren Sie Ihre Grenzen im Umgang mit ihm. Sagen Sie Nein, bleiben Sie hart, nehmen Sie sich selbst wichtig. Das macht ihn zwar wütend, erzeugt aber insgeheim Respekt und sorgt dafür, dass er sich leichtere Opfer sucht.
Selbstwert von ihm beziehen: Sie machen sich von seiner Zuwendung abhängig, leben nur für ihn. Und wie ein Kind, das geschlagen wird, fragen Sie sich: Habe ich mein Unglück nicht selbst provoziert?	Er missbraucht seine Macht über Sie, weil er zum Beispiel spürt: Je distanzierter ich bin, desto mehr Nähe erzeugt mein Gegenüber; je härter ich bin, desto mehr Sanftmut; je mehr ich leide, desto mehr Trost.	Selbstachtung besteht aus einzelnen Bausteinen. Überlassen Sie diese nicht dem Narzissten, sondern bauen Sie ein Haus der Zuflucht daraus.[54] Pflegen Sie Kontakt zu Menschen, von denen Sie geschätzt werden. Grenzen Sie sich ab!

Unbedingt vermeiden	Möglicher Schaden	Klügeres Verhalten
Sich erniedrigen lassen: Der Narzisst beschimpft, beleidigt oder schlägt Sie. Aber um die Beziehung oder den Arbeitsplatz zu erhalten, lassen Sie es sich gefallen.	Er fühlt sich darin bestätigt, dass es sein natürliches Recht ist, Ihnen Schimpfwörter oder Schlimmeres um die Ohren zu hauen. Jeder Schlag, den Sie klaglos einstecken, beschwört neue Schläge herauf, noch härter und rücksichtsloser.	Lassen Sie keine verbale oder körperliche Gewalt zu. Brechen Sie den Kontakt ab, wenn der Narzisst Sie unwürdig behandelt. Zwar ist es hart, etwa den Job aufzugeben. Aber der Verlust der eigenen Würde wäre noch viel folgenreicher. Besser gehen – als einzugehen.

Frage 5: Was kann ich von einem Narzissten lernen?

Was schwere Narzissten viel zu weit treiben, beruht auf positiven Ansätzen. Überlegen Sie einmal, wie Sie den Narzissten betrachten wollen – und was Sie von ihm lernen können, gerade als jemand, der sich oft zurücknimmt. Die Tabelle auf der nächsten Seite gibt Ihnen wertvolle Impulse.

Verhalten des Narzissten	Positive Sicht auf ihn	Impuls zur eigenen Entwicklung
Er nutzt jede Gelegenheit, vor einer Gruppe zu sprechen und seine Wortbeiträge einzubringen.	Er ist eine repräsentative Persönlichkeit und ergreift in Sitzungen oft die Initiative. Er kann sich gut ausdrücken und macht vor Menschen etwas her.	Finde ich oft genug den Mut, vor Gruppen zu reden? Rechne ich damit, dass meine Beiträge auf offene Ohren stoßen? Oder sorge ich mich, die Leute zu langweilen? Dabei weiß ich doch, dass ich Spannendes zu erzählen habe.
Er stellt seine eigene Leistung so oft wie möglich mit einem verbalen Tusch vor, seiner Chefin ebenso wie der Gruppe.	Er ist ein Meister der Selbst-PR, dem es immer wieder gelingt, die Aufmerksamkeit anderer zu gewinnen. Als Verkaufstalent weiß er, wie man sich selbst und eine Leistung wirksam präsentiert.	Lass ich meine Chefin oft genug wissen, was ich leiste? Teile ich ihr meine Erfolge in Vier-Augen-Gesprächen mit? Setze ich sie bei wichtigen Mails auf den Verteiler? Rühre ich bei Meetings meine Werbetrommel? Oder denke ich heimlich: »Sie muss doch sehen, was ich alles leiste!«?
Er nimmt seinen Anteil an Erfolgen übertrieben groß wahr.	Er ist gut darin, die Blicke auf seinen Anteil an Erfolgen zu lenken. Er verfügt über ein positives Selbstbild und traut sich viel zu – was oft dazu führt, dass andere ihn mit wichtigen Aufgaben betrauen.	Kann es sein, dass ich mich zu sehr in der Gruppe verliere? Wird mein Anteil an den Erfolgen deutlich genug? Ich muss ja nicht übertreiben – aber wenn ich meinen Beitrag verdeutliche, wachsen meine Gehalts- und Karrierechancen.

Verhalten des Narzissten	Positive Sicht auf ihn	Impuls zur eigenen Entwicklung
Er setzt seine Interessen durch, weil er die Bedürfnisse der anderen erst gar nicht zur Kenntnis nimmt oder als nachrangig betrachtet.	Er ist gut darin, für Anliegen einzutreten und sie durchzufechten. Er gibt nie klein bei, kämpft wie ein Löwe und lässt sich vom Kurs nicht abbringen.	Wie sehr kämpfe ich für meine Ziele? Schaffe ich es, trotz Zurückweisung am Ball zu bleiben? Sollte ich hartnäckiger vorgehen? Dass ich meine Interessen beherzt vertrete, schließt soziales Verhalten nicht aus.
Er sucht den Kontakt zu Branchengrößen, gehobenen Vorgesetzten und manchmal auch Prominenten – und streut deren Namen großzügig in seine Erzählungen ein.	Er ist bestens vernetzt, kennt oft die richtigen Leute und verfügt über Kontakte bis nach ganz oben, die manchmal auch seinem Team oder seiner Familie nützen.	Welche einflussreichen Menschen kenne ich? Nutze ich diese Kontakte, etwa durch Referenzen bei einer Bewerbung? Wann könnte es angebracht sein, einen solchen Kontakt zu erwähnen – als spannende Info für meinen Gesprächspartner?

Übungsfall: »Dein Artikel war erste Sahne!«

Natascha ist Journalistin bei einer Regionalzeitung. Dort arbeitet sie zusammen mit Werner, der stets in Anzug und mit Fliege zur Arbeit kommt, am liebsten über Stadt-Promis schreibt und angeblich vor vielen Jahren als stellvertretender Chefredakteur einer großen Boulevardzeitung im Gespräch war (was außer ihm noch niemand bestätigt hat). Werner nimmt sich sehr wichtig und schwärmt oft von seinen eigenen Artikeln und Kontakten.

Eines Abends kommt er auf Natascha zu: »Verrat mir mal, wie du so tolle Berichte über Vereinsversammlungen hinbekommst? Dein Artikel über den Kegelclub war erste Sahne. Ich selbst finde keinen Draht zu diesen Vereinsleuten. Und weil dir die Vereinsstorys so gut liegen, überlege ich, ob ich dir den Bericht über die freiwillige Feuerwehr überlassen soll – unser Chef hatte mich dafür vorgesehen. Die Sitzung beginnt morgen um 20.00 Uhr. Meinst du, du würdest das ähnlich gut hinbekommen wie bei den Kegelbrüdern?«

ÜBUNG: Bitte überlegen Sie, welche Absicht Werner mit seinem Angebot verfolgt – und wie Natascha am besten reagiert.

Meine Einschätzung: Werner will Natascha manipulieren. Der klassische Trick eines Narzissten: Er lobt, um selbst einen Vorteil zu ergattern, hier: eine ungeliebte Arbeit weiterzureichen, die Nachtschicht bei der Feuerwehr-Versammlung. Ich rate Natascha, Werner mit seinen eigenen Waffen zu schlagen – durch ein Gegenkompliment in drei Schritten:

▶ _Schritt 1, Kompliment annehmen und wertschätzen:_ »Das freut mich sehr, dass du meine Vereinsberichte magst. Danke für die Anerkennung.«
▶ _Schritt 2, ähnliches Kompliment erwidern:_ »Wobei ich sagen muss: Ein Journalist mit deinen Fähigkeiten bekommt das mindestens genauso gut wie ich hin.«
▶ _Schritt 3, Manipulation abwehren – freundlich, aber klar:_ »Deshalb lass ich dir bei der Feuerwehr gern den Vortritt.«

Auf diese Weise kann sie den Manipulationsversuch unterbinden, ohne den Narzissten vor den Kopf zu stoßen.

MEINE DREI BESTEN TIPPS:

▶ Seien Sie immer skeptisch, wenn ein Narzisst Sie lobt oder hofiert – oft soll dieser Zuckerguss eine bittere Pille versüßen.

▶ Geben Sie Komplimente, die Sie manipulieren sollen, frei Haus an den Narzissten zurück. Niemandem fällt es schwerer als ihm, Lob zu widersprechen.

▶ Decken Sie wiederholte Manipulationsversuche in sachlichem Ton auf: »Du lobst mich oft, wenn du eine Arbeit an mich weiterreichen willst – Zufall?«

Sieben neue Glaubenssätze für Narzissten

Wer an sich selbst narzisstische Tendenzen erkennt, kann von dieser Übung profitieren: In der linken Spalte der Tabelle folgen typische Glaubenssätze eines Narzissten – in der rechten alternative. Bitte probieren Sie, jeweils einen Tag der kommenden Woche nach einem der neuen Glaubenssätze zu leben. Füllen Sie das jeweilige Motto mit Leben. Was verändert sich? Was wird besser im Verhältnis zu anderen Menschen? Und wie könnten Sie es schaffen, diesem Satz dauerhaft mehr Macht in Ihrem Leben einzuräumen?

Alter Glaubenssatz	Neuer Glaubenssatz
Ich muss aller Welt beweisen, dass ich etwas ganz Besonderes bin.	Ich bin ein einzigartiger Mensch, auch ohne dass ich Großartiges leiste.
Andere Menschen sind gewöhnlicher und unbedeutender als ich.	Je mehr ich andere Menschen als etwas Besonderes sehe, desto mehr sehen sie das Besondere in mir.
Ich kann alles schaffen, was ich will. Kein Ziel ist zu hoch gesteckt.	Ich erreiche lieber realistische Ziele, als unrealistische zu verfehlen.
Kritik will mich entlarven, vernichten und an den Pranger stellen.	Kritische Rückmeldungen helfen mir, mich weiterzuentwickeln und besser zu werden.
Die anderen müssen erkennen und mir oft bestätigen, wie toll ich bin.	Ich bin glücklich, wenn ich mich selber mag – dann brauche ich keine ständige Anerkennung von außen.
Ich muss mich abheben von der Masse, muss andere übertrumpfen.	Es entspannt mich, wie die anderen zu sein, statt immer besser.
Die anderen verkennen mich völlig, fördern mich nicht genug, lassen mich hängen.	Ich mache niemand anderen für mein Schicksal verantwortlich, sondern nehme mein Glück selbst in die Hand.

STECKBRIEF: DER NARZISST

Drei Eigenschaften, die ihn kennzeichnen:

▶ Er will im Mittelpunkt stehen und braucht Applaus.

▶ Er überschätzt seine Stärken und übersieht seine Schwächen.

▶ Er manipuliert und erniedrigt andere, wenn es seinem Vorteil dient.

Drei Wörter, die er gern verwendet:

▶ »Ich« – denn er redet fast nur über sich selbst.

▶ »Erfolg« – denn davon, findet er, steht ihm noch mehr zu.

▶ »Ausnahme« – denn für ihn, meint er, gelten eigene Gesetze.

Drei Sätze anderer, die ihn aufregen:

▶ »Jetzt erzähle ich dir mal, wie es zu meiner Beförderung kam.« (Schau wird ihm gestohlen.)

▶ »Für jeden gelten gleiche Rechte und Pflichten.« (Gleichmacherei – er ist *nicht* jedermann.)

▶ »Darf ich Sie mal kurz unterbrechen?« (Majestätsbeleidigung!)

Drei Verhaltensweisen, die ihm entgegenkommen:

▶ Zollen Sie ihm Respekt, wo er's verdient – dann fühlt er sich (an)erkannt.

▶ Heben Sie seinen eigenen Vorteil hervor, wenn Sie etwas von ihm wollen.

▶ Achten Sie auf repräsentative Formalien, die ihm wichtig sind (Reihenfolge, Titel, Anrede usw.).

Drei Wege, ihn konstruktiv zu kritisieren:

▶ Stellen Sie ein aufrichtiges Lob voran.

▶ Machen Sie Vorschläge, statt ihn zu belehren.

▶ Zeigen Sie, wie seine Reputation von einem neuen Verhalten profitiert.

3. Der Perfektionist:

»Bloß keinen Fehler machen!«
(Zwanghafte Persönlichkeit)

Bitte denken Sie über die folgenden 15 Aussagen nach. Kennen Sie einen Menschen, auf den einiges davon zutrifft? Und wie oft können Sie »Ja« ankreuzen? In der Auswertung erfahren Sie, ob er ein Perfektionist ist – und wenn ja, wie ausgeprägt.

Typen-Test: Kennen Sie einen Perfektionisten?

1. Er tut nichts, ohne sich vorher gründlichst zu informieren.	Ja	Nein
2. Er plant Dinge gern von ganz langer Hand.	Ja	Nein
3. Sein Fachwissen ist enorm, auch in den Details.	Ja	Nein
4. Er weicht nur im Notfall von seinem Terminkalender ab.	Ja	Nein
5. Er beruft sich gern auf Regeln und Vorgaben.	Ja	Nein
6. Er redet viel über die Sache, aber wenig über Persönliches.	Ja	Nein
7. Smalltalk und Schmeicheleien stoßen ihn ab.	Ja	Nein
8. Er belehrt andere oft und kommt besserwisserisch rüber.	Ja	Nein

	Ja	Nein
9. Seine Erzählungen enthalten auffallend viele Details, oft unnötige.	Ja	Nein
10. Er ist mit seiner Leistung fast nie zufrieden.	Ja	Nein
11. Er versucht immer, sein Bestes und mehr zu geben.	Ja	Nein
12. Er übt harsche Kritik ohne diplomatische Rücksicht.	Ja	Nein
13. Er hat wenig Gespür für Stimmungen und Gefühle.	Ja	Nein
14. Er hasst es, wenn andere schlecht informiert oder vorbereitet sind.	Ja	Nein
15. Er legt großen Wert auf Ordnung und fordert sie auch von anderen ein.	Ja	Nein
Wie oft haben Sie mit »Ja« geantwortet? Bitte zählen Sie das Ergebnis zusammen, ehe Sie die Auswertung lesen.		
Ergebnis: _____x Ja		

Auswertung: Der dreifache Perfektionist

Wie ausgeprägt ist der Perfektionismus des Menschen, an den Sie gedacht haben? Hier bekommen Sie eine erste Einschätzung:

5 – 7 Punkte: Leichter Perfektionist	8 – 11 Punkte: Mittlerer Perfektionist	12 – 15 Punkte: Zwanghafte Persönlichkeit
Die Sache ist ihm stets wichtiger als die Menschen. Er ordnet, plant und recherchiert von langer Hand, mag Chaos und Spontaneität nicht besonders. Nur selten lässt er fünfe gerade sein. *Resümee:* Ein Mensch mit hohem Anspruch, der seine Ordnung mag – ohne deshalb zwanghaft zu handeln.	Seine Pläne sind ihm heilig, seine Ordnung auch. Wer sie stört, bekommt mit ihm Ärger. Mündlich geht wenig, fast alles braucht die Schriftform. Regeln sind sein Kompass im Leben. *Resümee:* Er erwartet viel von sich selbst und seiner Umwelt. Seine Forderungen und Belehrungen können nerven.	Er ist Formalist, weiß alles besser, verliert sich in Details und verschleppt Entscheidungen. Nichts ist ihm gut genug. Er klammert sich an Regeln fest und reibt sie anderen unter die Nase. *Resümee:* Ein Mensch mit den Zügen einer zwanghaften Persönlichkeit, oft Bremsklotz und nervender Ordnungshüter.

Erlebnis mit einer Perfektionistin

»Was qualifiziert Sie eigentlich als Coach?«

Ich erzähle über eine Klientin:

Mein Kontakt mit der Reisekauffrau Karin Eibert (43) begann harmlos: Sie erbat ein »Angebot für eine Karriereberatung zwecks Jobwechsel«. Ich schrieb ihr meinen Stundenpreis und schlug einen Ablauf vor. Ein paar Tage später antwortete sie: »Offenbar fehlt bei Ihrer Mail der Anhang mit dem Angebot, reichen Sie das nach.«

»Bitte werten Sie meine Mail als Angebot«, schrieb ich zurück. Doch sie gab sich nicht damit zufrieden: »Ich erwarte ein rechtsverbindliches Angebot auf Firmenbriefpapier.« Außerdem: »Nach welchen Methoden arbeiten Sie? Und was qualifiziert Sie als Coach?«

Ich schickte ihr einen Fachartikel zu meinen Methoden. Nach zehn Tagen reagierte sie mit einer Mail voller Detailfragen: »Ist damit zu rechnen, dass Sie mir hypothetische Fragen stellen?« Und: »Sie berufen sich in Ihrem Artikel auf Carl Rogers. Ich benötige nähere Angaben, wer er ist und wie Sie Ihre Arbeit von einer Therapie abgrenzen.«

Ich atmete tief durch und bot ein kurzes Telefonat an. Sie mailte: »Ich ziehe eine schriftliche Antwort wegen der besseren Dokumentierbarkeit vor.« Leicht genervt tippte ich die gewünschte Antwort und verwies auf ein Fachbuch von Carl Rogers.

Einen Monat später – ich hatte sie schon fast vergessen – meldete sich Karin Eibert wieder. Sie habe das Buch von Rogers gelesen, daraus ergäben sich ein paar Fragen, unter anderem: »Das klientenzentrierte Zuhören nach Rogers erleichtert laut Fachdefinition vor allem die Seele. Wie können Sie mir Fortschritte in der Sache garantieren?«

Der Faden meiner Geduld wurde dünner, ich antwortete knapp: »Ich glaube, die jetzt vorliegenden Informationen reichen für eine Entscheidung aus.« Eine Woche später kam ihr Widerspruch: »Sie geben zu, dass Sie nur ›glauben‹, ich sei jetzt entscheidungsfähig. Mir aber geht es um Entscheidungssicherheit, und dafür benötige ich noch (…)«

Seufzend empfahl ich ihr mein dickes Fachbuch »Die 100 besten Coaching-Übungen«. Sechs Wochen herrschte Funkstille, dann schrieb sie: »Nach Lektüre Ihres Buches bin ich so gut wie sicher, in Ihnen den richtigen Coach gefunden zu haben. Nur bitte ich noch um eine kurze Rückmeldung auf meine angehängten Dokumente.«

Mit heißem Schrecken sah ich, dass die Mail *acht* Anhänge enthielt. Der erste davon trug den charmanten Titel »Fehler in Ihrem Fachbuch«: Sie hatte vier »Duden-Verstöße« entdeckt, darunter ein Komma nach alter Rechtschreibung sowie zwei überflüssige Leerzeichen. Ein weiterer Anhang enthielt ihre aktuelle Bewerbung – allein der Lebenslauf war fünf Seiten lang. Diese Unterlagen habe sie »noch nie verschickt, da ich mir unsicher beim Bewerbungsfoto bin«.

Bei den anderen Dokumenten handelte es sich um Checklisten (»Vorbereitung des Coachings«), Tabellen (»Für und Wider eines Jobwechsels«) sowie um ein Persönlichkeitsprofil. Als Grund für ihren Wechselwunsch nannte sie: »In meiner aktuellen Firma kommt Schnelligkeit vor der Qualität.« Insgesamt hatte sie mir 42 Seiten geschickt.

Ich dankte für die »ausführliche Vorbereitung des Coachings« und gab eine kurze Rückmeldung. Daraufhin wieder: wochenlange Funkstille. Als ich das Coaching schon abgeschrieben hatte, sagte sie überraschend einen Termin zu.

Karin Eiberts Begrüßung beim Treffen war kühl. Mit Smalltalk hielt sie sich nicht auf. Auf einem Zettel hatte sie Fragen gelistet, die sie abhaken wollte. Ihr Blick galt vor allem dem Papier. Immer wieder bezog sie sich auf die mir gesandten 42 Seiten Vorbereitungsdokumente: »Wenn Sie das Testergebnis noch erinnern, dann wissen Sie ja, dass meine Antwort auf die vierzehnte Frage (…)« Und wehe, ich konnte mich an Frage Nummer 14 in Dokument Nummer 3 nicht mehr erinnern. Dann traf mich ihr strafender Blick.

Ihre Erzählungen vom Arbeitsplatz gingen sehr ins Detail. Unter anderem erfuhr ich, welche Arbeitsschutzrichtlinien ihre Firma missachtete (die »Gefährdungsbeurteilung nach § 5«), wie hoch der von ihr selbst gemessene Lärmpegel im Großraumbüro war, nämlich 55 dB(A), und dass ihre morgendliche Anfahrtszeit bei 49 Minuten lag – oder 59, wenn sie einen Anschlussbus verpasste, was etwa jeden dritten Morgen passierte. Dagegen blieb die große Frage, was sie sich von einer neuen Firma versprach, zunächst im Dunkeln.

Sieben Erkenntnisse über Perfektionisten

Welche Eigenschaften von Perfektionisten, die ihre Mitmenschen herausfordern, treten in diesem Erlebnis ans Licht?

1. Perfektionisten kommunizieren gern schriftlich.

»Was man schwarz auf weiß besitzt, kann man getrost nach Hause tragen«: Dieser Satz von Goethe spricht Perfektionisten aus der Seele. Sie lieben Anleitungen, kennen Verordnungen, zitieren Richtlinien – gern mit erhobenem Zeigefinger, damit andere nicht dagegen verstoßen. Dem geschriebenen Wort trauen sie mehr als dem gesprochenen, das ihnen zu flüchtig ist. Darum lieben sie Aktennotizen und Mails mit großem Verteiler.

Karin Eibert fordert ein Angebot auf »offiziellem Briefbogen« und lehnt ein Telefonat ab, weil sich Schriftliches besser »dokumentieren« lasse. Es reicht ihr nicht, recht zu haben, sie will es später nachweisen können. Das Misstrauen gegenüber anderen ist groß.

2. Sie sammeln Berge an Informationen.

Perfektionisten tun nichts, ohne sich vorher gründlich zu informieren. Andere spielen einfach Lotto, sie aber recherchieren: Wie hoch ist die Wahrscheinlichkeit eines Gewinns? Was lohnt sich mehr, Mittwochs- oder Samstagslotto? Und welche Zahlenkombinationen versprechen die höchsten Gewinne, weil kaum getippt? Womöglich rechnen sie vorsorglich aus, ab welcher Summe sie ihren Job aufgeben und von den Zinsen leben könnten.

Dieser Informationshunger verleitet Karin Eibert dazu, mich vor dem Coaching mit vielen Rückfragen zu löchern: zu meiner Qualifikation, meiner Methodik, meinen Fachbüchern. Ehe sie nicht alles weiß, fühlt sie sich schlecht informiert.

3. Sie verlieren sich in Details.

Karin Eibert legt mir einen fünfseitigen Lebenslauf vor. Bei jeder Position sind bis zu zwölf Unterpunkte mit Tätigkeiten aufgeführt, oft Lappalien (»Ablage der Buchungsdokumente«). Dass dieser Lebenslauf viel zu lang ist – zwei Seiten sind üblich –, entgeht ihr. Dafür beißt sie sich an der Qualität des Bewerbungsfotos fest. Gefragt, was sie an ihrem Job störe, erwähnt sie sogar die Fahrzeiten des Busses. Doch der Kern bleibt offen.

Bildlich gesprochen: Wenn's brennt, benutzen Perfektionisten nicht einfach den Feuerlöscher. Vorher wollen sie die Anleitung lesen: den idealen Einsprühwinkel kennen, die maximale Löschdauer. Gut möglich, dass ihr Haus abgebrannt ist, ehe sie sich bereit zum Löschen fühlen.

4. Sie schieben Entscheidungen auf.

Perfektionisten wie Karin Eibert entscheiden, wenn sie genug Informationen gesammelt haben, das bedeutet: spät oder nie. Ein Bekannter von mir will seit Jahren einen Urlaub in Feuerland buchen. Mittlerweile hat er alle Bücher zum Thema gelesen, alle Videos geschaut, alle Reiseanbieter abgeklopft – aber noch immer nicht gebucht. Zuletzt sagte er: »Meine Infos über Feuerland sind veraltet. Ich warte jetzt auf neuere.«

Wer entscheidet, kann Fehler begehen. Das hassen Perfektionisten, sie wollen alles optimal machen. Deshalb schieben sie Entscheidungen auf. Karin Eibert hat ihre Bewerbung noch nie verschickt. Und für das Coaching bei mir entscheidet sie sich erst nach Monaten.

5. Sie überfordern andere.

Perfektionisten erwarten von anderen Perfektion – und dass sie exakt ihren Lösungsweg gehen. Wer eine Sache anders anpackt, weniger gründlich recherchiert, weniger ordentlich organisiert oder sich gar auf sein Bauchgefühl beruft, hat bei ihnen schlechte Karten. Ebenso hassen sie mangelnde Vorbereitung. Jede kleine Wissenslücke scheint ihnen tief wie eine Gletscherspalte.

Karin Eibert erwartet, dass ich ihre Antwort auf Frage Nummer 14 aus Dokument Nummer 3 kenne. Weil das nicht zutrifft, straft sie mich mit ihren Blicken ab. Viele Menschen fühlen sich von Perfektionisten überfordert und drangsaliert.

6. Sie weisen schroff auf »Fehler« hin.

Perfektionisten sagen, was sie denken, auch wenn es andere verletzt. Wer sie um eine Rückmeldung zu seinem gefeierten Vortrag bittet, muss rechnen mit: »Leider hat zweimal das Mikrofon gerauscht. Und einmal hast du dich verhaspelt.« Dabei leuchtet ihnen nicht ein, was falsch an einer solchen Antwort sein soll. Das war doch nur ehrlich.

Karin Eibert fordert einen nach ihrer Meinung fehlenden Anhang mit einem Angebot ein, weist mich schriftlich auf »Duden-Verstöße« in meinem Buch hin und verwendet meine Formulierung »ich glaube« als verbales Schwert gegen mich.

7. Sie verfügen über wenig Empathie.

Perfektionisten sind Spezialisten für die Sache. Qualitätskriterien sind ihnen vertraut, menschliche Bedürfnisse kaum. Sie halten lockeren Austausch für überflüssig und reden wenig über Privates. Dass sie andere loben, kommt kaum vor, auch weil die ihnen keinen Anlass dafür liefern. Diplomatische Floskeln, wie nette Worte vor der Kritik, wollen sie selbst nicht hören – und meiden sie konsequent.

Bei Karin Eibert fällt auf, dass sie beim Coaching den Smalltalk überspringt, sofort eine Checkliste mit Fragen abarbeitet und mir selten in die Augen schaut. Menschliche Wärme entsteht kaum.

Der Perfektionist in vier Lebensräumen

Am Arbeitsplatz:

Als Chef ist er mit seinen Mitarbeitern nie zufrieden. Gern macht er deren Arbeit noch einmal, natürlich besser. Als Mitarbeiter liefert er immer neue Gründe, warum eine Sache noch nicht spruchreif ist – also noch Recherche und Feinschliff benötigt. Und als Kollege spielt er den Gralshüter des Anspruchs: »Ich hoffe, dieses Dokument war nur ein Entwurf, keine Endfassung!« Seine Anforderungs- und Fehlerliste kann lang wie eine Doktorarbeit sein, seine Kritik direkt, messerscharf und verletzend. Vor lauter Sachorientierung verliert er oft das Menschliche aus dem Auge.

Andererseits ist er es oft, der mit seinem Anspruch und seiner Sachkenntnis die Qualität hochhält und leichtfertige Fehler und Zusagen vermeidet.

In der Familie:

Als Elternteil ist er ein strenger Gesetzgeber, der Disziplin fordert. Nie sind die Hausaufgaben perfekt und die Noten gut genug. Und wehe, jemand verletzt sein ausgeklügeltes Ordnungssystem im Kühlschrank – dann kann er ungemütlich werden. Seine Sachorientierung wirkt oft kühl, gerade auf Kinder.

Wer eine Reise mit ihm plant, sollte es Jahre im Voraus tun: Zunächst fordert er stapelweise Reiseführer an, vergleicht Hotels, checkt Sicherheitswarnungen und wägt Länder gegeneinander ab. Spontane Unternehmungen mit ihm sind so schwierig wie Saltos mit Hexenschuss. Außerdem neigt er zum Sammeln unnützer Gegenstände, zu übertriebener Sparsamkeit und zu mehrfachen Kontrollen, ob der Herd auch tatsächlich ausgeschaltet, die Wohnungstür verschlossen und die Katze nicht in der Waschmaschine ist.

Andererseits: Wer mit ihm zusammenlebt, kann sich auf ihn verlassen. Er steht zu seinem Wort, denkt für andere mit und hält die Fäden der Ordnung zusammen.

In der Partnerschaft:

Im Zusammenleben erwartet der Perfektionist, dass der andere *seine* Vorstellungen erfüllt: von der Ordnungsliebe bis zur Weltanschauung. Abweichungen erträgt er nur schwer, weil er sie für Fehler hält. Seine inneren Zwänge projiziert er gern nach außen, deshalb beginnen viele Sätze mit: »Du solltest« oder »Du musst endlich (…)«

Er kann wortkarg sein und sehr sachorientiert, eine Beziehung als Zweckbündnis sehen und gemeinsame Unternehmungen wie eine Marsmission planen. Überschwängliche Gefühle und Liebeserklärungen sind selten bei ihm, er hält sich an die Fakten. Auch wenn er Nähe zulässt, bleibt ein Rest von Distanz – als könnte er sich nicht ganz öffnen, aus Angst, sich verletzbar zu machen.

Andererseits: Er ist verlässlich, treu und gehört zu denen, die wenig versprechen, aber viel halten. Und für Ordnung ist immer gesorgt, sobald er in der Nähe ist.

Im Internet:

Der Perfektionist saugt pausenlos Informationen auf. Dabei regt ihn das verbreitete Halbwissen im Internet auf. Seine Kommentare prangern Sach- und Tippfehler an. Er kennt keine Diplomatie, nur Fakten. Seine Rückmeldungen, auch auf private Postings bei Facebook oder Instagram, können verletzend sein. Zum Beispiel schreibt er unter ein traumhaftes Foto von einem Sonnenuntergang: »Nicht gut belichtet – das nächste Mal kleinere Blende verwenden: f/11-22.«

Andererseits: Menschen wie er sorgen unter anderem beim Online-Lexikon Wikipedia dafür, dass Fehler aus Artikeln beseitigt werden. Und immerhin bleibt er in seiner Schroffheit sachlich, statt ausfallend zu werden (wie etwa der Narzisst).

Psychologie des Perfektionisten: So tickt er!

Der Perfektionist ist ein Geisterjäger: Er greift nach der Vollkommenheit, aber bekommt sie nie zu fassen. Alles, was er tut, könnte *noch besser* getan werden. Diese Kluft zwischen Ideal und Wirklichkeit ist ein Sammelgraben, in dem sich seine Sorgen und Ängste stauen.

Das Denken des Perfektionisten ist zweifach verzerrt:[55] Zum einen sieht er nur Himmel oder Hölle, perfekte Lösungen oder Reinfälle. Dabei entgeht ihm die Bandbreite dazwischen: Man kann Dinge perfekt erledigen, hervorragend, sehr gut, gut, mittelmäßig, schlecht, sehr schlecht oder extrem schlecht. Aber für ihn gibt es keine zweitbesten Lösungen, sondern nur größtmögliche Fehler.

Die zweite Verzerrung betrifft die Folgen seiner Entscheidung: Er neigt zu Katastrophenfantasien. »Wenn ich den falschen Urlaubsort wähle, dann laufe ich womöglich in einen Militärputsch.« Sein rigoroses Denken führt dazu, dass es immer um alles oder nichts geht. Deshalb sichert er sich ab: Er recherchiert, sammelt Informationen, klammert sich an Vorgaben und reitet gegen Fehler an. Nicht sein innerer Impuls, ein »Ich will«, prägt sein Denken – sondern ein äußerer Wegweiser, ein »Ich soll«.

Im inneren Monolog reiht er Selbstappelle aneinander: »Ich sollte keine halbfertigen Arbeiten abgeben«, »Ich sollte pünktlich liefern«, »Ich sollte nicht jedem über den Weg trauen«, »Ich sollte mehr Sport machen.« Ähnliche Appelle, mit dem Refrain »Du solltest mal wieder …«, richtet er an seine Mitmenschen. Lebensaufgaben sind für ihn wie Mathematik: Er braucht Formeln, um sie zu lösen. Er klammert sich an Regeln, Grundsätze, Moral, Logik, Anstand, Sitten, Familiengrundsätze oder erfolgreiches Verhalten in früheren Situationen.[56]

Oft kommt es vor, dass sich zwei »Ich sollte«-Regeln widersprechen, zum Beispiel: »Ich sollte pünktlich liefern« und »Ich sollte nicht schlampen.« So entsteht eine innere Zwickmühle, Double-Bind genannt.[57] Liefert er pünktlich, muss er schlampen. Schlampt er nicht, liefert er unpünktlich. Das kann lähmen: Aus Angst vor Fehlern erstarrt er – ein Verhalten, das nicht nur seine Mitmenschen, sondern auch ihn belasten kann.

Die größte Stärke des Perfektionisten, dass er sich vollkommen in eine Sache vertieft, ist zugleich seine größte Schwäche: Alles, was nicht unmittelbar mit dieser Sache zu tun hat, blendet er aus. Er ist »aktiv unaufmerksam«, so der US-Psychologe David Shapiro.[58]

Zum Beispiel bringt eine Perfektionistin einen Vorschlag beim

Meeting ein und blendet vor lauter Sachfixierung völlig aus, dass sie ihre Kollegen mit ihrem detailreichen Vortrag langweilt, obwohl die offen gähnen. Oder ihr entgeht, dass sie einem anderen Meeting-Teilnehmer mit ihren Aussagen auf die Füße tritt. Oder dass ihr Chef schon mehrfach den Kopf geschüttelt hat, weil er die Sache völlig anders sieht.

Stellen Sie sich einen Perfektionisten wie einen Fotografen vor, der seine Kamera auf ein Gänseblümchen scharfgestellt hat: Alles, was neben dem Hauptmotiv liegt, rückt aus dem Bild oder wird unscharf. Das Gänseblümchen des Perfektionisten ist die Sache. Unscharf sieht er die Gefühle anderer Menschen. Diese Sachfixierung kann so weit gehen, dass zwanghafte Menschen als »lebende Maschinen« agieren, wie das der österreichisch-amerikanische Psychiater Wilhelm Reich nennt.[59] Von hundert Menschen leiden zwei bis fünf unter einer zwanghaften Persönlichkeitsstörung.[60]

Zwei Elternhäuser sind typisch für den Perfektionisten: das strenge Regiment und das Chaos. Im ersten Fall hat er seine Kindheit lang gelernt, sich den Vorgaben seiner Eltern akribisch zu fügen. Sobald er davon abwich, wurde er bestraft – für krakelige Schrift, für Chaos im Zimmer, für freche Antworten. Die Liebe seiner Eltern war mit einem Preisschild versehen, sie floss nur für Spitzenleistungen. Als Vorbilder wurden ihm die Besten seines Jahrgangs unter die Nase gerieben.

»Streng dich mehr an!«, »Sei besser als die anderen!«, »Hol mehr aus dir raus!«: Wer solche Sätze seine Kindheit lang hört, formt daraus ein mächtiges Über-Ich, ein inneres Diktat, und wird eines Tages zum Einpeitscher seiner selbst.[61]

Die zweite Herkunft wird durch Chaos gekennzeichnet: Eltern, die sich kaum ums Kind kümmern oder widersprüchliche

Botschaften senden, Familienverhältnisse, die bröckeln, Haltlosigkeit. Das Kind, das unterzugehen droht, greift zum Rettungsring *eigener* Gebote und Verbote. Schon in frühen Jahren entwickelt es Strebsamkeit und Disziplin.

Die Psychologie unterscheidet funktionalen und dysfunktionalen Perfektionismus. Im ersten Fall holt einer das Beste aus sich heraus, ist aber in der Lage, Fehler zu tolerieren. Der dysfunktionale Perfektionist dagegen versklavt sich und andere mit immer neuen Ansprüchen, immer höheren Zielen, immer formaleren Anforderungen.[62]

Perfektionisten machen manchmal Karriere, können Spitzensportler, Top-Manager oder bedeutende Politiker werden. Den Preis ihres Erfolges zahlen sie seelisch: Schlaflosigkeit, Burnout, Depression – und das Gefühl, sich selbst nie zu genügen.

Der kleine Übersetzer: Perfektionist – Deutsch

Ein Perfektionist legt alles auf die Goldwaage – auch seine Worte. Aber was meint er wirklich damit? Diese kleine Übersetzungshilfe macht Sie schlauer:

Perfektionist	Deutsch
Mir fehlen noch ein paar Informationen.	Ich muss mindestens noch einen Monat lang recherchieren, ich weiß so gut wie nichts.
Ich hatte unseren Termin fest eingeplant.	Du wagst es, meinen Kalender zu sprengen?! Das trage ich dir ewig nach.

Perfektionist	Deutsch
Sie können sich bestimmt an den vorletzten Absatz des Jahresberichtes von 2007 erinnern.	Wetten, dass sich hier wieder niemand ordentlich vorbereitet hat – außer mir!
Die Arbeit ist so gut wie fertig, ich muss noch ein wenig daran feilen.	Lass mich mit deinen Nachfragen in Ruhe. Ich liefere erst ab, wenn alles perfekt ist, und das dauert!
Darf ich rasch noch eine Kleinigkeit zum Sachverhalt anmerken?	Jetzt lasse ich eine halbe Stunde lang Details auf euch herabregnen.
Leider enthält der Bericht noch ein paar schwere Fehler.	Eine Zahl ist falsch aufgerundet. Außerdem steht ein Komma an der falschen Stelle.
Danke für die Reiseplanung. Ich schau noch mal kurz drüber.	Sei sicher, dass ich mit Korrekturen und Detailvorschlägen alles auf den Kopf stelle.
Dieser Fehler der Sachbearbeiterin sollte nicht ohne Folgen bleiben.	Sie hat eine Vorschrift verletzt! Schreibt ihr eine Abmahnung – ohne Abschreckung zieht hier die Fehlerseuche ein.
Ich glaube, ich erledige diese Aufgabe lieber selbst.	Außer mir bekommt das keiner *ordentlich* auf die Reihe.
Ich finde, wir brauchen ein Haushaltsbuch.	Euch Verschwendern muss man Grenzen setzen, sonst gehen wir im Chaos pleite.

Die fünf Schlüssel zum Perfektionisten

Wie können Sie verhindern, dass ein Perfektionist Sie mit seinen Ansprüchen und seiner Detailliebe in den Wahnsinn treibt? Wie gelingt es Ihnen, seine Eigenschaften konstruktiv zu nutzen? Welche Haltung ist vorteilhaft? Und was können Sie von ihm lernen? Hier bekommen Sie fünf Antworten, wie Sie gekonnt mit ihm umgehen:

Frage 1: Was sagt es über mich aus, wenn ich auf einen Perfektionisten allergisch reagiere?

Je spontaner, lockerer und menschenbezogener Sie sind, desto mehr werden Sie sich an einem Perfektionisten stören. Vieles, was Ihnen wichtig ist, wird durch seine Werte kontrastiert. Nun können Sie wählen zwischen zwei Haltungen:

Ungünstige innere Haltung:
Es geht mir auf den Geist, dass dieser Mensch nie zufrieden ist und immer auf seinen Prinzipien herumreitet. Seine Ansprüche sind so hoch, dass man sie nicht erfüllen, sondern nur daran verzweifeln kann. Vor lauter Faktenfixierung sieht er keine Menschen mehr. Offenbar hält er mich für doof und unfähig. Oder warum sonst will er mir alles vorschreiben?

Günstige innere Haltung:
Der Perfektionist verfolgt eine ehrenwerte Absicht: Er will Fehler unbedingt vermeiden – nicht nur bei sich, sondern auch bei mir und allen anderen. Er hat das Gefühl, immer die volle Verantwortung zu tragen. Wenn er Dinge besser weiß, geht's ihm um

die Sache, er will mich nicht bloßstellen. Wenn er lang für etwas braucht, will er richtig handeln, nicht mich blockieren. Und wenn er unterkühlt auf mich wirkt, dann nicht aus Arroganz – sondern weil er alles kontrollieren muss, auch seine eigenen Gefühle, um Sicherheit zu empfinden. Je mehr Berechenbarkeit ich ihm garantiere, desto unverkrampfter wird er mir begegnen.

Frage 2: Wie verändere ich das Verhalten eines Perfektionisten?

Der Perfektionist kämpft umso härter für Qualität, Ordnung und Berechenbarkeit, je weniger er sich gehört fühlt. Wenn er auf Widerstände stößt, beißt er sich in seinen Anliegen fest. Dagegen schaltet er einen Gang zurück, sobald er bemerkt, dass er ernst genommen wird und etwas anstoßen kann. Überlegen Sie, was Ihnen lieber ist:

▶ Wollen Sie gegen den Perfektionisten und seine Anliegen arbeiten?

▶ Oder wollen Sie seine Mission kanalisieren und davon profitieren?

Oft lässt sich die Energie des Perfektionisten in eine konstruktive Richtung lenken. Fragen Sie sich, wo und wie sich sein ausgeprägter Sinn für Ordnung und Qualität nutzen lässt.

Ich erinnere mich an einen Produktionsleiter, der sich über eine »fürchterlich komplizierte« Mitarbeiterin beschwerte, die angeblich »mit ihrem Qualitätsgerede« die ganze Produktion aufhielt. Ihre Einwände wurden schnell vom Tisch gewischt – was sie dazu veranlasste, immer bockiger und fordernder zu werden.

Im Gespräch mit dem Produktionsleiter fand ich heraus: Die Ausschuss- und Beschwerdequote lag tatsächlich erschreckend hoch — obwohl es in der Firma ein kleines Qualitätssicherungs-Team gab. Aber dort rutschten offenbar zu viele Mängel durch.

Ich schlug vor, die »komplizierte« Mitarbeiterin als Qualitätskontrolleurin einzusetzen. Schnell stellte sich heraus: Diese Rolle war wie geschaffen für sie. Ihr scharfes Auge, das vorher alle genervt hatte, erwies sich als nützliches Arbeitsinstrument. Die Penetranz, mit der sie Qualität einforderte, führte zu neuen Maßstäben. In wenigen Monaten ging die Ausschussquote deutlich zurück. Und die Perfektionistin wirkte zufrieden wie nie — weil sie sich mit ihren Anliegen endlich ernst genommen fühlte und etwas bewirkt hatte.

Ein weiteres Beispiel:

Der Verkäufer Jörn (48) beklagte, wie »schlampig« seine Kollegen die Waren sortierten. Immer wieder räumte er ihnen hinterher und forderte von seinem Filialleiter »Regeln zur Warenpräsentation«. In Sitzungen wurde er schon als »Ordnungshüter« verspottet — was ihn noch tiefer in seinen Standpunkt trieb.

Eines Tages bat ihn der Filialleiter, eine Liste mit Vorschlägen zu erarbeiten, wie sich die Waren besser präsentieren ließen. Er vereinbarte mit ihm, von jedem Kollegen mindestens zwei Ideen einzusammeln. »Und wenn alle Vorschläge vorliegen, besprechen wir das im Team. Was eine Mehrheit findet, halten wir schriftlich fest und setzen es um. Und was nicht, lassen wir bleiben — und vereinbaren, es auch nicht mehr einzufordern.«

Das Projekt ließ Jörn aufblühen. Endlich fühlte er sich in seinem Anliegen gewürdigt. Mit großer Akribie sammelte er Vorschläge, sortierte sie und steuerte eigene Ideen bei. Am Ende einigte sich das

*Team auf neue Regeln – während es andere Vorschläge, etwa die
stündliche Reinigung des Ladens, ablehnte.*

*Seither wirkt Jörn entspannter. Nur gelegentlich fordert er noch
ein, was abgelehnt wurde. Dann erinnern ihn die anderen an die
schriftliche Vereinbarung.*

MEINE DREI BESTEN TIPPS:

▶ Lenken Sie die destruktive Energie des Perfektionisten
ins Konstruktive – betrauen Sie ihn mit Aufgaben, die
Akribie und Ordnungssinn erfordern.

▶ Sorgen Sie dafür, dass er die Ideen und Maßstäbe anderer
berücksichtigt, damit tragfähige und einvernehmliche
Lösungen entstehen.

▶ Nutzen Sie seine Regeltreue. Legen Sie mit ihm
schriftliche Vereinbarungen fest, die das Zusammenleben
oder -arbeiten erleichtern.

Frage 3: Welches sind die besten Strategien im Umgang mit einem Perfektionisten?

Wollen Sie mit Perfektionisten besser klarkommen? Die folgenden drei Regeln bringen Sie auf den Erfolgsweg.

*Strategie 1: Füttern Sie ihn mit Informationen, Fakten und allem, was
seine Sicherheit erhöht.*

»Was qualifiziert Sie eigentlich als Coach?« Als Karin Eibert das
fragte, habe ich mich schlecht gefühlt: Weiß sie denn nicht, dass
ich führende Lehrbücher zum Thema schreibe? Erst im zweiten

Moment begriff ich: Diese Rückfrage hatte vor allem mit ihr zu tun, kaum mit mir.

Eine Perfektionistin steht vor ihrer Entscheidung wie vor einer Eisfläche. Und ehe sie ihren Fuß darauf setzt, muss sie herausfinden, wie dick es ist. Darum packt sie ihren Informationsbohrer aus und dringt in die Tiefe. Kann das Eis, selbst wenn es dick ist, deshalb beleidigt sein?

Nur weil ich sie mit umfangreichen Informationen versorgte, fühlte sie sich sicher genug für ein Coaching. Klar, ihre Nachfragen haben mich zeitweise genervt. Andererseits: Ist es nicht auch eine Ehre, wenn sich jemand so gründlich auf einen Termin vorbereitet, so viel Interesse fürs Thema mitbringt?

Denken Sie immer daran: Ein Perfektionist will alles ganz genau wissen. Versorgen Sie ihn mit Hintergrund-Informationen. Wenn Sie mit ihm in ein exotisches Land reisen wollen, dann legen Sie offen, wie das Auswärtige Amt diese Region einschätzt, welche Risiken bestehen und wie man ihnen vorbeugen kann. Oder: Wenn Sie ihn in einem Meeting für einen Standpunkt gewinnen wollen, dann teilen Sie mit ihm alle Quellen, Erfahrungen und Richtwerte, die zu Ihrer Meinung geführt haben.

Nehmen Sie seine möglichen Bedenken in Ihrer Argumentation vorweg: »Vielleicht fragst du dich, ob der Markt nicht schon durch unsere Wettbewerber gesättigt ist? Dazu habe ich eine spannende Studie gefunden, und zwar …«

Je mehr Fakten er kennt, je mehr seiner Bedenken schon im Vorfeld entkräftet werden, desto eher vertraut der Perfektionist Ihrem Vorschlag – offenbar ist die Sache durchdacht und gut vorbereitet. Dagegen reagiert er auf Schnellschüsse allergisch.

MEINE DREI BESTEN TIPPS:

▶ Stillen Sie den Informationshunger des Perfektionisten. Verweisen Sie auf Studien, Quellen, Anleitungen und Warentests – das gibt ihm die nötige Entscheidungssicherheit.

▶ Fragen Sie ihn, welche Informationen ihn noch interessieren. Je präziser Sie sein Bedürfnis kennen, desto besser können Sie es befriedigen.

▶ Lassen Sie ihm für seine Entscheidung Zeit. Manchmal kommt das Ja-Wort, wenn Sie es schon nicht mehr erwarten.

Strategie 2: Nutzen Sie sein Bedürfnis, klare Regeln zu befolgen, für Vereinbarungen mit ihm.

Was als Fluch erscheint, kann auch Segen sein: dass der Perfektionist alles richtig machen und gegen keine Regel verstoßen will. Was passiert, wenn Sie sich auf Regeln und Normen berufen, etwa eine Dienstvorschrift? Dann entlasten Sie sein Gewissen. Was er jetzt tut, ist von der Vorschrift gedeckt – wenn Fehler passieren, dann geht das nicht auf seine Kappe. So kommt er rascher ins Tun und schließt Dinge ab, statt ewig zu feilen.

Ebenso lohnt es sich, Spielregeln für den Umgang festzulegen: Wer übernimmt welchen Teil einer Aufgabe? Bis wann ist sie fertigzustellen? In welcher Form ist Kritik zu äußern – und wann hat sie zu unterbleiben? Sobald eine schriftliche Vereinbarung existiert, fühlt sich der Perfektionist daran deutlich mehr gebunden als an eine mündliche Abmachung.

Hier ein Auszug aus dem Coaching-Gespräch mit Karin Eibert:

Coach: »Lebensläufe in Bewerbungen sind normalerweise nicht länger als zwei Seiten. Ihrer aber ist fünf Seiten lang – vor allem durch die ausführlichen Tätigkeitsbeschreibungen.«

Eibert: »Soll ich denn Teile meiner Qualifikation weglassen? Ich muss doch aufschreiben, was ich alles gemacht habe.«

Coach: »Die Frage ist: Wollen Sie einen Lebenslauf schreiben, der die formalen Anforderungen an eine Bewerbungsmappe erfüllt? Oder weichen Sie bewusst davon ab?«

Eibert: »Wo stehen diese formalen Anforderungen denn?«

Coach: »Zum Beispiel in Fachbüchern zur Personalauswahl. Gerne kann ich Ihnen ein paar Titel empfehlen.«

Eibert: »Tun Sie das unbedingt. Wenn das wirklich gegen die Norm verstößt, muss ich wohl doch kürzen.«

Coach: »Bis wann, denken Sie, wird Ihre Bewerbung überarbeitet und reif zum Verschicken sein?«

Eibert: »In ein paar Wochen. Ich muss mich ja noch mit der Fachlektüre beschäftigen. Und ich wollte die Referenz einholen.«

Coach: »Wollen wir ein verbindliches Datum festhalten? Das gibt Ihnen Planungssicherheit. Bis wann werden Sie die Mappe spätestens überarbeitet haben?«

Eibert: »Lassen Sie mich mal nachdenken. In zweieinhalb Wochen. Oder nein, sagen wir: in drei Wochen.«

Coach: »Das heißt: Am 21. dieses Monats schicken Sie mir Ihre überarbeiteten Unterlagen zu. Sind Sie einverstanden, dass ich diese Abmachung aufschreibe und Ihnen nach unserem Gespräch zuschicke? Dann können Sie mir das noch mal kurz bestätigen.«

Eibert: »Ja, das ist in Ordnung. Dann trage ich es mir in meine To-do-Liste ein.«

Ich lasse mich auf die Gedankenwelt von Karin Eibert ein. Bei der Aussage, sie könne doch nicht einen Teil ihrer Qualifikation weglassen, widerspreche ich ihr nicht – sondern weise auf die »formalen Anforderungen« hin. Gegen solche Normen will sie als Perfektionistin nicht verstoßen, das ist ihr noch wichtiger als ihre Liebe zum Detail.

Und damit sie möglichst bald fertig wird, bitte ich sie um ein konkretes Datum – und führe ihre eigene »Planungssicherheit« als Argument an, wieder ein Begriff aus ihrer Gedankenwelt. Ich kündige an, ihr diese Vereinbarung schriftlich zu schicken und sie mir von ihr bestätigen zu lassen. So schaffe ich eine Verbindlichkeit, wie sie eine Perfektionistin braucht.

MEINE DREI BESTEN TIPPS:

▶ Bereiten Sie sich bestens auf Termine mit einem Perfektionisten vor. Und belegen Sie Ihre Wünsche oder Aussagen möglichst oft mit formalen Anforderungen – das gibt ihm Sicherheit.

▶ Veranlassen Sie ihn, mit Ihnen konkrete Vereinbarungen zu treffen, an die sich beide Seiten gebunden fühlen – zum Beispiel über Abgabetermine.

▶ Halten Sie Verabredungen schriftlich fest – und bitten Sie um eine Bestätigung in derselben Form. Ein solches Maß an Verbindlichkeit bringt ihn zum Handeln.

Strategie 3: Bereiten Sie sich perfekt vor und danken Sie für neue Infos, statt sich belehrt zu fühlen.

Die Reisebüro-Mitarbeiterin Natascha (24) regte sich über ihre Kundin auf, die zu einem vereinbarten Beratungstermin gekommen war: »Sie wollte wissen, was sie auf Bora Bora erwartet. Aber dann hat sie mich dauernd korrigiert: dass Bora Bora keine Insel sei, sondern ein Atoll; dass ein von uns empfohlenes Speiselokal seit vier Monaten geschlossen sei; und dass die durchschnittliche Wassertemperatur ein Grad höher liege als im Prospekt genannt. Ich fühlte mich vorgeführt und habe sie am Ende gefragt: ›Warum kommen Sie überhaupt zu uns ins Reisebüro, wenn Sie ohnehin alles wissen?‹ – ›Das frage ich mich auch‹, hat sie geantwortet – und ist gegangen.«

Ob Insel oder Atoll – für den normalen Menschen macht das keinen großen Unterschied. Für die Perfektionistin sehr wohl, denn sie empfängt eine verheerende Botschaft: Ihre Gesprächspartnerin nimmt es nicht so genau. Sie ist schlecht vorbereitet, lässt fünfe gerade sein. So jemandem traut sie nicht über den Weg, auch in anderen Fragen.

Darum: Bereiten Sie sich auf ein Gespräch mit Perfektionisten standesgemäß vor – perfekt. Achten Sie darauf, dass alle Fakten, die Sie in den Mund nehmen, nachweislich stimmen – und sich durch Quellen belegen lassen.

Dennoch wird der Perfektionist Sie gelegentlich korrigieren und verbessern, weil er ein Meister der Details ist. Wie wollen Sie damit umgehen? Beleidigt sein, wie Natascha? Dann stoßen Sie die Tür des Gesprächs zu. Besser: Bedanken Sie sich für die neuen Informationen und sagen Sie zu, sie künftig zu berücksichtigen – dann fühlt sich der Perfektionist gewürdigt, und Sie bleiben im Gespräch.

MEINE DREI BESTEN TIPPS:

▶ Arbeiten Sie sich in ein Thema ein, ehe Sie mit einem Perfektionisten darüber sprechen. Achten Sie besonders darauf, dass alle Ihre Daten und Fakten nachweislich stimmen.

▶ Nehmen Sie Korrekturen des Perfektionisten nicht persönlich – sondern bedanken Sie sich, dass Sie etwas gelernt haben. Er freut sich, wenn er Sie verbessern darf.

▶ Fragen Sie Perfektionisten: »Was brauchen Sie noch von mir, um zu entscheiden?« Je konkreter Sie auf den Abschluss dringen, desto zeitnäher kommt er zustande.

Frage 4: Was sollte ich vermeiden im Umgang mit einem Perfektionisten?

Was sollten Sie unterlassen, um den Perfektionisten nicht noch tiefer in seinen Perfektionismus zu treiben? Und welche Grenzen sind nötig, damit Sie nicht unter sein Diktat geraten? Die folgende Tabelle zeigt Ihnen, was es zu vermeiden und stattdessen zu tun gilt.

Unbedingt vermeiden	Möglicher Schaden	Klügeres Verhalten
Unverbindlichkeit: Sie sagen dem Perfektionisten etwas zu, aber halten sich nicht daran. Oder verändern ein paar Punkte. Oder vertreten plötzlich eine andere Meinung.	Der Perfektionist ist tief enttäuscht. Er fühlt sich verschaukelt, traut Ihnen nicht mehr über den Weg und nimmt Sie als unseriös wahr.	Halten Sie sich akribisch an Ihre Zusagen. Liefern Sie nie weniger als erwartet – eher mehr.
Unpünktlichkeit: Sie tauchen bei einem Termin, der um 16.00 beginnen soll, erst um 16.03 oder gar 16.10 Uhr auf.	Er gewinnt den Eindruck, dass Sie den Termin, das Thema und ihn nicht ernst nehmen. Er zweifelt an Ihrer Zuverlässigkeit, auch inhaltlich.	Kalkulieren Sie immer Reserven ein – kommen Sie lieber etwas zu früh.
Ungenauigkeit: Sie operieren mit unsauberen Fakten, verwenden überholte Werte aus dem Vorjahr oder schicken ihm eine Mail mit ein paar Tippfehlern.	Der Perfektionist gibt Ihnen den Nachnamen »Schlendrian« – und nimmt Sie fachlich oder auch sonst nicht mehr ernst.	Achten Sie streng darauf, dass alles, was Sie ihm gegenüber sagen und schreiben, bis hinters letzte Komma stimmt.

Unbedingt vermeiden	Möglicher Schaden	Klügeres Verhalten
Hochtrabende Visionen: »Mir schwebt vor, wir könnten unser Produkt auf allen Kontinenten vertreiben, mit dreifachem Umsatz.«	Er hält es mit Helmut Schmidt: Wer Visionen hat, soll zum Arzt gehen. Ihn interessieren Fakten, keine Fantasien.	Nennen Sie die »Vision« besser »Langzeit-Ziel« und untermauern Sie sie mit einer Kalkulation: Rechnen Sie mögliche Szenarien durch und füttern Sie ihn mit Fakten.
Bauchgefühle: »Ich habe das sichere Gefühl, dass wir einen wunderbaren Urlaub in Australien erleben würden.«	Es befremdet ihn, dass Sie eine wichtige und kostspielige Entscheidung auf nichts Greifbares, also bloß ein Gefühl, stützen wollen.	Liefern Sie ihm Fakten und Beispiele, die für Ihre Entscheidung sprechen. Das versteht er.
Spontaneität: »Ich habe mir im Bett überlegt, dass wir unseren heutigen Messeauftritt nun doch anders gestalten, und zwar …«	Er fühlt sich, als würde auf dem Bahnsteig ein Flugzeug landen wollen: negativ überrascht und in Gefahr. Seine Kalkulation geht nicht mehr auf, das macht ihm Angst.	Planen Sie von langer Hand und halten Sie sich daran. Betonen Sie bei Plan-Änderungen, was dennoch gleich bleibt.

Unbedingt vermeiden	Möglicher Schaden	Klügeres Verhalten
Sich auf Fehler reduzieren lassen: Er reibt Ihnen ständig (vermeintliche) Fehler unter die Nase – und Sie rechtfertigen sich dafür.	Er etabliert sich als Staatsanwalt und nimmt Sie als Angeklagten wahr – was einen Teufelskreis aus Kritik und Rechtfertigung heraufbeschwört.	Sagen Sie ihm ausdrücklich, dass Sie auch Anerkennung brauchen:[63] »Bislang hast du mir nur gesagt, was ich falsch mache. Jetzt möchte ich auch mal hören, was gut läuft!«

Frage 5: Was kann ich von einem Perfektionisten lernen?

Wie wollen Sie einen Perfektionisten sehen: negativ oder positiv? Welche guten Eigenschaften liegen seinem (überzogenen) Verhalten zugrunde? Und was genau können Sie von ihm lernen, gerade wenn Sie jemand sind, der sich schnell zufriedengibt? Die Tabelle auf der nächsten Seite gibt Ihnen Anregungen.

Verhalten des Perfektionisten	Positive Sicht auf ihn	Impuls zur eigenen Entwicklung
Er hängt die Latte des Anspruchs so hoch, dass kaum noch einer darüberspringen kann.	Der Perfektionist rückt die optimalen Ergebnisse ins Visier des Zielfernrohrs und stemmt sich faulen Kompromissen entgegen. Für hohe Qualität kämpft er nachhaltig.	Wie hoch ist mein Anspruch an das, was ich tue? Gelingt es mir, meine Fähigkeiten auszuschöpfen? Oder kann es sein, dass ich mich oft zu früh zufriedengebe?
Er fällt keine Entscheidung, ohne vorher große Mengen an Informationen zu sammeln. Das braucht viel Zeit und verlangsamt Projekte.	Der Perfektionist ist immer bestens informiert, wägt Entscheidungen sorgsam ab und fundiert sie durch sein Fachwissen. Leichtfertigkeit beugt er vor, auch bei anderen.	Wie gründlich informiere ich mich vor Entscheidungen? Dringe ich tief genug in ein Thema vor? Oder verlasse ich mich zu sehr auf meine Annahmen und mein Bauchgefühl?
Er hält sich gern an Formalien fest, an Regeln, Richtlinien und Terminen. Und statt mit Menschen zu sprechen, bevorzugt er den Schriftweg.	Er ist verlässlich, Vorschriften und Absprachen nimmt er ernst. Oft sorgt er selbst für einen verbindlichen Rahmen und eine gute Dokumentation.	Kann es sein, dass ich mich zu oft mit mündlichen Zusagen zufriedengebe? Wäre es nach wichtigen Besprechungen nützlich, das Ergebnis schriftlich festzuhalten? Das minimiert Missverständnisse und sorgt für Verbindlichkeit.

Verhalten des Perfektionisten	Positive Sicht auf ihn	Impuls zur eigenen Entwicklung
Er hält Distanz zu Menschen, weil er auf die Sache fixiert ist. Smalltalk, Diplomatie und Duz-Freundschaften meidet er nach Kräften.	Der Perfektionist ist in seinem Urteil unbestechlich und bewahrt eine starke Autonomie. Sein scharfer Blick auf den Sachverhalt wird nie durch Kungelei oder Vitamin B getrübt.	Wie schnell lasse ich mich mit Menschen ein? Duze und verbrüdere ich mich manchmal zu früh? Hindert mich Sympathie daran, Menschen in der Sache zu kritisieren und klare Kante zu zeigen?
Er tut alles, um Recht zu behalten und seinen Standpunkt durchzusetzen.	Seine Anliegen sind ihm so wichtig, dass er andere davon überzeugen möchte. Mit ganzem Herzen kämpft er für seine Standpunkte. Dabei beweist er Ausdauer und Kontinuität.	Wie lange bleibe ich meinen Standpunkten treu? Knicke ich zu schnell ein, nur um andere nicht zu verärgern? Wie wäre es, hartnäckiger und kämpferischer aufzutreten, wenn mir etwas wichtig ist?

Übungsfall: »Seid ihr denn blind für die Mängel?!«

Gerade hat Ihr Projektteam einen Liefertermin eingehalten und wurde vom Kunden sehr gelobt. Doch bei einer krönenden Sitzung im Nachgang meldet sich Kollege Fred zu Wort: Mit harschen Formulierungen kritisiert er die angeblich mangelnde Qualität der Arbeit, knöpft sich vermeintliche Fehler vor und beschwert sich über die allgemeine Zufriedenheit im Team. Sein Monolog gipfelt in der Aussage: »Seid ihr denn blind für die Mängel?!« Die Stimmung des Teams, gerade noch fröhlich, kippt in eisernes Schweigen.

ÜBUNG: Wie würden Sie als Teammitglied mit diesem Verhalten des Perfektionisten umgehen? Bitte überlegen Sie sich eine Lösung, ehe Sie weiterlesen.

Meine Einschätzung: Perfektionisten sind so sachfixiert, dass sie nicht realisieren, welche emotionale Wirkung ihre Kritik entfaltet. In diesem Fall sprengt Fred die Stimmung zu einem Zeitpunkt, da die Arbeit abgeschlossen und nicht mehr zu korrigieren ist. Darum halte ich es für richtig, ihm eine Rückmeldung in vier Schritten zu geben:

▶ *Schritt 1:* Machen Sie ihm deutlich, dass Sie seinen Qualitätsanspruch schätzen, es aber vor allem um die Bedürfnisse des Kunden ging: »Ich finde es gut, dass du hohe Ansprüche hast. Nur glaube ich, sie sollten einem Zweck dienen: der Zufriedenheit des Kunden. In diesem Fall hat sich der Kunde zufrieden geäußert – darüber freuen sich die meisten Kollegen.«

▶ *Schritt 2:* Öffnen Sie ihm die Augen, wie sich seine Äußerungen auf die Stimmung auswirken: »Gerade waren alle noch guter Dinge. Jetzt, nach deiner Äußerung, schaue ich in lange Gesichter.«

▶ *Schritt 3:* Lenken Sie den Blick aufs Positive: »Bestimmt ging es dir um die Sache und du wolltest einen wichtigen Impuls geben. Zähl doch mal auf, welche Details nach deiner Meinung bei dem Projekt besser als andere gelaufen sind.«

▶ *Schritt 4:* Steuern Sie seine Energie in eine konstruktive Richtung: »Jede Arbeit lässt sich verbessern, das ist wahr. Lass uns beim nächsten Meeting Vorschläge sammeln, was wir für künftige Projekte lernen können. Heute finde ich es richtig, den Erfolg zu feiern.«

! **MEINE DREI BESTEN TIPPS:**

▶ Würdigen Sie den hohen Anspruch des Perfektionisten – aber machen Sie ihm klar, dass dieser nicht allgemein- oder kundenverbindlich ist.

▶ Zeigen Sie ihm auf, welche emotionale Wirkung seine sachlich gemeinte Kritik entfaltet – diesen Aspekt hat er meist nicht im Blick.

▶ Bauen Sie ihm eine Brücke, wie er seine Kritik in konstruktives Verhalten für die Zukunft ummünzen und andere damit bereichern kann.

Sieben neue Glaubenssätze für Perfektionisten

Haben Sie das Gefühl, andere haben Mühe mit Ihrer Genauigkeit, oder leiden Sie manchmal selbst unter Ihrem Perfektionismus? Wenn ja, können Sie einen Versuch starten: Probieren Sie neue Gedanken aus. Was passiert, wenn Sie die alten Glaubenssätze in Ihrem Kopf durch neue ersetzen? Vielleicht haben Sie Lust, eine Woche lang jeden Tag einen neuen Glaubenssatz aus der rechten Tabellenspalte mit Leben zu füllen. Gut möglich, dass diese Übung Sie entspannt – und Lust auf mehr macht.

Alter Glaubenssatz	Neuer Glaubenssatz
Ich darf keine Fehler begehen.	Jeder Fehler gibt mir die Chance, etwas dazuzulernen.
Ich muss diese Aufgabe perfekt erledigen.	Es reicht, wenn ich Dinge gut mache; Perfektion ist oft überflüssig.
Ich muss jedes Detail beherrschen und planen.	Ein grober Plan reicht mir – dann bleibe ich flexibel und kann schneller handeln.
Es kommt auf die Sache an, nicht auf die Gefühle der Beteiligten.	Ich erreiche mehr, wenn ich andere Menschen mit Kopf *und* Herz abhole.
Ich muss alle Vorschriften und Richtlinien aus dem Effeff kennen.	In den meisten Fällen kann ich mich auf meinen gesunden Menschenverstand verlassen.
Ich rede nicht über meine Gefühle, das macht mich angreifbar.	Ich öffne mich, das lässt inneren Druck ab und hilft anderen, mich zu verstehen.
Ich muss die Aufgabe selber machen, sonst geht sie den Bach runter.	Ich gebe Verantwortung ab – das entlastet mich und gibt anderen eine Lernchance.

STECKBRIEF: DER PERFEKTIONIST

Drei Eigenschaften, die ihn kennzeichnen:

▶ Er ist nie zufrieden, denn es geht noch besser.

▶ Er sieht kaum, was läuft, aber immer, was klemmt.

▶ Er ist pausenlos am Prüfen, Recherchieren und Aufräumen.

Drei Wörter, die er gern verwendet:

▶ »Aber« – denn er hat fast immer Bedenken.

▶ »Schlamperei« – denn er findet überall Fehler.

▶ »Optimum« – denn nichts anderes strebt er an.

Drei Sätze anderer, die ihn aufregen:

▶ »Meine Intuition sagt mir ...« (Miese Entscheidungsgrundlage!)

▶ »Lass uns aufs Große und Ganze schauen.« (Der Teufel liegt im Detail!)

▶ »Wo lag noch mal das Projektvolumen: 3,5 oder 3,7 Millionen?« (Schlampige Vorbereitung!)

Drei Verhaltensweisen, die ihm entgegenkommen:

▶ Seien Sie verlässlich und präzise – er will Sie einschätzen können.

▶ Zitieren Sie Regeln und Fakten – dann nimmt er Sie ernst.

▶ Nehmen Sie seinen Anspruch wichtig – so fühlt er sich gewürdigt.

Drei Wege, ihn konstruktiv zu kritisieren:

▶ Berufen Sie sich detailgenau auf Vereinbarungen, die Sie mit ihm selbst oder mit Autoritäten getroffen haben.

▶ Halten Sie die Kritik präzise und sachlich, statt ihr ein Lob voranzustellen, denn das fände der Perfektionist zu unsachlich.

▶ Beschreiben Sie genau die faktischen Nachteile, falls der Perfektionist sein Verhalten fortsetzt.

4. Der Machtmensch:

»Ich kann dich übertrumpfen!«
(Typ-A-Persönlichkeit)

Fällt Ihnen ein Mensch ein, auf den einige der folgenden 15 Aussagen zutreffen? Und wie viele genau? Der Test wird Ihnen verraten, ob es sich um einen Machtmenschen handelt – und wenn ja, wie ausgeprägt.

Typen-Test: Kennen Sie einen Machtmenschen?

1. Er ist oft in Eile und fordert andere zu mehr Tempo auf.	**Ja**	**Nein**
2. Sein Terminkalender ist so voll, dass der Tag 48 Stunden bräuchte.	**Ja**	**Nein**
3. Er könnte niemals Zug fahren, ohne dabei zu arbeiten.	**Ja**	**Nein**
4. Er geht keinem Konflikt aus dem Weg und will sich durchsetzen.	**Ja**	**Nein**
5. Er möchte andere in jeder Hinsicht übertrumpfen.	**Ja**	**Nein**
6. Er hängt sich in seine Aufgaben rein, als ginge es um sein Leben.	**Ja**	**Nein**

7. Er schafft oft mehr, als andere es für möglich halten.	**Ja**	**Nein**
8. Er ist ehrgeizig und will immer das Maximum erreichen.	**Ja**	**Nein**
9. Er fällt anderen oft ins Wort, weil er ungeduldig ist.	**Ja**	**Nein**
10. Er kommandiert gern, geschäftlich wie privat.	**Ja**	**Nein**
11. Er tritt anderen oft verbal in den Hintern, weil er es für nötig hält.	**Ja**	**Nein**
12. Er wird zornig, wenn jemand sein Tempo nicht mitgeht.	**Ja**	**Nein**
13. Er räumt Menschen aus dem Weg, die seinen Erfolg behindern.	**Ja**	**Nein**
14. Er fühlt sich auffallend oft von Idioten umgeben und sagt das auch.	**Ja**	**Nein**
15. Er regt sich schnell auf, kann ausrasten und brüllen.	**Ja**	**Nein**
Wie oft haben Sie mit »Ja« geantwortet? Bitte zählen Sie das Ergebnis zusammen, ehe Sie die Auswertung lesen.		
Ergebnis: _____x Ja		

Auswertung: Der dreifache Machtmensch

Wie ausgeprägt ist das Machtbedürfnis des Menschen, an den Sie gedacht haben? Hier bekommen Sie eine Einschätzung:

5–7 Punkte: Leichter Macht-mensch	8–11 Punkte: Mittlerer Macht-mensch	12–15 Punkte: Typ-A-Persönlichkeit
Er ordnet sich nicht gern unter, kann es aber, wenn's sein muss. Er ist ehrgeizig, aber noch so dosiert, dass nicht jeder Kontakt mit ihm zum Duell gerät. *Resümee:* Er ist im Umgang verträglich und auch in der Lage, in Teams zu arbeiten und die zweite Geige zu spielen.	Er will, dass die anderen nach seiner Pfeife tanzen. Nichts kann ihm schnell genug gehen. Erfolge sind ihm heilig. Er nimmt wenig Rücksicht auf andere – und noch weniger auf sich selbst. *Resümee:* Wer langsamer als er ist oder ihm gar widerspricht, hat definitiv ein Problem.	Er will Triumphe feiern, Ziele übertreffen, Rekorde brechen. Andere Menschen sind Mittel für diesen Zweck – und so behandelt er sie auch: barsch, antreibend, manchmal entwertend. *Resümee:* Ein ausgeprägter Machtmensch, der zu cholerischem Verhalten neigt und ein erhöhtes Risiko für Herzkrankheiten aufweist.[64]

Erlebnis mit einem Machtmenschen

»Ich gewinne immer!«

Erik (42) erzählt über Gerd, seinen Tennisfreund:

Gerd (42) ist mein Freund, und das will etwas heißen: Er hat nicht viele Freunde. Ich glaube, es ist ihm piepegal, ob die anderen ihn mögen oder nicht. Seit der Jugend spielen wir im selben Verein Tennis, immer war er unser bester Spieler und Mannschaftskapitän. Niemand hängt sich so rein wie er. Im Training hechtet er, bis die Knie bluten, auch wenn er den ersten Satz gewonnen hat und im zweiten 5 : 0 vorne liegt.

Mit Anfang 20 ließ er sich zum ersten Vorsitzenden unserer Tennisabteilung wählen, denn beim bisherigen Tennischef fehlte ihm »Feuer unterm Hintern« – das hatte er ihm auch so gesagt, worauf der auf eine Gegenkandidatur verzichtete.

Gerds erste Ansprache bei der Generalversammlung des Sportvereins war eine Kampfansage: Er kündigte der Fußballsparte an, mehr Raum und Budget fürs Tennis zu beanspruchen. »Unsere Tennismannschaft ist das Aushängeschild des Vereins! Wir stehen in der Tabelle auf Rang 5, die Ball- und Knochentreter kämpfen um den Klassenerhalt.« Den Protest der Fußballer wies er zurück als »Quaken der Frösche, weil ich den Sumpf austrockne«.

Schon am nächsten Tag trommelte er seine Tennismannschaft zusammen und sagte: »Wir werden Meister und steigen auf. Aber dafür müssen wir alle hart arbeiten.« Er organisierte einen Trainingsplan, straff wie bei einem Profiteam. Er selbst verbrachte *jeden* Abend auf dem Tennisplatz. Oft sprang er direkt vom Anzug in seine Tennisklamotten.

Beruflich war er als Versicherungsagent sehr eingespannt. Ich kannte sein Ziel: Am Monatsende wollte er mehr Umsatz als seine Kollegen vorweisen. Und das gelang ihm, obwohl er noch jung war. Sogar in der Umkleidekabine vertickte er Versicherungen.

Jörg, ein schüchternes Teammitglied, eierte herum, als Gerd ihm eine Brandschutzversicherung anbot. Er widersprach Gerds Argumenten nicht, aber lehnte den Abschluss ab. Gerd wurde immer wütender. Am Ende baute er sich vor Jörg auf und brüllte: »Dein Gehirn ist schon ausgebrannt! Du verhältst dich richtig dämlich.«

Am nächsten Tag trat Jörg aus der Mannschaft aus, das traf uns hart; er war einer unserer besten Spieler. Gerd war überrascht und behauptete hartnäckig: »Wir hatten einen intensiven Meinungsaustausch – aber ich habe ihn doch nicht beleidigt.«

Oft schoss er übers Ziel hinaus, auch beim Training: Die Fortschritte der anderen Spieler gingen ihm nicht schnell genug, das Trainieren sah ihm zu sehr nach »alte Herren« aus, und wenn einer dem Training entschuldigt fernblieb, etwa weil seine Frau Geburtstag hatte, dann war er stinksauer. So eine laxe Einstellung untergrub sein großes Ziel: den Aufstieg.

Er selbst stand sogar bei einem schweren Gewitter auf dem Tennisplatz und war empört, als sich sein Sparringspartner vor den Blitzen ins Vereinsheim rettete. Eisern blieb er auf dem Platz und trainierte seinen Aufschlag, als wolle er den anderen zurufen: »Fällt euch nicht auf, was ihr für Weicheier seid?!«

Der Erfolg kam tatsächlich: In der zweiten Saison unter seiner Regie gewannen wir die Meisterschaft und stiegen auf. Zuvor hatte er einen Spitzenspieler bei einem Konkurrenzverein abgeworben und es »diesen Schlappschwänzen mal so richtig gezeigt«, wie er es ausdrückte.

Den Trumpf des Aufstiegs spielte er gegen die Fußball-Abteilung aus: In einem persönlichen Gespräch mit dem Bürgermeister setzte er durch, dass der Anteil der öffentlichen Fördergelder zu unseren Gunsten umgeschichtet wurde. Die Fußballer fühlten sich übergangen und waren aufgebracht – erst recht, als sich Gerd um den Gesamtvorsitz des Vereins bewarb. Kein Mensch wusste, wie er dieses Amt noch schaffen wollte, neben seinem Job, in dem er inzwischen zum Bezirksleiter befördert worden war. Aber er stürzte sich in einen Wahlkampf, als ginge es ums Kanzleramt.

Sein bestes Argument war der Erfolg seines Tennisteams. Bei jeder Gelegenheit hob er hervor, dass sein Mitbewerber, ein Fußballer, mit seinem Team herzlich wenig erreicht habe – und dieses Mittelmaß dürfe nicht den ganzen Verein regieren. Gerd wurde gewählt. Die Fußballer waren so empört, dass sie zum Saisonende geschlossen austraten und einen eigenen Verein gründeten. Das kostete uns viel Einfluss und Ansehen.

Einmal, als ich mit Gerd durch eine Fußgängerzone lief – er ging immer rasch, ja rannte fast –, fiel mir etwas Bezeichnendes auf: Er steuerte gezielt auf Passanten zu, die ihm entgegenkamen, als wollte er sie umrennen – so lange, bis sie auswichen. Als ich ihn darauf ansprach, meinte er: »Wer ausweicht, hat verloren. Ich gewinne immer.«

Warum ich noch mit ihm befreundet bin? Ich bewundere seine Tatkraft und Unerschrockenheit. Er weiß, was er will. Und er gibt sich nie zufrieden. Seine Energie reißt mich oft mit.

Sieben Erkenntnisse über Machtmenschen

Welche Eigenschaften von Machtmenschen, die den Umgang mit ihnen erschweren, schimmern in diesem Bericht durch?

1. Machtmenschen sehen alles als Wettbewerb – und wollen gewinnen.

Pausenlos messen sich Machtmenschen an anderen: Sie wollen nicht nur gut sein, sondern besser. Jede menschliche Begegnung ist für sie ein Duell, und sie wollen siegen. Erst wenn sie mehr als der Nachbar verdienen, weiter als der Kollege aufsteigen, mit einem kleinen Handicap golfen und in der Tabelle auf Rang 1 stehen – erst dann atmen sie durch. Aber nur eine Sekunde, denn für sie gilt: »Ein jeder Wunsch, wenn er erfüllt, kriegt augenblicklich Junge.« (Wilhelm Busch).

Gerd hängt sich rein, um alle anderen zu übertrumpfen. Er hechtet sich die Knie blutig, um Trainings-Spiele zu gewinnen, die er eigentlich schon gewonnen hat. Und er stürzt sich in den Krieg »Tennis gegen Fußball«, statt die gemeinsamen Interessen zu sehen.

2. Sie geben immer Vollgas, um das Maximum zu erreichen.

Was Machtmenschen anpacken, treiben sie mit aller Kraft voran. Sie wollen Ziele nicht nur erreichen, sondern übertreffen. Fort-Schritte reichen ihnen nicht, sie wollen Sprünge machen. Sogar das kleinste Projekt betreiben sie verbissen, als ginge es ums Überleben. Feierabend? Kennen sie nicht. Mittagspause? Machen sie selten. Am Ende des Tages wollen sie Ergebnisse produziert haben, bessere als je zuvor. Gemütliches Joggen ist nichts für sie – wenn schon, dann Marathon. Deshalb ist ihr Leben anstrengend.

Gerd will seine Tennismannschaft an die Spitze der Tabelle bringen. Darum stellt er einen knüppelharten Trainingsplan auf, verbringt jede freie Minute auf dem Platz, nicht mal Blitz und Donner können ihn vertreiben. Und es ärgert ihn sehr, dass nicht alle seinen Ehrgeiz teilen.

3. Sie setzen sich durch, ohne Rücksicht auf Verluste.

Das Leben ist für Machtmenschen wie ein Tennisspiel: Nur einer kann gewinnen. Machtmenschen kennen keine Rücksichten. Wer ihnen in den Weg kommt, wird beiseitegeschubst. Wer eine andere Meinung vertritt, kann als Todfeind gelten. Immer wollen sie sich durchsetzen und bestimmen, wo's langgeht. Viele ihrer Siege sind Pyrrhussiege, bringen andere gegen sie auf.

Gerd fährt gegenüber den Fußballern die Ellenbogen aus: Er diffamiert ihre Leistung und schnappt ihnen den Etat weg. Vor lauter Siegeswillen übersieht er, was die beiden Abteilungen verbindet. Der Preis dafür ist hoch: Der Verein wird gespalten, die Fußballer treten aus.

4. Sie können die Axt im Wald sein: brüllen, beleidigen, einschüchtern.

Aggression hat sich im Laufe der Evolution als Wettbewerbsvorteil erwiesen: Wer die Keule schwang, wer drohte und brüllte, trieb Gegner in die kampflose Kapitulation – er war zuerst dran, wenn Nahrung oder Sexualpartner verteilt wurden.[65] Und er wurde seltener angegriffen, weil man ihn für wehrhafter hielt. Dieses archaische Motto nutzen Machtmenschen: Weil sie energisch auftreten, lassen ihnen andere oft den Vortritt bei der Macht.

Gerd geht seine »Gegner« massiv an: Die Fußballer bezeichnet er als »Ball- und Knochentreter«, seinen Tenniskollegen Jörg, der die Versicherung nicht kaufen will, als Hirnlosen. Typisch für einen Machtmenschen: Gerd hat seinen massiven Angriff harmloser wahrgenommen – er spricht von einem »intensiven Meinungsaustausch«.

5. Sie wollen das Sagen haben, statt sich was sagen zu lassen.

»Ich bestimme, wo's langgeht«: Dieser Satz prägt das Denken von Machtmenschen. Sie möchten auf der Kapitänsbrücke stehen, statt das Deck zu schrubben. In jeder Hierarchie strengen sie sich an, die Gipfel zu erklimmen, damit es keinen mehr über ihnen gibt. Erst wenn sie ganz oben sind, können sie die Dinge bestimmen und lenken. Das wollen sie, um die Ergebnisse zu steigern.

Gerd ist schon in der Jugendmannschaft Kapitän, steigt zum Leiter der Tennissparte auf und ergattert dann den Gesamtvorsitz des Vereins. Auch im Beruf bringt er es zum Bezirksleiter – was er sicher nur als »ersten Schritt« wertet, solange noch Luft nach oben ist.

6. Sie nehmen andere Menschen oft als Bremsklötze wahr.

Ein Rennpferd, umgeben von lahmen Gäulen, so fühlen sich Machtmenschen. Warum brauchen die Kollegen länger für ihre Aufgaben, machen früher Feierabend, kommen später zur Arbeit und sind schneller mit dem Erreichten zufrieden? Machtmenschen tun alles, um die anderen zu übertreffen. Sie legen ihre eigenen Maßstäbe auch an ihre Mitmenschen – und befinden sie als »zu langsam«, »zu schlampig«, »zu lax«. Alle sollten so engagiert wie sie selbst sein, um noch ambitioniertere Ziele erreichen zu können. (Und zugleich wünschen sie sich das Gegenteil, denn sie wollen die Nase vorne haben!)

Gerd treibt seine Teamkollegen beim Tennistraining an, beklagt sich über zu langsame Fortschritte und empfindet es als Fahnenflucht, wenn sein Sparringspartner beim Gewitter den Tennisplatz verlässt.

7. Sie tragen Konflikte und Machtspielchen aus, um sich zu bestätigen.

In der Natur passiert es oft: Zwei Tiere eines Rudels tragen einen Kampf um die Führung aus. Das Tier, das verliert, muss die Gruppe verlassen oder sich unterordnen. Und das Leittier hat sich seinen Rang gesichert.[66] Solche Spielchen reizen Machtmenschen sehr, weil sie sich dabei beweisen, ihren Einfluss ausweiten und zugleich einen anderen deklassieren können. Viele Sitzungen werden von Machtmenschen als Kampfarena genutzt, um Konkurrenten vor den Augen des Chefs auszustechen.

Gerd ist sich nicht zu schade, seine Machtspielchen sogar auf offener Straße mit Passanten auszutragen: Er will, dass die anderen ihm ausweichen und ihm den Vorrang einräumen. Dieses Motto gilt für sein ganzes Leben.

Der Machtmensch in vier Lebensräumen

Am Arbeitsplatz:

Der Machtmensch bevorzugt die Chefetage. Ist er dort *noch* nicht angelangt, steht er garantiert im Lift und hat die Knöpfe bereits gedrückt. Er will die beste Leistung bringen, das fetteste Gehalt kassieren und den obersten Chefsessel erklimmen. Niemand soll ihm die Butter vom Karrierebrot nehmen.

Er ist immer auf dem Sprung: von Sitzung zu Sitzung, von Projekt zu Projekt, von Plan zu Plan. »Gespräche« mit ihm sehen oft so aus, dass er einen ungeduldig unterbricht: »Du willst sicher sagen, dass …« Wer nicht auf den Punkt kommt, stiehlt seine Zeit. Wer sich zu schnell zufriedengibt, verletzt seinen Qualitätsanspruch. *Mit* ihm arbeiten kann man nicht – höchstens unter ihm, sogar als Kollege.

Andererseits: Er ist erstaunlich produktiv, kann für zwei arbeiten und zieht auf hohem Niveau durch, was er einmal angefangen hat.

In der Familie:

Als Elternteil regiert er seine Familie und plant das Leben der anderen mit. Wenn er der Meinung ist, seine Tochter müsse Medizin studieren, wird sie diese Meinung bald teilen – oder hat ein Problem mit ihm. An der Abi-Note wird es nicht scheitern, denn der Machtmensch schreibt ihr Lernpläne und versüßt gute Klassenarbeiten mit einer Prämie. Aber wehe, ein Angehöriger verweigert sich seinem Machtanspruch. Dann kann er so lange brüllen, bis er doch noch bekommt, was er will.

Als Beifahrer in fremden Autos – das eigene fährt er immer

selbst – ist er eine Qual, am liebsten würde er ins Lenkrad greifen. Und als Bauherr des Eigenheims weiß er alles besser als die sogenannten Profis, weshalb das Haus auf ein Fundament aus Zank gebaut wird.

Andererseits: Er sorgt dafür, dass es seiner Familie materiell gutgeht – und ebenso, dass sich seine Angehörigen nicht mit Mittelmaß zufriedengeben.

In der Partnerschaft:

Der Machtmensch braucht einen Partner, der stark genug ist, von ihm ernst genommen zu werden, und schwach genug, sich ihm zu fügen. Dass er selber nachgibt, ist undenkbar. Er will der Beziehungs-Spielführer sein, alle Lebenspartien gewinnen: Sein Herzensmensch muss attraktiver sein als bei anderen, sein Haus größer, sein Auto PS-stärker und sein Leben überhaupt tipptopp. Wer an seiner Seite lebt – diese Formulierung gefällt ihm, weil sie ihn in den Mittelpunkt stellt –, steht vor der Herausforderung, sein Tempo mitzugehen und seinen Ansprüchen zu genügen. Beides ist nahezu unmöglich, denn er will die Nase vorne haben; darum ist das Scheitern unvermeidlich.

Andererseits: Eine Beziehung mit ihm tritt nie auf der Stelle, sondern ist immer in Bewegung. Es gilt: höher, weiter, besser. Er kann ein guter Familien-Manager sein.

Im Internet:

In der digitalen Welt will er dasselbe wie in der analogen erreichen: die unbestrittene Nummer 1 sein. Er will mehr Tweets als andere verschicken, mehr Follower hinter sich versammeln, mehr Likes generieren. Dabei geht's ihm nicht so sehr um Anerkennung wie dem Narzissten – vielmehr will er sich selbst beweisen, was er alles leisten und erreichen kann. Vielleicht betreibt er »nebenbei« einen YouTube-Kanal oder feuert als Blogger täglich Artikel in die Welt. Keiner weiß, woher er die Zeit dafür nimmt, aber irgendwie schafft er es. Wenn er schon im Internet aktiv ist, dann bitte als einer der führenden Köpfe.

Andererseits: Als Machtmensch verbindet er Initiativgeist und Anspruch, hebt soziale Netzwerke wie Twitter oder YouTube auf ein höheres Niveau.

Psychologie des Machtmenschen: So tickt er!

Was tun Sie, wenn Sie in eine Fratze blicken, ein wutverzerrtes Gesicht? Die meisten Menschen wenden ihren Blick rasch ab. Ein Machtmensch aber fühlt sich herausgefordert und sucht das Blickduell – wäre doch gelacht, wenn er sich so schnell einschüchtern ließe. Das kam bei einer Studie des niederländischen Psychologen David Terburg heraus.[67]

Der Mechanismus ist so alt wie die Menschheit: Bei Gefahr können wir kämpfen oder fliehen. Der Machtmensch ist bereit zum Kampf, aber oft gelingt es ihm, den anderen durch Einschüchterung zu vertreiben – mit Gesten der Dominanz. Wenn er in einem Meeting sitzt, breitet er seine Unterlagen so großzügig vor sich aus, dass er in die Reviere seiner Nebensitzer eindringt. Wenn er auf Widerspruch stößt, droht und beleidigt er, um sich durchzusetzen. Und wenn er spricht, schlägt er vorzugsweise einen Ton wie auf dem Kasernenhof an. All diese Dominanzgesten lassen potenzielle Widersacher zurückweichen.

Und natürlich hat es seinen Grund, dass er seinen Gesprächspartnern bei der Begrüßung kurz von oben auf die Schulter greift oder an den Arm fasst: Er will demonstrieren, dass er die »Oberhand« hat. Und dieser Trick funktioniert – laut Studien steigert das blitzschnell die Wahrscheinlichkeit, dass ihm ein anderer einen Gefallen tut.[68]

Oft zeigen Machtmenschen ein »Typ A«-Verhalten: Sie können nicht verlieren und werfen sich in jeden Projekt-Testlauf, als wäre es eine Olympiade. Immer kämpfen sie: gegen Konkurrenten, gegen die Uhr, gegen den inneren Schweinehund. Die stärkenorientierte Psychologie sieht diese Wettbewerbsorientierung als Qualität, denn sie macht erstaunlich produktiv.[69]

Doch die Flut ihrer Hormone reißt die Machtmenschen mit sich: Statt zu kooperieren, statt Win-win-Lösungen zu suchen, statt den Neokortex zu nutzen, lassen Sie sich von ihrem Reptilienhirn in ein prähistorisches Kampf-Flucht-Verhalten treiben – was sie oft sogar bemerken, wie Zuschauer ihrer selbst, aber nicht verhindern können.[70]

Derweil verströmen sie so viel Energie wie ein ganzes Kraftwerk, was zu innerer Überspannung führt. Viele Machtmenschen leiden unter Schlafstörungen, knirschen nachts mit den Zähnen, kauen ihre Fingernägel und leiden unter Dauerstress.

Der Begriff »Typ A« wurde von dem Kardiologen Meyer Friedman geprägt, dem schon in den 1950er Jahren aufgefallen war, welche Menschen besonders oft Herzinfarkte bekamen: nämlich solche, die ihr Leben wie einen Wettbewerb angingen, die auffallend ehrgeizig, ungeduldig und vom Stress getrieben waren.[71] Wichtig: Bei der »Typ-A-Persönlichkeit« handelt es sich um keine Persönlichkeitsstörung, sondern um einen Menschen mit besonderer Wettbewerbs- und Erfolgsorientierung, ein »multidimensionales Syndrom«.[72] Der Machtmensch nimmt seine Arbeit so ernst, dass er den Rest seines Lebens vernachlässigt, so die Hobbys, die Freunde und die Familie. Doch was andere als »Arbeitssucht« sehen, ist für ihn nur Pflichtbewusstsein: Er will einfach alles rausholen, was möglich ist.

Nichts hasst ein Machtmensch mehr, als wenn er aufgehalten wird, sei es durch einen Stau, einen langsamen Mitarbeiter oder eine bürokratische Hürde. Er will Erfolgs-Ergebnisse produzieren, bessere als die Konkurrenten und in noch kürzerer Zeit. Sobald er dieses Ziel in Gefahr sieht, wird er wütend.

Doch sein scheinbares Selbstbewusstsein steht oft auf tönernen Füßen. Wer andere beherrschen will, tut das oft, um sich größer zu fühlen – er kompensiert nur die eigene Minderwertigkeit, meint Alfred Adler, Gründer der Individualpsychologie.[73] Jemand, der sich ohnehin für groß hält, hätte solche Dominanz nicht nötig. Darum gilt in Jesuitenorden die Regel: Wer nach Macht strebt, darf keine Macht erlangen.[74]

Der Machtmensch ergreift das Kommando, um nicht von einem fremden Kommando ergriffen zu werden. Er fürchtet sich davor, die Kontrolle zu verlieren. Die Macht, nach der er greift, ist ein Krückstock, den er nach außen aber wie einen Schlagstock führt. Wer brüllen und befehlen muss, um souverän zu wirken, ist innerlich nicht souverän.

Die Kindheit prägt den Machtmenschen. Entweder war er ein kleiner Liebling, für den die Eltern alles taten, ihm jeden Wunsch von den Lippen ablasen, ihn mit Geschenken und Komplimenten überschütteten – so sehr, dass er sie als seine ersten Diener empfunden und befehligt hat. Ein Verhalten, das er nun ein Leben lang mit anderen fortsetzt. Ihm wurden keine Grenzen gesetzt, deshalb empfindet er seine Macht als grenzenlos.

Oder seine Eltern haben ihm Sätze eingebläut wie: »Wenn du dich anstrengst, hast du bessere Noten als die anderen!«, »Lass dir nichts bieten von anderen Kindern!«, »Du kannst beim Laufen alle abhängen.« Das Leben wurde ihm als Wettbewerb verkauft, ein zweiter Platz im Rennen als verfehlter Sieg. Darum hat er alles getan, Rang eins zu erreichen – wofür es dann die Anerkennung seiner Eltern gab, deren Anspruch er innerlich übernommen hat. Diese Mentalität des Wettkämpfers begleitet ihn durchs Leben.

Der kleine Übersetzer: Machtmensch – Deutsch

Ein Machtmensch führt gern – nicht nur Menschen, sondern auch das Wort. Aber was genau meint er mit seinen Aussagen? Diese kleine Übersetzungshilfe kann Ihnen die Augen öffnen:

Machtmensch	Deutsch
Ich habe Ihnen das Arbeitspaket schon vor zwei Stunden gegeben.	Wenn du jetzt nicht gleich fertig bist, trete ich dir in den Hintern, dass es kracht.
Unser Nachbar hat ein recht großes Auto gekauft.	Ich werde alles tun, um das zu übertreffen, und zwar meilenweit!
Ich bekomme 275 Mails am Tag – und Sie?	Wetten, dass ich dich übertrumpfe – ich bin einfach fleißiger und gefragter!
Ach, Sie machen schon Feierabend? Dann ein schönes Wochenende.	Faule Socke! Ich schufte das ganze Wochenende, und du ruhst dich auf meine Kosten aus.

Machtmensch	Deutsch
Note zwei ist nicht richtig schlecht.	Aber auch nicht richtig gut! Meine Kinder sollten eine Eins haben.
Ich sehe bei unserer Arbeitsqualität noch Luft nach oben.	Es geht doppelt so gut, wenn ihr euch nur richtig reinhängt!
Ich habe meine Meinung jetzt schon zweimal gesagt.	Sieh endlich ein, dass ich recht habe – und gib nach!
Nach der Arbeit gehe ich noch eine Runde joggen.	Ist ja wohl klar, dass ich für einen Marathon trainiere. Schon das Wort »Freizeitläufer« treibt mir Pickel ins Gesicht.
Es ist nötig, dass wir alle einen Zahn zulegen.	Ihr lahmen Schnecken, nehmt euch ein Beispiel an mir. Sonst ist die nächste Eiszeit schneller als ihr.
Ich fliege mit meiner Tochter in den Ferien in die USA, mit Bonusmeilen. Richtig Englisch lernen die Kinder ja nur vor Ort.	Ich bin ungeheuer wichtig, jette geschäftlich um den Globus und denke bei der Erziehung international und weiter als andere.

Die fünf Schlüssel zum Machtmenschen

Wie gelingt es Ihnen, vor einem Machtmenschen zu bestehen? Wie können Sie verhindern, dass er Sie überrollt, überfordert oder niederbrüllt? Welche Haltung befähigt Sie, ihn zu lenken, ihn mit der nötigen Gelassenheit zu sehen – und sogar von ihm zu lernen? Diese fünf Antworten unterstützen Sie dabei, den Machtmenschen zu leiten:

Frage 1: Was sagt es über mich aus, wenn ich auf einen Machtmenschen allergisch reagiere?

Gerade Menschen mit ausgeprägtem Sinn für Gemeinschaft, Solidarität und Gerechtigkeit fühlen sich oft provoziert. Denn Machtmenschen sind Pragmatiker, sie stellen Erfolg und Qualität oft über Zwischenmenschliches. Beim Aufstieg missbrauchen einige ihre Kollegen als Steigbügelhalter oder bekämpfen sie als Konkurrenten. Ihre Wettbewerbsorientierung kann verbissen wirken – was solidarische Menschen aufbringt.

Ungünstige innere Haltung:
Merkt er denn nicht, dass sein Machthunger die Menschlichkeit auffrisst? Ich hasse es, wenn jemand seinen Weg ohne Rücksicht auf andere geht, noch dazu mit vermessenem Anspruch: Das schnellste Tempo ist ihm zu langsam, das beste Ergebnis zu schlecht. Dass er dabei die Axt im Walde spielt, öfter ausflippt und tobt, setzt dem Ganzen die Krone auf. Ein widerlicher Typ.

Günstige innere Haltung:

Mir ist klar, an wen der Machtmensch die höchsten Ansprüche stellt: an sich selbst. Er definiert sich über Erfolge und fühlt sich verantwortlich, die Richtung zu bestimmen. Sein höchstes Ziel ist es nicht, jemanden zu kommandieren oder zu beeindrucken, sondern Spitzenleistungen zu erbringen. Er wirkt selbstbewusst auf mich, weil er nach vorne prescht, kämpft und voller Energie ist. Aber ich weiß: Tief innen ist er verletzlich und getrieben – warum sonst müsste er sich immer an anderen messen, statt Größe aus sich selbst zu generieren? Sein Engagement ist groß und schafft oft einen Mehrwert für seine Firma oder seine Familie.

Frage 2: Wie verändere ich das Verhalten eines Machtmenschen?

Der beste Köder für einen Machtmenschen ist Macht. Er tut alles, um seinen Einfluss auszuweiten und seine Ergebnisse zu optimieren. Was ihn Macht kostet, erzeugt Ohnmacht – weg damit. Was ihm Macht bringt, ist ihm willkommen – her damit.

Doch ein biologischer Mechanismus behindert ihn beim rationalen Handeln: die selektive Wahrnehmung.[75] Sie macht ihn zu einem Boxer, dessen Welt sich auf den Körper seines Gegners verengt. Was außerhalb dieses Boxrings passiert, sieht er nicht mehr – so sehr ist er beschäftigt damit, den anderen auszuschalten.

Zeigen Sie dem Machtmenschen auf, dass er andere Menschen braucht, um seine Ziele zu erreichen – und dass ihn ein (unnötiger) Konflikt, den er gewinnt, Macht, Einfluss und Qualität kosten kann.

Gerd geht zum Bürgermeister, um den Fußballern den Etat

wegzuschnappen. Er ruft die Schlacht »Tennis gegen Fußball«
aus. Wie hätte sein Freund ihn zu mehr Diplomatie anhalten
können? Zum Beispiel durch eine solche Bemerkung:

»Ich finde es gut, dass du den Einfluss unserer Tennisabteilung
ausbaust. Und ich bin sicher, dass du auch den Einfluss des ganzen Vereins ausbauen wirst.« (*Holt ihn bei seinen wichtigsten Zielen ab.*) »Nur frage ich mich gerade: Was passiert, wenn die Fußballer sich noch weiter in die Defensive gedrängt fühlen?« (*Wirft
eine Frage auf, die Gerd in seiner Fixierung auf den »Boxgegner«
übersieht.*) »Ich weiß, dass sie sich zurückgesetzt fühlen und hinter den Kulissen gewaltig grummeln.« (*Gibt eine wichtige Info
über eine verdeckte Wirkung des bisherigen Vorgehens weiter.*) »Und
ich kann mir vorstellen, dass sie kurz davor sind, auf die Barri-
kaden zu gehen oder geschlossen den Verein zu verlassen. Dann
würde unserem Verein die größte Sparte fehlen, und du hättest
weniger Einfluss.« (*Erweitert den Blick und malt ein Szenario aus,
das den wichtigsten Interessen des Machtmenschen widerspricht.*)
»Vielleicht wäre es taktisch klug, ihnen einen Schritt entgegen-
zukommen? Denk einfach mal drüber nach.« (*Macht einen sanf-
ten Vorschlag und überlässt die Ausgestaltung dem Machtmenschen.*)

MEINE DREI BESTEN TIPPS:

▶ Machen Sie einem Machtmenschen deutlich, welche unerwünschten Nebenwirkungen sein kompromissloses Handeln haben kann. Inwieweit schadet er damit seinen eigenen (Macht-)Interessen?

▶ Zeigen Sie ihm auf, wie er durch eine diplomatischere Gangart mehr Einfluss oder eine bessere Arbeitsqualität und höhere Motivation erreicht.

▶ Verlangen Sie nicht sofort eine Entscheidung – geben Sie ihm Zeit, Ihre Argumente sacken zu lassen und den Blick zu erweitern (»Denk einfach mal drüber nach«).

Frage 3: Welches sind die besten Strategien im Umgang mit einem Machtmenschen?

Wer mit Machtmenschen umgeht, tut gut daran, die folgenden drei Regeln zu beachten.

Strategie 1: Treten Sie ihm selbstbewusst gegenüber, kuschen Sie nicht.
Je unsicherer Sie auftreten, desto eher geht ein Machtmensch auf Sie los. Es ist wie auf dem Tennisplatz: Wer schwach retourniert, lädt zu Schmetterbällen ein. Wer aber entschieden kontert, hält seinen Gegner an der Grundlinie.

Denken Sie an einen Machtmenschen aus Ihrem Umfeld: Reißt er wirklich *allen* die Köpfe ab? Oder gibt es einzelne Menschen, die er mehr respektiert? Wenn ja: Wie sichern sie sich seinen Respekt? Hier können Sie individuelle Erfolgsrezepte abschauen.

Jörg, der Tenniskollege Gerds, bezieht in der direkten Auseinandersetzung keine klare Position zur angebotenen Versicherung. Aber alles, was kein eindeutiges Nein ist, sieht der Machtmensch als ein Ja in spe – die Tür des Willens ist einen Spalt offen, und da schiebt er sein verbales Stemmeisen rein.

Wie hätte Jörg reagieren können, um diesen systemischen Teufelskreis zu unterbrechen und sich Gerds Respekt zu sichern? Zum Beispiel so:

▶ *Schritt 1, Die verbale Tür schließen – klar Nein sagen.*
»Danke für dein Angebot, Gerd. Aber ich will definitiv keine Brandschutzversicherung abschließen.« Wenn er diesen Satz in tiefer Tonlage ausspricht, begleitet von einer selbstbewussten Körpersprache, ist er noch wirksamer.

▶ *Schritt 2, Die verbale Tür geschlossen halten – beim Nein ohne Rechtfertigung bleiben.*
Bei weiteren Vorstößen Gerds hätte Jörg sein Nein einfach wiederholen können – *ohne* Rechtfertigung oder gar Entschuldigung. Diese Technik, auch »gesprungene Schallplatte« genannt,[76] macht einem Machtmenschen eindeutig klar: Du kannst noch so oft anklopfen, diese Willenstür öffnet sich keinen Zentimeter.

▶ *Schritt 3, Respekt einfordern, falls er versagt wird.*
Hätte Gerd dennoch weitergebohrt und Jörg beleidigt, wäre ein verbaler Viersprung zur Abgrenzung hilfreich gewesen – diese Schritte funktionieren bei allen Ausfälligkeiten eines Machtmenschen:

▶ 1. Aufmerksamkeit des Tobenden sichern:
»Stopp, halt – das ist genug! Jetzt hör mir einmal gut zu, Gerd.«

▶ 2. Beobachtung möglichst neutral schildern:
»Du forderst mich wiederholt zu etwas auf, dein Ton wird immer lauter – und ich sage dir, dass ich es nicht will. Jetzt hast du gerade zu mir gesagt, mein Gehirn sei schon ausgebrannt.«

▶ 3. Eigenes Gefühl beschreiben:
»Ich habe den Eindruck, du respektierst meinen Willen nicht. Ich fühle mich von dir angegangen. Und es beleidigt mich, was du gerade über mein Gehirn gesagt hast.«

▶ 4. Klare Erwartung einfordern – und mit positiver Note enden.
»Ich erwarte von dir, dass du respektvoll mit mir umgehst. Ich möchte nicht angebrüllt und beleidigt werden. Denk über dein Verhalten nach – ich kann mir nicht vorstellen, dass du mich so hast verletzen wollen.«

Dieser Viersprung funktioniert immer, wenn ein Machtmensch ausfallend wird. Der erste Sprung (»Stopp, halt!«) reißt ihn aus seinem verbalen Jagdfieber und lässt ihn aufhorchen. Der zweite Sprung, die Schilderung der neutralen Beobachtung, zwingt ihn, sein Verhalten zu reflektieren. Der dritte Sprung macht ihm deutlich, was sein Verhalten beim anderen auslöst. Und der vierte Sprung konfrontiert ihn mit einer klaren Forderung und endet auf einer positiven Note.

Eine solche Reaktion hätte Gerd am nächsten Tag nicht vergessen gehabt. Der Tenniskollege wäre in seinem Ansehen gestiegen – denn wer sich so deutlich wehren kann, muss was auf dem Kasten haben.

MEINE DREI BESTEN TIPPS:

▶ Treten Sie gegenüber einem Machtmenschen selbstbewusst auf, nur dann wird er Sie ernst nehmen.

▶ Beziehen Sie klare Positionen – nur dann wird er der Versuchung widerstehen, Sie mit aller Gewalt überzeugen zu wollen.

▶ Fordern Sie Respekt ein, wenn eine Diskussion entgleitet – nur dann wird er sein eigenes Verhalten reflektieren und zurückrudern.

Strategie 2: Gehen Sie zügig und effektiv ans Werk – und lassen Sie es ihn wissen.

Der Machtmensch steht immer unter Strom. Er arbeitet in Höchstgeschwindigkeit und hasst es, etwas aufzuschieben. Wer sein Tempo nicht mitgeht, erscheint ihm als lahme Schnecke. Zum Beispiel erzählt Ute (27), Marketing-Expertin in einem Start-up-Unternehmen:

Ich arbeite direkt dem Gründer zu, er ist ein echter Wühler. Täglich spielt er mir Ideen für neue Online-Kampagnen zu. Es wäre unmöglich, alles umzusetzen. Und trotzdem sitzt er mir im Genick und will wissen: »Was ist denn jetzt aus meiner Idee von gestern geworden?« Oder: »Haben Sie die Kooperation mit dem Medienportal endlich geprüft?«

Er schürt in mir das Gefühl, ich sei langsam und ließe meine Arbeit schleifen. Dabei gehe ich seinen Aufträgen gewissenhaft nach. Nur muss ich zunächst die Kosten kalkulieren lassen, vergleichbare Ansätze der Wettbewerber prüfen und dann entscheiden. Aber diese komplexen Hintergründe scheinen ihn nicht zu interessieren. Vor allem reagiert er gereizt, wenn ich mit ihm bisherige Erfahrungen auswerten oder Probleme besprechen möchte.

Wenn ich sage, dass etwas hakt, rollt er mit den Augen und tritt ungeduldig von einem Fuß auf den anderen. Er will nur wissen, was ich schon bewegt habe. Wenn noch nichts passiert ist, kann er ungemütlich werden.

Ein Machtmensch ist wie ein Jongleur: Seine Bälle sind die Aufgaben, sein Werfen ist das Delegieren. Dabei hasst er es, Bälle aus dem Auge zu verlieren. Niemand soll ihm die Kontrolle rauben, niemand ihn ausbremsen. Welche Möglichkeiten hat Ute, besser auf ihren Chef einzugehen?

Ihr Chef muss die Kontrolle über den geworfenen Ball behalten und wissen: Fliegt er noch? Und in welche Richtung? Ute kann ihm sagen, was genau sie unternehmen wird, um eine Idee oder Aufgabe umzusetzen.

Zum Beispiel meldet sie zurück: »Danke für die Idee, mit dem Medienportal zu kooperieren. Ich werde heute noch dort anrufen und einen Gesprächstermin vereinbaren. Ich sage Ihnen dann bis morgen Bescheid.«

Das gibt dem Machtmenschen Sicherheit. Genauso kann sie ihn über den Fortgang informieren: »Ich habe jetzt bei dem Medienportal angerufen. Die Marketing-Chefin wird sich Donnerstag zurückmelden, dann informiere ich Sie, was das Gespräch ergeben hat.«

Diese ständigen Rückmeldungen zu den *Ergebnissen* wirken beruhigend auf den Machtmenschen: Er hat alles unter Kontrolle. Dagegen wird er unruhig, wenn er lange nichts hört und nur von Endergebnissen, also vollendeten Tatsachen, erfährt.

Ebenso könnte Ute dazu übergehen, ihrem Chef keine Probleme mehr zu präsentieren, etwa: »Ein Wettbewerber setzt schon eine ähnliche Kampagnenidee um – was sollen wir tun?« Besser schlägt sie Lösungen und Alternativen vor. Dadurch verströmt sie eine deutlich höhere Tatkraft.

Im Umgang mit einem Machtmenschen reicht es nicht, aktiv zu sein – es kommt darauf an, dass der Machtmensch das auch spürt. Wenn er sieht, dass die Dinge laufen, ist er zufrieden. Niemals darf ein Ball aus seinem Sichtfeld verschwinden – immer braucht er Informationen über die Flugbahn.

MEINE DREI BESTEN TIPPS:

▶ Zeigen Sie dem Machtmenschen, dass Sie sein Tempo mitgehen. Setzen Sie Dinge schnell um, präsentieren Sie Zwischenergebnisse, treiben Sie Projekte voran.

▶ Kommen Sie ihm nicht lang und breit mit Problemen – machen Sie Lösungsvorschläge. Wer Stillstand verhindert und Dinge am Laufen hält, ist sein Freund.

▶ Sprechen Sie mit ihm nicht über die Vergangenheit, sondern über die Zukunft – denn die lässt sich noch gestalten. Und genau das will er.

Strategie 3: Kommen Sie auf den Punkt – und stellen Sie die Sache in den Mittelpunkt.

Wenn Sie mit einem Machtmenschen sprechen, sollten Sie seine Landessprache wählen. Überlegen Sie selbst, wie Sie ihn besser auf eine Kampagne ansprechen:

▶ *Vorschlag 1:* »Ich hoffe, Sie hatten ein schönes Wochenende mit Ihrer Familie. Bestimmt, wenn ich mir dieses Wetter vorm Fenster anschaue – ist doch herrlich, dieser Sonnenschein. Und bevor ich auf die aktuelle Kampagne zu sprechen komme, würde ich mit Ihnen gern noch mal zurückschauen auf (…)«

▶ *Vorschlag 2:* »Es geht um die neue Werbekampagne, drei Fragen möchte ich mit Ihnen klären. Erstens: Wann schalten wir sie? Zweitens: Wie viel Geld investieren wir? Und drittens: Wie lange soll sie laufen?«

Die erste Variante ist für einen Machtmenschen der Horror. Er hasst es, seine Zeit mit Smalltalk zu vergeuden. Er will nicht über Privates reden, sondern übers Geschäft. Und das lebt er auch vor – durch einen Fokus auf die Ergebnisse und direkte Rückmeldungen ohne größere Diplomatie.

Beziehungsorientiertere Menschen finden das unhöflich – für ihn ist es einfach nur pragmatisch: *Wenn ich weiß, was ich will, kann ich das auch direkt sagen. Und wenn ich es nicht weiß, sollte ich schweigen, bis ich es weiß – statt dem anderen seine Zeit zu stehlen.*

Am besten funktioniert ein Gespräch mit Machtmenschen in folgenden drei Phasen:

► *Liefern Sie die Überschrift und einen zeitlichen Rahmen (kurz!).*
»Ich möchte mit Ihnen über unseren Messeauftritt in Hannover sprechen. Ich brauche höchstens zwei Minuten. Passt das jetzt?«

► *2. Liefern Sie konkrete Informationen – gern sortiert: »erstens, zweitens, drittens«.*
»Im Moment sieht unsere Planung so aus: Erstens wollen wir einen Stand in der Haupthalle mieten. Zweitens wollen wir fünf Mitarbeiter hinschicken. Und drittens soll unser neues Produkt im Mittelpunkt stehen.«

► *3. Sagen Sie ganz konkret, was Sie von ihm wollen.*
»Ich möchte von Ihnen wissen, ob Sie mit dieser Planung einverstanden sind – vor allem damit, dass wir fünf Mitarbeiter zur Messe schicken?«

Überziehen Sie den fürs Gespräch angekündigten Zeitrahmen (»zwei Minuten«) niemals. Wenn Sie Ihre Informationen nummerieren, erfasst der Machtmensch die Inhalte leichter. Und er merkt, dass Sie gut vorbereitet sind, das schätzt er.

Doch erst der letzte Schritt lässt ihn einen Sinn in diesem Gespräch sehen: Er will wissen, was Sie von ihm wollen? Ein Gespräch ist für ihn Mittel zum Zweck. Er will so früh wie möglich erfahren, was er zum Erreichen eines Ziels beitragen kann.

Wenn Sie Ihre Gespräche mit dem Machtmenschen so strukturiert führen, werden Sie bemerken: Seine Ungeduld schwindet, er hört wirklich zu und ist in Gedanken bei Ihnen, statt drei Schritte weiter. Und das nur, weil Sie sich seinem Kommunikationsstil angepasst haben.

> **MEINE DREI BESTEN TIPPS:**
>
> ▶ Liefern Sie dem Machtmenschen nie einen Sack Orangen, sondern das ausgepresste Konzentrat: kurzfassen, auf den Punkt kommen, die Schale Ihrer Anliegen weglassen.
> ▶ Sagen Sie zu Beginn, worum es geht und wie viel Zeit Sie benötigen – und erkundigen Sie sich, ob das Gespräch zeitlich gerade passt.
> ▶ Gliedern Sie Ihre Informationen so stringent wie möglich – und sorgen Sie dafür, dass jedes Gespräch ein Ziel verfolgt und ein sichtbares Ergebnis ansteuert.

Frage 4: Was sollte ich vermeiden im Umgang mit einem Machtmenschen?

Mit welchem Verhalten erschweren Sie sich den Umgang mit einem Machtmenschen? Welches Handeln belastet die Beziehung zu ihm oder macht Sie gar zu seinem Opfer? Die Tabelle auf der nächsten Seite erklärt Ihnen, was Sie besser vermeiden sollten – und warum.

Unbedingt vermeiden	Möglicher Schaden	Klügeres Verhalten
Persönlich nehmen: Der Machtmensch geht Sie an – und Sie werten das als gemeinen Angriff, der sich gegen Sie persönlich richtet.	Dieser Gedanke erzeugt Stress und kann Sie zu einer wütenden oder unterwürfigen Reaktion verleiten.	Erkennen Sie, dass der vermeintliche »Angriff« oft nur ein anderer Kommunikationsstil ist. Belassen Sie das Problem beim anderen und reagieren Sie rational.
Schlechte Vorbereitung: Sie gehen in einen Termin, aber kennen sich nicht wirklich mit dem Thema aus und bleiben Antworten schuldig.	Der Machtmensch hat das Gefühl, dass Sie seine Zeit verschwenden und Ihre Aufgabe nicht ernst nehmen.	Überlegen Sie im Vorfeld, wie das Ziel aussieht – und was Sie zum Erreichen beitragen können.
Weit ausholen: Sie halten eine Vorrede, ehe Sie zum eigentlichen Thema kommen.	Er wird ungeduldig und langweilt sich so sehr, dass er womöglich schon schläft, wenn der entscheidende Punkt folgt.	Kommen Sie ohne Umschweife zur Sache.
Ins Detail gehen: Sie erläutern in allen Einzelheiten, in welchen Schritten Sie vorgehen wollen.	Er nimmt Sie als Zeitdieb wahr. Details kümmern ihn nicht.	Sprechen Sie nur vom Wesentlichen – den Rest lassen Sie weg.

Unbedingt vermeiden	Möglicher Schaden	Klügeres Verhalten
Sich beschimpfen lassen: Er wirft Ihnen Schimpfwörter und unberechtigte Vorwürfe an den Kopf. Sie lassen die Beleidigungen unwidersprochen stehen.	Er wertet Ihr Schweigen als Zustimmung – und greift noch tiefer in dieselbe Schublade.	Verbitten Sie sich solche Umgangsformen. Und führen Sie ein ernstes Gespräch mit ihm, sobald sich seine Wut gelegt hat.
Bei Wutanfällen nachgeben: Der Machtmensch fährt aus der Haut, brüllt, schäumt, schimpft, droht – und Sie geben nach, um ihn zu besänftigen.	Der »Brüllaffe« fühlt sich in seiner Strategie bestätigt – und schwingt sich bei nächster Gelegenheit wieder auf den Affenbaum, um die Erfolgsstrategie fortzusetzen.	Grenzen Sie sich ab. Fordern Sie ihn auf, sich erwachsen zu verhalten. Verlassen Sie im Zweifel den Raum.[77]
Seine Wut auf andere schüren: Er schimpft in Ihrer Gegenwart über die Unfähigkeit anderer, zum Beispiel Ihrer Nachbarn. Sie bestärken ihn in seiner Einschätzung oder schweigen dazu.	Er fühlt sich bestärkt darin, mit der verbalen Axt auf andere loszugehen – und nimmt Sie als seinen Verbündeten wahr.	Weisen Sie ihn gezielt auf die Stärken derjenigen hin, die er übertrieben negativ einschätzt. Oder zitieren Sie deren positive Aussagen über ihn.

Frage 5: Was kann ich von einem Machtmenschen lernen?

Etliche der Verhaltensweisen, die ein Machtmensch übertreibt, können in geringerer Dosis hilfreich sein. Was können Sie von ihm für Ihren Alltag und Ihre Entwicklung lernen, gerade als Mensch, der eher in der Herde als voraus läuft? Hier ein paar Anregungen:

Verhalten des Machtmenschen	Positive Sicht auf ihn	Impuls zur eigenen Entwicklung
Er will besser als andere sein, sie übertreffen und übertrumpfen.	Er ist anspruchsvoll und setzt sich Ziele, an denen er wachsen kann. Der Vergleich mit anderen hilft ihm, seine Leistung einzuschätzen und stetig zu verbessern.	Bin ich bereit, meine Leistung zu vergleichen? Suche ich mir ambitionierte Maßstäbe? Oder neige ich dazu, Vergleiche zu meiden und in meiner Komfortzone zu bleiben? Wann täte es mir gut, mich mehr herauszufordern?
Er drückt aufs Gas und will seine Zeit optimal nutzen.	Er redet nicht lang, sondern unternimmt und bewirkt etwas. Als effizienter Zeit-Manager überblickt er seine Termine gut und hat am Ende des Tages meist erstaunlich viel geschafft.	Wie effizient nutze ich meine Zeit? Nehme ich mir morgens vor, was ich am Tag schaffen will? Setze ich Prioritäten? Und was müsste ich tun, um meine Zeit so zu nutzen, dass ich abends zufrieden bin?

Verhalten des Machtmenschen	Positive Sicht auf ihn	Impuls zur eigenen Entwicklung
Er will an der Spitze der Kavallerie reiten, andere führen und ihnen die Richtung vorgeben – natürlich immer auf Erfolgskurs.	Er verkriecht sich nicht in die zweite Reihe, sondern hält seinen Kopf hin, um Verantwortung zu übernehmen – n cht nur für seine Ergebnisse, sondern auch für die anderer. Sein Engagement ist vorbildlich.	Wie stehe ich zur Führung von Menschen? Sehe ich für mich darin eine Chance, Impulse zu geben und selbst zu wachsen? Oder halten mich Selbstzweifel von der ersten Reihe fern? Was wäre reizvoll daran, mehr Verantwortung zu übernehmen?
Er geht keinem Konflikt aus dem Weg und tut alles, um seinen Standpunkt durchzusetzen.	Er ist selbstbewusst und kämpft für seine Überzeugungen. Er weiß, was er will und wie er es bekommt, ihn kann man nicht so leicht ins Bockshorn jagen – und erst recht nicht ve biegen.	Was tue ich, wenn andere mir widersprechen? Bin ich bereit, Konflikte auszutragen? Kämpfe ich für meinen Weg? Oder gehe ich faule Kompromisse ein? Wie könnte ich mich beherzter für meine Interessen einsetzen?

Verhalten des Machtmenschen	Positive Sicht auf ihn	Impuls zur eigenen Entwicklung
Er kann in Gesprächen laut werden, poltern und auf den Tisch hauen.	Der Machtmensch ist unverstellt. Wer mit ihm zu tun hat, weiß genau, woran er ist. Meist zeigt er seine Gefühle und Impulse offen. Konflikte nimmt er sachlich und vergisst sie schnell, nachtragend ist er kaum.	Bekenne ich Farbe, wenn mich etwas stört? Oder schlucke ich meine Gefühle runter? Kann ich Stärke zeigen, laut werden, Grenzen setzen, wenn mich jemand ausnutzen will? Oder wird meine Zurückhaltung als Harmlosigkeit missverstanden?

Übungsfall: »Meine Chefin macht mich zur Schnecke!«

Dora, Assistentin im Außenhandel, erzählt:

Meine Chefin geht immer wieder auf Mitarbeiter los. Wenn sie mich anbrüllt, frage ich mich stets: Was habe ich denn jetzt wieder falsch gemacht? Liegt es an mir? Provoziere ich sie? Neulich, als ein Kunde abgesprungen war, hat sie mich zur Schnecke gemacht – vor der versammelten Mannschaft. Dabei hatte ich mit dem Kunden gar nichts zu tun. Manchmal glaube ich, dass sie mich hasst. Sie muss doch sehen, dass ich völlig am Boden zerstört bin, wenn sie mich angreift.

Es kommt mir jedes Mal wie Hohn vor, dass sie kurz darauf schon so tut, als wäre nichts geschehen.

ÜBUNG: Angenommen, Sie sollten Dora eine Mail schreiben – welche Tipps für den Umgang mit ihrer Chefin würden Sie ihr geben?

_____

_____

_____

_____

_____

_____

Mein Vorschlag:

Liebe Dora,

haben Sie sich je gefragt, warum ein Baum vom Blitz getroffen wird? Hat der Baum etwas falsch gemacht? Verfolgt der Blitz eine böse Absicht? Nein – reine Willkür! Dasselbe trifft auf Machtmenschen wie Ihre Chefin zu: Sie reagieren sich an dem ab, der ihnen zuerst über den Weg läuft. Ich frage mich: Wer hat hier das Problem, wer benimmt sich daneben – Ihre Chefin oder Sie?

Mein Tipp: Belassen Sie das Problem bei ihr. Nehmen Sie ihre Ausbrüche nicht persönlich, sondern als Zeichen *ihrer* Schwäche. Vielleicht gelingt es Ihnen sogar, sie mit einer gewissen inneren Distanz zu betrachten, wie ein Forschungsobjekt: *Ist ja spannend, dass sich eine erwachsene Frau so wenig im Griff hat. Weiß sie eigentlich, wie rot ihr Kopf anläuft, wenn sie so rumbrüllt? Und witzig, dass sie auf den Boden stampft. Vielleicht sollte ich sie als Hauptbesetzung für »Rumpelstilzchen« empfehlen.*

Wenn Ihre Chefin nach ihren Ausbrüchen »so tut, als wäre nichts geschehen«, hat das einen Grund: Sie empfindet das tatsächlich so. Sie war ein wenig laut – na und? War doch nicht böse gemeint. Wenn es Ihnen gelingt, ihren Ausbrüchen so wenig Bedeutung beizumessen wie sie selbst, können Sie leichter damit umgehen.

Falls Sie verletzt sind: Sagen Sie es dem Machtmenschen – aber erst, wenn er sich beruhigt hat, denn vorher würden Sie das Karussell seiner Wut weiter anschieben. Vereinbaren Sie mit ihm Spielregeln, was geschehen soll, falls er künftig aus der Haut fährt. Zum Beispiel, dass Sie sich für eine halbe Stunde zurückziehen dürfen – und er dann auf Sie zukommt.

MEINE DREI BESTEN TIPPS:

► Bewerten Sie die Ausbrüche eines Machtmenschen als sein Problem – und nicht als Ihres.

► Gehen Sie emotional auf Distanz, als würden Sie ein Schauspiel verfolgen, das nichts mit Ihnen zu tun hat.

► Zeigen Sie es, wenn Sie verletzt sind – und fordern Sie Spielregeln des respektvollen Umgangs ein. Aber erst, nachdem er sich wieder beruhigt hat.

Sieben neue Glaubenssätze für Machtmenschen

Passiert es Ihnen, dass Sie sich selbst wie ein Machtmensch verhalten? Dann schauen Sie sich die Glaubenssätze in der folgenden Tabelle an. Treffen einige aus der linken Spalte auf Sie zu? Meine Einladung: Füllen Sie eine Woche lang die neuen Glaubenssätze aus der rechten Spalte mit Leben. Und danach prüfen Sie, mit welcher Haltung Sie sich wohler fühlen.

Alter Glaubenssatz	Neuer Glaubenssatz
Ich muss alles so gut wie möglich erledigen.	Manchmal reicht es, die Dinge so gut wie nötig zu tun.
Ich darf keine Zeit verlieren.	Ich darf innehalten, nur dann kann ich durchatmen und reflektieren.

Alter Glaubenssatz	Neuer Glaubenssatz
Ich muss besser als die anderen sein.	Ich muss mit den Richtigen kooperieren. Wenn wir unsere Stärken zusammentun, sind wir erst richtig gut.
Ich muss mich jedem Konflikt stellen und mich gegenüber anderen behaupten, nur dann setze ich meine Interessen durch.	Viele Konflikte kann ich durch Diplomatie lösen, davon profitieren beide Seiten.
Ich muss die anderen auf Trab bringen.	Es ist gesünder, dass ich mich öfter mal von anderen bremsen lasse, statt sie permanent anzuschieben.
Ich muss um jeden Preis Karriere machen.	Ich muss den Preis abwägen, den ich für meine Erfolge zahle. Denn mein Privatleben ist ebenfalls wichtig.
Ich muss mich immer volle Pulle reinknien.	Ich muss meine Energie dosieren: nicht 100 Prozent auf alles, sondern aufs Wichtigste.

STECKBRIEF: DER MACHTMENSCH

Drei Eigenschaften, die ihn kennzeichnen:

► Er ist immer gehetzt und will noch mehr schaffen.

► Er will andere übertreffen, sogar in seiner Freizeit.

► Er strebt den maximalen Erfolg an und hasst Kompromisse.

Drei Wörter, die er gern verwendet:

► »Schneller« – weil er andere immer zu langsam findet.

► »Besser« – weil er andere immer zu schlecht findet.

► »Maximum« – weil er das, und nicht weniger, erreichen will.

Drei Sätze anderer, die ihn aufregen:

► »Ich bin bald fertig.« (*Warum jetzt noch nicht?*)

► »Wir müssen die Kirche im Dorf lassen.«
  (*Wo bleiben die Ambitionen?!*)

► »Wir haben das Ergebnis konsolidiert.«
  (*Kein Fortschritt – nur Stillstand!*)

Drei Verhaltensweisen, die ihm entgegenkommen:

► Arbeiten Sie schnell, effektiv – und zeigen Sie es ihm.

► Kommen Sie auf den Punkt, statt weit auszuholen.

► Reden Sie von den Ergebnissen und Kernpunkten –
  und lassen Sie Details weg.

Drei Wege, ihn konstruktiv zu kritisieren:

► Wählen Sie deutliche Worte, damit er Sie ernst nimmt.

► Sprechen Sie über Nachteile, die ihn selbst treffen.

► Nutzen Sie sein Effizienz-Denken, um ihn selbst eine Lösung
  entwickeln zu lassen.

5. Der Hilfe-Rufer:

»Sag mir, was ich tun soll!«
(Dependente Persönlichkeit)

Wenn Sie die folgenden 15 Aussagen lesen – wer fällt Ihnen ein? Kreuzen Sie an, wie oft Sie, bezogen auf diesen Menschen, »Ja« antworten können. Am Ende erfahren Sie, ob Sie es mit einem Hilfe-Rufer zu tun haben – und wenn ja, wie ausgeprägt.

Typen-Test: Kennen Sie einen Hilfe-Rufer?

1. Er antwortet ausweichend, wenn man ihn nach seiner Meinung fragt.	**Ja**	**Nein**
2. Er entscheidet nichts Wichtiges, ohne vorher den Rat anderer einzuholen.	**Ja**	**Nein**
3. Er löchert seine Mitmenschen pausenlos mit Fragen nach Tipps.	**Ja**	**Nein**
4. Er betont häufig, wie wenig er weiß und kann.	**Ja**	**Nein**
5. Er macht für andere auch die Drecksarbeit, wenn sie ihn darum bitten.	**Ja**	**Nein**

6. Er scheut Verantwortung und duckt sich in die zweite Reihe.	**Ja**	**Nein**
7. Er meidet Initiative und läuft lieber mit.	**Ja**	**Nein**
8. Er ist deprimiert, wenn eine Gruppe etwas ohne ihn unternimmt.	**Ja**	**Nein**
9. Er zieht Gespräche in die Länge, man kommt nur schwer von ihm weg.	**Ja**	**Nein**
10. Er neigt dazu, andere zu verehren und zu überschätzen.	**Ja**	**Nein**
11. Er lässt sich leicht ausnutzen und zu Dummheiten anstiften.	**Ja**	**Nein**
12. Er klammert sich an Menschen und Beziehungen fest wie ein Ertrinkender.	**Ja**	**Nein**
13. Er braucht immer jemanden um sich herum, der ihn stützt.	**Ja**	**Nein**
14. Es haut ihn völlig um, wenn er verlassen oder zurückgewiesen wird.	**Ja**	**Nein**
15. Endet eine Beziehung, fängt er ganz rasch eine neue an.	**Ja**	**Nein**
Wie oft haben Sie mit »Ja« geantwortet? Bitte zählen Sie das Ergebnis zusammen, ehe Sie die Auswertung lesen.		
Ergebnis: _____x Ja		

Auswertung: Der dreifache Hilfe-Rufer

Wie ausgeprägt ist die Hilfsbedürftigkeit des Menschen, an den Sie gedacht haben? Hier bekommen Sie eine Einschätzung:

5–7 Punkte: Leichter Hilfe-Rufer	8–11 Punkte: Mittlerer Hilfe-Rufer	12–15 Punkte: Dependente Persönlichkeit
Er holt sich gern mal einen Rat ein, ist hier und dort unsicher, kann aber auch eigene Entscheidungen fällen und eigene Wege gehen. *Resümee:* Er orientiert sich an anderen, ist aber nicht abhängig von ihnen. Seine Selbständigkeit ist ausbaufähig.	Er hält große Stücke auf andere und wenig von sich selbst. Pausenlos will er bestärkt und unterstützt sein, aber nie auf sich allein gestellt handeln. *Resümee:* Er ist unselbständiger als andere. Die Menschen, an denen er sich festhält, können sich umklammert fühlen.	Andere Menschen sind für ihn Rettungsbojen, an denen er sich festklammert. Ohne ihren Halt, ihren Rat und ihre Nähe wäre er verloren. Nichts fürchtet er mehr, als verlassen zu werden. *Resümee:* Er hängt sein eigenes Leben an andere – das weist auf eine dependente Persönlichkeit hin.

Erlebnis mit einem Hilfe-Rufer

»Womit soll ich anfangen, Chef?«

Hassan (35) ist Inhaber einer Autowerkstatt und erzählt über Wolf, einen Mitarbeiter:

Dass Wolf (29) in meiner Firma anfing, lag an seiner Schwester Birgit, meiner alten Schulfreundin: Sie hatte ihn empfohlen. Ich betrieb die Werkstatt bislang allein und brauchte Verstärkung. Er legte gute Ausbildungszeugnisse vor, bei unserem ersten Gespräch fragte ich: »Warum bist du Mechatroniker geworden?« Wolf schwieg eine Weile, blinzelte mich an und sagte: »Und du – was waren deine Gründe?«

Ich antwortete, noch ohne mir etwas dabei zu denken. Aber so lief das ganze Gespräch: Wenn ich ihn nach seiner Position fragte, stellte er eine vorsichtige Gegenfrage. Und sobald er meinen Standpunkt kannte, pflichtete er mir bei.

An seinem ersten Arbeitstag begrüßte er mich als »Chef« und fragte: »Womit soll ich anfangen?« Ich zeigte auf einen BMW und sagte, dessen Schubkraft setze laut Kunde bei höherer Geschwindigkeit immer wieder kurz aus.

»Und was mache ich jetzt genau, Chef?«

»Du hast über zehn Jahre Berufserfahrung, Wolf«, erinnerte ich ihn.

»Aber nicht in deiner Werkstatt.«

»Wie wäre es mit einer Probefahrt?«

Er warf mir einen flehenden Blick zu. »Kommst du mit, Chef?«

Eigentlich war ich mit anderen Aufgaben beschäftigt. Aber

gut, es war sein erster Tag, ich stieg mit ein. Das Problem am BMW bestätigte sich.

»Was meinst du, woran liegt es?«, fragte ich ihn. Er zuckte mit den Achseln.

»Denk nach!«, forderte ich ihn auf.

»Du überschätzt mich. Ich bin kein so guter Mechaniker wie du, Chef.«

»Schau dir mal den Sensor an.«

»Ja, der Sensor – daran hatte ich auch gedacht.«

So ging das weiter, vor jeder einfachen Reparatur kam Wolf auf mich zu: »Wie schätzt du das ein?« Ohne meine Bestätigung ging gar nichts, dauernd stand er bei mir auf der Matte. Ich forderte ihn auf, selbständiger zu arbeiten. Doch er kriegte das nicht hin.

Dafür suchte er immer mehr meine Nähe. Oft verwickelte er mich in lange Gespräche zu privaten Themen. Erst vor zwei Jahren war er bei seinen Eltern ausgezogen und fragte mich nun, ob seine 40-Quadratmeter-Wohnung groß genug für einen Mann seines Alters sei. »Ich selbst bräuchte allein mindestens 60 Quadratmeter«, antwortete ich.

Am Tag danach legte er mir den Entwurf eines Wohnungsgesuchs auf den Tisch: Ob ich mal drüberlesen und Korrekturen einfügen könne? Jetzt suchte er eine 60-Quadratmeter-Wohnung.

Als er ein paar Angebote bekommen hatte, bat er mich, das favorisierte Apartment mit ihm anzuschauen – was ich auf dem Heimweg tat. Ich fand die Wohnung schön. Noch am selben Abend unterschrieb er den Mietvertrag.

Immer öfter erzählte er jetzt aus seinem Privatleben. Dabei erfuhr ich, dass er jeden Freitag mit seinen Kumpels auf Diskotour ging. Die anderen ließen sich volllaufen. Wolf aber war der Fahrer und trank alkoholfreies Bier. Auch das Benzin bezahlte er allein. Dafür brachten seine Kumpels ihre Autos regelmäßig bei ihm zu Hause zur Inspektion vorbei. Er berichtete das mit einem gewissen Stolz, als wären diese Gratis-Arbeiten eine Ehre für ihn.

Eines Tages fuhr ich für drei Tage auf einen Lehrgang. Er wollte, dass wir schließen, aber ich lehnte das ab. Als ich zurück-kam, standen auffallend viele Autos auf dem Hof. Wolf hatte et-liche Reparaturen aufgeschoben – er wollte erst meine Einschät-zung hören.

Seine Unselbständigkeit nervte mich, auch weil er mir privat auf die Pelle rückte. Wenn mein Handy spätabends klingelte, sagte meine Frau schon: »Das ist wieder dein Pflegesohn!« Zum Beispiel wollte er von mir wissen, ob ich den richtigen Satz für ihn wüsste, um eine bestimmte junge Frau anzusprechen; und welches Geburtstagsgeschenk er seiner Mutter machen sollte.

Mir riss die Geduld: Ich verbat mir diese Anrufe. Er war zu-tiefst geknickt. Tagelang ließ er seinen Kopf hängen. Erst als ich ein schlechtes Gewissen bekam und meine Worte relativierte, kam wieder etwas Farbe in sein Gesicht. Leider rief er mich da-raufhin auch wieder an.

Birgit erzählte mir, er sei schon immer so unselbständig gewe-sen: Sein verstorbener Vater, ein Berufsschul-Lehrer, habe stets seine schützende Hand über ihn gehalten, mit ihm Hausauf-gaben gemacht und ihm den passenden Beruf ausgesucht. Der frühe Tod des Vaters habe Wolf für Jahre aus der Bahn gewor-fen. Mittlerweile sei ein Onkel in die Rolle des Vaters geschlüpft, dieser habe sie auch gebeten, nach einem neuen Arbeitsplatz für Wolf zu schauen – weshalb sie den Kontakt zu mir hergestellt hatte.

Sieben Erkenntnisse über Hilfe-Rufer

Welche typischen Eigenschaften von Hilfe-Rufern prägen diesen Bericht und sind im Umgang mit ihnen eine Herausforderung?

1. Hilfe-Rufer richten ihr Leben an den Ratschlägen anderer aus.

Hilfe-Rufer tun sich schwer, ihrem Leben eine Richtung zu geben. Deshalb fragen sie an jeder Kreuzung nach dem Rat der anderen. Als befände sich dort, wo ihr Wille sitzen müsste, ein Vakuum, das sie mit fremden Meinungen füllen. Offenbar geben ihnen Ratschläge von außen jenes Gefühl, das sie in sich vergeblich suchen: Entscheidungssicherheit.

Wolf treibt dieses Spiel bis ins Groteske: Nur weil sein Chef beiläufig sagt, er selbst bräuchte 60 Quadratmeter Wohnraum, sucht Wolf daraufhin eine Wohnung von genau dieser Größe. Der Vorgesetzte rutscht in eine ähnliche Rolle wie der Onkel, er wird zum Lebenskompass.

2. Sie halten mit ihrer Meinung hinterm Berg.

Das Wort »Auseinandersetzung« heißt wörtlich, dass zwei Menschen nicht an derselben Stelle sitzen – was sie trennt, sind abweichende Standpunkte. Hilfe-Rufer wollen das Gegenteil: nicht Abstand, sondern Verschmelzung. Um sich nicht »auseinander setzen« zu müssen, passen sie ihre Meinung dem Gegenüber an: Geteilter Standpunkt ist halbes Leid.

Sogar bei der Frage nach seiner Berufswahl hält Wolf sich zurück, bis er die Meinung seines Chefs kennt und übernimmt.

Ebenso wagt er es nicht, die Schäden an den Autos selbst zu diagnostizieren. Sein Chef soll ihm Lösungswege vorgeben.

3. Sie stellen ihr Licht unter den Scheffel.

Viele Menschen blasen sich auf, machen sich größer. Hilfe-Rufer tun das Gegenteil; denn wer klein ist, gilt als schutzbedürftig, das zieht helfende Hände an. Und wer sich selbst entwertet, beugt hohen Erwartungen vor. Die Gefahr, andere zu enttäuschen, ist gering. Aber es bleibt die Chance, sie positiv zu überraschen.

Wolf hat seine Ausbildung als Mechaniker mit guten Noten absolviert und bringt zehn Jahre Berufserfahrung mit. Dennoch hängt er am Rockzipfel seines Chefs, nimmt ihn sogar als Babysitter beim Probefahren mit und macht sich klein: »Du überschätzt mich. Ich bin kein so guter Mechaniker wie du, Chef.«

4. Sie unterwerfen sich, um die Gunst anderer zu gewinnen.

Hilfe-Rufer gehen davon aus, die Zuneigung der anderen nicht verdient zu haben – weil sie dümmer, hässlicher, langweiliger, ungeschickter sind. Deshalb legen sie sich ins Zeug, um ihre (vermeintlichen) Mängel zu kompensieren – wie ein unwürdiger Untertan, der seinem König ein Opfer bringt, um dessen Gnade zu erlangen.

Offenbar will sich Wolf die Gunst seiner »Kumpels« erkaufen: Er spielt den Chauffeur, während sie sich besaufen, und inspiziert ihre Autos gratis, wohl in der heimlichen Furcht, sonst kein »Kumpel« mehr zu sein. Sein innerer Wohnsitz ist der Tiefstatus, das heimliche Gefühl: »Ich bin weniger wert als die anderen!«

5. Sie scheuen Verantwortung.

Wer Verantwortung übernimmt, etwa im Beruf, exponiert sich. Er rückt ins Blickfeld und zieht Erwartungen auf sich. Hilfe-Rufer wollen niemanden enttäuschen, deshalb bleiben sie in der zweiten Reihe. Gern sind sie Doktor Watson, der sich unauffällig im Schatten eines Sherlock Holmes bewegt und die großen Taten seines Meisters bewundert. Das kann ein Elternteil oder ein Chef, ein Kollege oder ein Lebenspartner sein, der sie beraten und beschützen soll.

Wolf ist entsetzt, als er die Werkstatt für ein paar Tage übernehmen soll. Aus Angst vor Fehlentscheidungen schiebt er sogar Routine-Reparaturen auf – bis sein Herr und Kfz-Meister zurück ist und ihm seinen Segen gibt.

6. Sie klammern sich an nahen Menschen fest.

Hilfe-Rufer wollen eines unbedingt verhindern: dass nahe Menschen von ihnen abrücken. Deshalb klammern sie sich an ihnen fest und ziehen sie näher zu sich heran. Sie wollen ständig in Kontakt sein. Als müssten sie sich vergewissern, dass die anderen noch zu ihnen stehen, sie sich an ihnen festhalten und ihren tiefen Sturz verhindern können; denn den eigenen Beinen trauen sie wenig Standkraft zu.

Wolf sucht die Nähe zu seinem Chef, verwickelt ihn in private Gespräche und telefoniert ihm sogar spätabends hinterher. Dabei treibt er es zu weit und wird schließlich zurückgewiesen.

7. Zurückweisung und Verluste treffen sie übermäßig hart.

Ein paar Arbeitskollegen trinken ein Bier. Der Hilfe-Rufer erfährt das hinterher und ist tief erschüttert: Warum wurde er nicht eingeladen? Wahrscheinlich ist es doch so, wie er es immer vermutet hat: dass die anderen ihn nur dulden, aber nicht mögen. Weil er so langweilig ist, so wenig zu bieten hat. Dieser Gedanke schmerzt ihn, und er denkt: Bald brechen sie den Kontakt zu mir ganz ab!

Wolf reagiert höchst empfindlich, als sein Chef ihm die abendlichen Anrufe untersagt. Und der Tod seines Vaters hat ihn für Jahre aus der Bahn geworfen. Verluste stürzen Hilfe-Rufer in eine tiefe Ohnmacht. Dann brauchen sie rasch eine neue Leitfigur, für Wolf: der Onkel.

Der Hilfe-Rufer in vier Lebensräumen

Am Arbeitsplatz:

Der Hilfe-Rufer verbringt einen Großteil seines Tages mit zwei Tätigkeiten: Er fragt, wie er eine Aufgabe erledigen soll – und möchte dann wissen, ob er es gut gemacht hat. Zeigen die Daumen nach oben, ist sein Tag gerettet. Kritik aber erschüttert ihn. Seine Fragen können naiv klingen und Selbstverständlichkeiten betreffen. Kompetenz vermutet er bei anderen, nicht bei sich. In Sitzungen hält er sich zurück oder pflichtet seinen Chefs bei. Er ist eine Pflanze, die im Schatten anderer gedeiht. Maximal steigt er zum Stellvertreter auf, zur rechten Hand eines Chefs.

Andererseits: Wenn er klare Vorgaben bekommt, funktioniert er zuverlässig wie ein Uhrwerk. Und seine Loyalität ist nur schwer zu überbieten.

In der Familie:

Gern nutzt er seine Eltern als Navigationssystem auf dem Lebensweg. Ihren Rat setzt er um, auch bei der Berufswahl – vorzugweise tritt er in die Fußstapfen der Eltern. Und wovon sie ihm abraten, lässt er die Finger, auch bei der Partnerwahl. Seine politische Meinung ist vom Elternhaus gefärbt. Und wenn die Mutter ihn anregt, dass es Zeit für den Friseur sei, »Ohren diesmal frei« – dann geht er zum Friseur und kommt mit Ohren frei zurück, auch als erwachsener Mensch. Gründet er selbst eine Familie, erwartet er vom anderen, für ihn mitzuentscheiden.

Andererseits: Er würde sich nie verdrücken, wenn es eng wird, etwa wenn ein Angehöriger schwer krank wird – auch wenn er in dieser Situation wieder den Rat anderer bräuchte.

In der Partnerschaft:

Weil der Hilfe-Rufer es liebt, andere Menschen zu bewundern, zieht er Partner an, die gern bewundert werden – darunter Narzissten. Oft hängt er sich als Beiboot an den übergroßen Partner und lässt sich durchs Leben ziehen. Eigene Ideen unterdrückt er, weil er ihnen nichts zutraut, außer dass sie Ärger erzeugen. Manchmal klammert er sich so sehr an seinem Partner fest, dass dieser sich losreißt. Wird er schlecht behandelt, gibt er sich die Schuld – wodurch er seinen Partner aufwertet, dessen schlechte Eigenschaften in ein mildes Licht taucht und sich eine schmerzliche Trennung erspart.[78]

Andererseits: Niemand kann einem Partner so gut das Gefühl vermitteln, sein Ein und Alles zu sein – eben weil er sein Ein und Alles ist.

Im Internet:

Hilfe-Rufer stellen mindestens die Hälfte aller Fragen in On-line-Foren, zum Beispiel: »Darf ich meine Beine überkreuzen, wenn ich in einem Vorstellungsgespräch sitze?« Ganz egal, wer antwortet, er wird von ihm als Autorität anerkannt, eben weil er antwortet. Gern folgt der Hilfe-Rufer Internet-Gurus wie You-Tube-Stars, deren Patentrezepte er in seinem eigenen Leben akribisch umsetzt. Wenn das schiefgeht, sucht er den Fehler bei sich. Und nie bei den Gurus.

Andererseits: Oft ist er derjenige, der zu fragen wagt, was auch andere interessiert – die es jedoch für sich behalten, weil sie sich nicht blamieren wollen.

Psychologie des Hilfe-Rufers: So tickt er!

Stellen Sie sich vor, ein Mensch fällt an einem belebten Ufer in einen Fluss, schlägt wild um sich und ruft: »Hilfe, ich ertrinke!« Was passiert? Sofort springen Passanten ins Wasser, um ihn zu retten. Sie zerren ihn an Land, leisten erste Hilfe, spenden Trost und Zuwendung. Das Unglück, ins Wasser gefallen zu sein, führt zu einem »sekundären Gewinn«:[79] Dem Gestürzten wird geholfen, weshalb er sich selbst nicht helfen muss.

Die dependente Persönlichkeit sieht die Welt als einen gefährlichen Ort, kalt und einsam, dem sie hilflos ausgeliefert ist – aber nur, bis eine rettende Hand nach ihr greift, bis sie beschützt und versorgt wird. Doch wie gelingt es, einen solchen Retter zu gewinnen? Wer hilflos auftritt, wer sich in Not befindet, wer mit Phobien kämpft, der zieht Hilfe an[80] – wie der Ertrinkende seine Retter.

Der Hilfe-Rufer braucht eine starke Schulter, an die er sich lehnen kann. Hat er sie gefunden, passiert zweierlei: Erstens tritt er die Verantwortung für sein Handeln an den anderen ab. Er wird zum Beifahrer seines eigenen Lebens. Zweitens ordnet er seine Wünsche und Bedürfnisse dem anderen unter. Er tut alles, um ihn gewogen zu halten, redet ihm nach dem Mund, verkneift sich Widerspruch, macht sich klein. Denn das zentrale Motiv der dependenten Persönlichkeit ist die Verlässlichkeit.[81]

Mit jedem Tag, den der Hilfesuchende in einer solchen Abhängigkeit lebt, schrumpft sein Selbstbewusstsein. Weil er seine Probleme nicht selbst löst, entsteht keine Lösungskompetenz. Weil er wichtige Fragen nicht selbst entscheidet, schwindet sein Urteilsvermögen. Und weil er keine eigenen Meinungen vertritt, fehlt es ihm an Profil und innerem Halt.

Dependente Menschen neigen dazu, sich in ihrer Hilflosigkeit einzurichten oder vorhandene Fähigkeiten ungenutzt zu lassen. Wie ein Baby nicht mehr von Hand gefüttert wird, wenn es allein essen kann, so fürchten dependente Menschen, ihnen werde die Hilfe von außen entzogen, sobald sie sich selbst helfen können. Nur wer Nichtschwimmer ist (oder wenigstens so tut), darf mit Rettungsschwimmern rechnen.

Hilfe-Rufer geben sich anspruchslos, ohne es zu sein; der Psychologe Fritz Riemann schreibt: »Wer nicht nehmen kann, hofft, zu bekommen – vielleicht sogar als Belohnung für seine Bescheidenheit; und wenn nicht hienieden, dann wenigstens im Himmel (…).«[82]

Nichts fürchtet ein Hilfe-Rufer mehr, als für sich selbst sorgen zu müssen. Sein Denken wird von zwei Extremen regiert: Entweder er ist behütet und versorgt – oder verlassen und ausgeliefert. Deshalb klammert er sich an seine Retter und hält sich an ihnen fest – was zu Fluchtreflexen führen kann, vor allem in Beziehungen. Wenn er verlassen wird, fällt er in ein tiefes Loch und geht rasch neue Verbindungen ein, um sich selbst zu retten. Dependente Menschen sind anfällig für Depressionen und Angststörungen.[83]

Laut dem Psychoanalytiker Karl Abraham suchen dependente Menschen ihr Leben lang nach einem Stellvertreter der Mutter – jemandem, der sich um alles kümmert und sie versorgt. Und wie ein Baby nichts tun muss, um alles Notwendige zu bekommen, außer bei Hunger zu schreien, so verfällt auch der Hilfe-Rufer in eine Position der abhängigen Passivität.[84]

Zwei Eltern-Typen fördern dieses unselbständige Handeln: sehr fürsorgliche Eltern, die nur ans Kind denken und es mit Liebe überschütten – und sehr narzisstische Eltern, die nur an sich denken und es an Liebe mangeln lassen.[85]

Übertriebene Fürsorge basiert auf der *Sorge*, dem Kind könne etwas passieren. Einige Eltern sehen sich in der Pflicht, ihr Kind vor der rauen Welt zu beschützen, sie begleiten es auf Schritt und Tritt. Sogar wenn es von Lehrern angeblich ungerecht benotet wird, fliegen sie als rettende Engel ein.

Solche Helikopter-Eltern übernehmen Verantwortung für ihr Kind, was bedeutet: Sie nehmen dem Kind Verantwortung weg. Wer in jungen Jahren nie Konflikte austrägt, Risiken eingeht und Entscheidungen fällt, glaubt später: »Ich kann das nicht, brauche dafür andere!«

Narzisstische Eltern tun das Gegenteil: Sie vernachlässigen ihr Kind emotional und stellen sich selbst in den Mittelpunkt. Das Kind findet heraus, wie es sie für sich gewinnen kann: indem es sich zurücknimmt, aber die Eltern bewundert und bedient. Es folgt ihnen aufs Wort, will ihnen Ehre machen.

Wer immer nur tut, was die Eltern wollen, verliert den eigenen Willen. Er sucht Orientierung bei anderen. Nicht selten gerät er an Narzissten. Dem Hilfe-Rufer ist es wichtig, seinen Partner auf ein Podest zu stellen, dem Narzissten gefällt es, dort zu stehen. Der Hilfe-Rufer nimmt alle Zumutungen hin, solange die Beziehung nur fortbesteht. Bloß nicht allein dastehen! Denn die Welt ist wie ein Fluss, in dem man ohne Retter ertrinkt.

Der kleiner Übersetzer: Hilfe-Rufer – Deutsch

Wer um Hilfe ruft, braucht dazu Worte. Doch oft werden diese missverstanden. Was meint ein Hilfe-Rufer wirklich, was deutet er an? Hier eine kleine Übersetzungshilfe:

Hilfe-Rufer	Deutsch
Ich bin unsicher, wie ich mich entscheiden soll.	Du weißt, was gut für mich ist; sag es mir, ich selbst habe keine Ahnung.
Ich weiß nicht, was ich zu deiner Frage sagen soll.	Meine Antwort wäre sicher falsch und würde dich gegen mich aufbringen.
Ich sehe das so wie du.	Ich habe keine Meinung, aber ich habe dich – und das ist viel besser!
Bevor du nach Hause gehst, noch eine letzte Frage …	Lass uns weiterreden, geh nicht! Ich bin so ungern mit mir allein.

Hilfe-Rufer	Deutsch
Ich habe eine Behördenphobie, ich halte es dort einfach nicht aus.	Erledige du meinen Behördengang, ich krieg das nicht hin.
Ich weiß, ich hätte diese Arbeit besser machen können, aber mir fehlt dein Talent.	Ich kritisiere mich selbst und lobe dich – vielleicht ersparst du mir so den fälligen Anpfiff.
Er hat mich nach zehn Jahren verlassen, jetzt stehe ich ganz allein da.	Kennst du vielleicht jemanden, der zu mir passt? Allein komme ich nicht zurecht.
Ich fühle mich in der zweiten Reihe wohl.	Kommt bloß nicht auf die Idee, mich zu befördern. Im Rampenlicht könnten alle meine Fehler sehen!
Wenn du willst, übernehme ich das für dich.	Ich tu alles, um mir deine Zuneigung zu sichern. Von allein hab ich sie nicht verdient.
Ich überlasse dir den ersten Schritt.	Wenn ich vorausgehe, mache ich alles falsch – wenn ich dir folge, alles richtig.

Die fünf Schlüssel zum Hilfe-Rufer

Wie verhindern Sie, dass Sie zum Kindermädchen eines Hilfe-Rufers werden? Wie können Sie ihn dazu animieren, mehr Selbständigkeit zu entwickeln? Welche Haltung hilft Ihnen, seine Ressourcen wachzukitzeln und sogar von ihm zu lernen? Die folgenden fünf Antworten machen Sie fit für den Umgang mit ihm, ob privat oder im Beruf.

Frage 1: Was sagt es über mich aus, wenn ich auf einen Hilfe-Rufer allergisch reagiere?

Gerade aktive und meinungsfreudige Menschen, die Farbe bekennen, Dinge anstoßen und vernünftige Risiken eingehen, stören sich am Hilfe-Rufer. Seine Anpassung empfinden sie als Feigheit und seinen mangelnden Initiativgeist als Trägheit. Nun können Sie sich zwischen zwei Haltungen entscheiden:

Ungünstige innere Haltung:
Was für ein angepasster Schleimer! Immer redet er den anderen nach dem Mund, hält seine eigene Meinung zurück, schwimmt mit dem Strom. Alles, was Mumm erfordert, überlässt er anderen: Entscheidungen, Initiativen, Risiken. Stattdessen hält er seine Mitmenschen mit naiven Fragen auf und erwartet kopftätschelndes Lob. Offenbar hat er sich nicht weiterentwickelt, ist er ein Kleinkind geblieben – und geht uns Erwachsenen gehörig auf den Senkel.

Günstige innere Haltung:
Er schätzt meinen Rat und setzt klare Vorgaben akkurat um. Er sucht in der äußeren Welt nach Sicherheit, die er in sich selbst nicht findet. Er gleicht einem Ertrinkenden, der nicht aus bösem Vorsatz, sondern aus Not nach dem Rettungsring greift. An fremden Meinungen und Standpunkten hält er sich fest, um nicht in seiner Unsicherheit zu ertrinken. Dafür kann ich ihm nicht böse sein. Wer ihm Halt gibt, für den täte er alles – wobei er immer denken wird: Das ist noch zu wenig. Oft handelt er irrational, um seinen (geringen) Selbstwert zu schützen.[86] Wenn ich sein Ego stärke, wird er unabhängiger – das entlastet ihn und mich.

Frage 2: Wie verändere ich das Verhalten eines Hilfe-Rufers?

Ängste regieren das Leben eines Hilfe-Rufers: dass er sich falsch entscheidet, dass ihn keiner mag, dass er Dinge nicht auf die Reihe kriegt. Diese Ängste wurzeln in einem mangelnden Selbstvertrauen. Wer einen Hilfe-Rufer verändern will, muss ihn dabei unterstützen, ein neues Selbstkonzept zu entwickeln. Das kann gelingen, indem Sie seinen Blick auf die Eigenkräfte lenken – durch kluge Fragen.

Wie gehen professionelle Berater in ihren Gesprächen vor? Hier ein paar Beispielfragen, wie ich sie Hilfe-Rufern im Coaching stelle:[87]

▶ *Hypothetische Frage* (an einen Hilfe-Rufer, der für seine Entscheidung einen Rat von außen einholen möchte): »Mal angenommen, Sie könnten nicht irren und hätten eine Erfolgsgarantie – wie würden Sie sich dann selbst entscheiden?«

Diese hypothetische Frage befreit den Hilfe-Rufer von der Angst, einen Fehler zu begehen. Sie öffnet ihm einen Spielplatz für Gedanken, auf dem er sich ohne Risiko austoben kann. Und ist der Gedanke erst mal ausgesprochen, entstehen neuronale Nervenbahnen im Gehirn, die ihm ein solches Handeln erleichtern.

► *Ressourcen-Frage:* »Sicher gab es in Ihrem Leben ein paar gelungene Entscheidungen, die Sie selbständig gefällt haben, ohne Rat von außen – welche Entscheidungen waren das? Und woher haben Sie damals den Mut genommen, diesen Weg einfach zu gehen?«

Mit dieser Frage lenken Sie den Scheinwerfer der Wahrnehmung auf Erfolge. So mancher Hilfe-Rufer wird sich bewusst, dass er doch mehr aus eigener Kraft erreicht hat, als ihm zunächst einfällt. Dann können Sie mit ihm herausfinden, welche Voraussetzungen er für mehr Entscheidungssicherheit braucht.

► *Zirkuläre Frage:* »Denken Sie an jenen Menschen, der von Ihnen die höchste Meinung hat. Und nun stellen Sie sich vor, wir könnten ihn befragen: Welche Argumente sprechen dafür, dass Herr/Frau XXX« – also er oder sie – »diese Herausforderung ganz allein besteht. Was würde er wohl antworten?«

Auf diese Weise – in der Psychologie spricht man von einer »Dissoziierung« – sieht sich der Hilfe-Rufer von außen, durch die Augen eines anderen. Vor allem versetzt er sich in den Kopf eines wohlmeinenden Menschen. Auf einmal entdeckt er Qualitäten an sich, die er selbst mit seinem selektiven Schwächen-Blick übersehen hatte.[88]

▶ *Praxistransfer-Frage:* »Wenn es Ihre Aufgabe wäre, bis zu unserem nächsten Gespräch einen winzigen Schritt in die angestrebte Richtung zu gehen – wie könnte dieser Schritt aussehen? Und wie könnten wir sicherstellen, dass Sie ihn tatsächlich gehen?«

Auf ganz vorsichtige Weise, im Konjunktiv, wird der Hilfe-Rufer eingeladen, vom Denken ins Handeln zu kommen und dabei seine Selbstwirksamkeit zu erfahren: dass er so, wie er ist, vieles aus eigener Kraft und ohne Hilfe von außen bewegen kann.[89] Wenn er erst begonnen hat, passiert der Rest oft von alleine.

Überlegen Sie, wie sich diese Fragen auf einen Hilfe-Rufer in Ihrer Umgebung übertragen lassen. Wenn Sie ihn mit Ausdauer auf seine Eigenkräfte hinweisen, steigt die Chance, dass er sie erkennt und einsetzt.

MEINE DREI BESTEN TIPPS:

▶ Fragen Sie den Hilfe-Rufer, was er täte, wenn er nicht scheitern könnte – diese Annahme ermutigt ihn und schlägt eine Schneise fürs Handeln.

▶ Lassen Sie ihn von Erfolgen der Vergangenheit berichten. Wenn er sich erinnert, was er aus *eigener* Kraft erreicht hat, wächst seine gegenwärtige Tatkraft.

▶ Bitten Sie ihn, sich aus der Perspektive von Menschen zu sehen, die an ihn glauben und ihn schätzen – dieser fiktive Zuspruch verleiht ihm Flügel.

Frage 3: Welches sind die besten Strategien im Umgang mit einem Hilfe-Rufer?

Wie gelingt es Ihnen, sich aus dem Klammergriff eines Hilfe-Rufers zu lösen und ihn zu mehr Selbständigkeit anzuregen? Die folgenden drei Regeln weisen Ihnen den Weg.

Strategie 1: Bringen Sie ihn Schritt für Schritt dazu, sein eigener Ratgeber zu werden.

Eines meiner liebsten Sprichwörter stammt aus China: »Wenn du einem Menschen helfen willst, dann schenk ihm keinen Fisch – sondern bring ihm das Fischen bei.« Wer Ratschläge gibt, handelt nicht immer sozial: Er nimmt dem anderen die Chance, eine Herausforderung aus eigener Kraft zu bewältigen.

Wenn Sie einem Hilfe-Rufer eine Entscheidung abnehmen, und alles klappt, wird er denken: »Allein hätte ich das nie geschafft: Der Erfolg gehört dem Ratgeber.« Seine Freude ist getrübt. Geht die Sache aber schief, muss er seinen Fehlschlag nicht allein verantworten – die Idee kam ja von Ihnen. Womöglich hat er sie nur halbherzig umgesetzt, weil er spürte, dass sie nicht zu ihm passt.

In beiden Fällen haben Sie ihm einen Bärendienst erwiesen. Klüger ist es, die Rolle des Ratgebers zu delegieren: an ihn selbst. Nutzen Sie es, dass der Hilfe-Rufer so gern Ratschläge annimmt – indem Sie ihm Wege aufzeigen, wie er öfter selbst entscheiden kann, ohne von der eigenen Angst ausgebremst zu werden.

Im Fall des Mechatronikers Wolf ging der Werkstattinhaber Hassan nach einer Beratung wie folgt vor:

▶ *Schritt 1, Beobachtung mit positiver Note schildern:* »Wolf, mir fällt auf, dass du mich heute schon zum vierten Mal nach meiner Meinung in einer Routinesache fragst. Ich schätze es, dass du so große Stücke auf mich hältst.«

▶ *Schritt 2, sein Selbstbewusstsein stärken:* »Aber ich will dir etwas verraten: Ich halte auch große Stücke auf dich. Ich bin sicher, du kannst solche Fragen selbst entscheiden und kommst zu guten Ergebnissen – ich habe deine Zeugnisse gesehen, du bist ein kompetenter Mechaniker.«

▶ *Schritt 3, Versuche in kleiner Dosis vorschlagen:* »Lass uns doch mal einen Tag lang probieren, was geschieht, wenn du diese Alltagsentscheidungen selber fällst – ohne mir eine einzige Frage zu stellen. Du überlegst einfach, was richtig ist – und machst es dann.«

▶ *Schritt 4, Angst vor Fehlern nehmen:* »Ich finde es völlig in Ordnung, wenn dabei Fehler passieren. Ich glaube, das wäre sogar ein gutes Zeichen, sonst hätten wir nichts riskiert. Und aus Fehlern können wir lernen.«

▶ *Schritt 5, Unterstützung anbieten:* »Was genau brauchst du von mir, um dich auf diesen Vorschlag für einen Tag einzulassen?«

Wolf stellte die Bedingung, sein Chef müsse ihm im Vorfeld etliche Fragen beantworten. Er sprach Eventualitäten durch und machte sich dazu Notizen. Der Tag des Experiments verlief ohne größeren Fehler – Wolf setzte alle Reparaturen im Sinne seines Chefs um. Grund genug, weitere Allein-Entscheidungs-Tage einzuführen.

Nach einem knappen Jahr hatte Wolf spürbar an Selbstvertrauen gewonnen und zog seinen Chef deutlich seltener hinzu. Er hatte genügend positive Erfahrungen gesammelt, um sich auf seine eigenen Entscheidungen verlassen zu können. Auch im Privatleben agierte er nun selbständiger. Seine Angst vor Fehlern war geschwunden.

MEINE DREI BESTEN TIPPS:

▶ Machen Sie einem Hilfe-Rufer immer wieder bewusst, was er alles kann und wo seine Qualitäten liegen – das verleiht ihm Mut und Tatkraft.

▶ Stoßen Sie ihn nicht ins kalte Wasser des Selber-Entscheidens – sondern lassen Sie ihn immer wieder zeitlich begrenzte Bäder nehmen, damit er sich an diese Temperatur gewöhnt.

▶ Bauen Sie die Phasen des Selber-Entscheidens *schleichend* aus, bis er Ihre Tipps und Ratschläge durch seine eigenen Erkenntnisse ersetzt, oft ohne es zu realisieren.

Strategie 2: Geben Sie auf seine Fragen die beste Antwort: seine eigene, die Sie vorher erkunden.

Lehrer fragen, Schüler antworten. Wer's nicht tut, gilt als dumm. Dieses Frage-Antwort-Spiel aus der Kindheit prägt uns. Als Erwachsene sind wir eingeschliffene Antwort-Automaten, spucken blitzschnell Lösungen aus. Darum hat es der Hilfe-Rufer so leicht: Frage einwerfen, Antwort ziehen. Bequemer geht's nicht.

Sorgen Sie dafür, dass Ihr Antwort-Automat streikt. Zum Beispiel kommt ein Hilfe-Rufer auf Sie zu und will wissen: »Soll ich das Angebot meines Chefs annehmen – oder besser doch nicht?« Statt mit Ihrer eigenen Meinung zu antworten, könnten Sie sagen: »Horch doch mal in dich hinein – welche Möglichkeit fühlt sich besser an?« So lenken Sie seinen Blick nach innen, damit er seine eigenen Bedürfnisse prüft.

Gut möglich, dass er antwortet: »Ich bin unschlüssig, deshalb brauche ich ja deinen Rat.« Dann machen Sie Ihre Antwort von einer Bedingung abhängig, die seine Eigenkräfte aktiviert: »Okay, ich werde dir antworten – aber erst, wenn du wirklich in dich gegangen bist und mir gesagt hast, in welche Richtung es dich vielleicht ein wenig mehr zieht.«

Dieser Schachzug ist raffiniert, denn Sie dürfen sicher sein: Der Hilfe-Rufer will Ihre Einschätzung hören. Und er wird Ihre Bedingung annehmen – zumal sie bewusst relativierend formuliert ist (»vielleicht ein wenig mehr zieht«).

Wenn er jetzt antwortet: »Ich glaube, der Vorschlag meines Chefs ist mir nicht so richtig sympathisch«, dann sollten Sie einhaken: »Erzähl doch mal, was ihn dir unsympathisch macht.« Und ehe der Hilfe-Rufer sichs versieht, wägt er selbst das Für und Wider ab – bis ihm schließlich einfällt: »Aber du wolltest mir doch deine Meinung sagen!«

In den meisten Fällen reicht es aus, ihn in seiner eigenen Erkenntnis zu bestärken: »Ich habe herausgehört, dass dir der Vorschlag deines Chefs Unbehagen bereitet. Deshalb teile ich deine Einschätzung, dass du ihn besser ablehnen solltest. Oder aber du stellst Bedingungen, die ihn für dich annehmbar machen.«

Sie sind der Spiegel, in dem er seinen eigenen Rat sieht. Das ermutigt ihn, Erkenntnisse öfter in sich selbst zu suchen – statt Fragen in menschliche Antwort-Automaten zu werfen.

MEINE DREI BESTEN TIPPS:

▶ Hüten Sie sich vor Ihrem ersten Reflex, wenn der Hilfe-Rufer Ihnen eine Frage stellt. Eine eigene Antwort spart keine Zeit, sondern ermutigt ihn zu immer neuen Fragen.

▶ Lenken Sie den Blick des Hilfe-Rufers nach innen: Lassen Sie ihn den eigenen Bedürfnissen nachspüren. Vor lauter Außenorientierung übersieht er sie leicht.

▶ Antworten Sie nie, ohne vorher die Einschätzung des Hilfe-Rufers einzuholen – und spiegeln Sie ihm dann seinen eigenen Standpunkt.

Strategie 3: Nutzen Sie Ihre Autorität als Ratgeber, um seine Eigeninitiative zu erhöhen.

So etwas passiert in meiner Beratungspraxis immer wieder: dass Hilfe-Rufer von mir Patentrezepte für ihr eigenes Leben erwarten. Gerade neulich hat mich eine begeisterte Leserin meiner Bücher gefragt: »Ich bin 31 Jahre und in der ersten Führungsebene – soll ich jetzt ein Kind bekommen? Oder raten Sie mir, noch zu warten? Wenn ja, wie viele Jahre genau?«

Wann immer ein Mensch auf Sie zukommt, um wichtige Ratschläge für sein Leben einzuholen, sendet er eine Botschaft: dass Sie für ihn eine Autorität sind. Das ist eine große Chance, denn dieser Status lässt sich nutzen: Geben Sie dem Hilfe-Rufer eine Denkaufgabe, die ihm zu einer eigenen Lösung verhilft.

Dieser Klientin habe ich gesagt: »Wollen Sie den besten Rat hören, den ich in 20 Jahren herausgefunden habe?« Sie nickte, und ich fuhr fort: »Dann antworten Sie bitte selbst auf folgende

Frage. Stellen Sie sich vor, Sie wären mittlerweile 90 Jahre alt, eine glückliche und sehr weise Frau. Und aus dem Abstand all der Jahre schauen Sie auf Ihr Leben zurück, auf Ihr heutiges Beratungsgespräch bei mir. Und Sie hören Ihre Frage nach dem idealen Zeitpunkt für ein Kind. Und weil Sie so alt und so weise sind, wissen Sie die Antwort natürlich selbst. Was, glauben Sie, würden Sie der jüngeren Frau, die Sie heute sind, als sehr lebenserfahrene Frau aus der Zukunft zurufen?«[90]

Damit hatte ich sie zu einer zeitlichen Dissoziierung eingeladen. Meine Klientin stutzte. »Ich kann mir das nicht so richtig vorstellen.« Daraufhin schlug ich ihr vor, unser Gespräch für zwei Minuten zu unterbrechen, in denen sie als alte, weise Frau über die Frage nachdenken könnte.

Ich schaute auf die Uhr, dann schwiegen wir. Eine Minute lang verzog sie angestrengt ihr Gesicht. Kurz darauf meinte ich, eine gewisse Aufhellung zu sehen. Und schließlich, ehe die Zeit vorbei war, ergriff sie das Wort: »Vielleicht hat das nichts zu heißen. Aber wenn ich als alte Frau schaue, scheint mir die Arbeit viel unbedeutender als das Kind. Also würde ich es eventuell jetzt schon bekommen wollen. Wäre das ein Fehler?«

Ich spürte, dass sie noch ein wenig unsicher war und sagte: »Ich glaube, die alte, weise Frau hat Ihnen genau den richtigen Ratschlag gegeben.«

»Sie sind also meiner Meinung?«, fragte sie vorsichtig.

»Ich bin sicher, dass Sie die für sich stimmigste Lösung gefunden haben«, antwortete ich diplomatisch. Und sie war damit sehr zufrieden.

Welche weiteren Fragen eignen sich dazu, einen Hilfe-Rufer aus einer neuen Perspektive auf seine Situation blicken und eigene Lösungen entwickeln zu lassen? Hier drei Vorschläge:

▶ »Mal angenommen, ein großer Experte würde dir einen richtig hilfreichen Tipp geben. Welche Kleinigkeiten könnte dieser Tipp zum Beispiel beinhalten?«

▶ »Mal angenommen, es ginge um gar nichts und du dürftest jetzt ganz spontan ein Gefühl dazu äußern – in welche Richtung würde es tendieren?«

▶ »Mal angenommen, ein Freund würde dir dieselbe Frage stellen wie du jetzt mir, und dir fiele sofort eine Antwort für ihn ein – was würdest du ihm raten?«

All diese Fragen aus dem Coaching regen die Fantasie an und helfen weiter, wenn Ihnen der Hilfe-Rufer eine gewisse Autorität zubilligt.

MEINE DREI BESTEN TIPPS:

▶ Sorgen Sie mit Fragen dafür, dass sich der Hilfe-Rufer mental in eine kompetentere Position versetzt, etwa durch zeitlichen oder räumlichen Abstand zur Gegenwart.

▶ Lassen Sie ihn seine Impulse und Ideen näher ergründen, gern in der Form des Konjunktivs. Über Möglichkeiten spricht er eher als über Tatsachen.

▶ Bestärken Sie seine Intuition, wenn er eine Position bezieht, statt ihn mit eigenen Lösungen zu behelligen.

Frage 4: Was sollte ich vermeiden im Umgang mit einem Hilfe-Rufer?

Einige Verhaltensweisen erschweren den Umgang mit einem Hilfe-Rufer, obwohl sie diesem auf den ersten Blick dienen. In der folgenden Tabelle lernen Sie solche alltäglichen Fallen kennen – und bekommen Alternativen vorgeschlagen.

Unbedingt vermeiden	Möglicher Schaden	Klügeres Verhalten
Ratschläge geben: Sie nehmen ihm Entscheidungen für sein eigenes Leben ab: »Für mich ist klar, was du jetzt tun musst, und zwar …«	Der Hilfe-Rufer fühlt sich von der Verantwortung für sein eigenes Leben befreit. Er verlernt das Entscheiden und folgt Ihnen kopflos.	Stellen Sie ihm Fragen, statt Antworten zu geben, kitzeln Sie eine eigene Einschätzung aus ihm hervor.
Sich bestechen lassen: Der Hilfe-Rufer nimmt Ihnen Arbeiten ab, tut Ihnen Gefallen, umschmeichelt Sie mit Komplimenten – im Gegenzug unterstützen Sie ihn.	Er wird zu noch mehr Unterwürfigkeit Ihnen gegenüber angespornt – woraus er das Recht auf Ihren Rat und Ihre Hilfe ableitet.	Weisen Sie seine Liebesdienste höflich zurück, damit Sie nicht in seine Schuld und damit in einen Teufelskreis geraten.
Scharf kritisieren: Sie geben ihm eine negative Rückmeldung: »Du bist zu naiv an die Sache herangegangen – du hast wieder mal ein paar wesentliche Faktoren übersehen, und zwar …«	Der Hilfe-Rufer fühlt sich noch unzulänglicher, wagt auf eigene Faust nichts mehr und giert noch mehr nach Ihrem Rat.	Verstärken Sie seine Initiativen. Betonen Sie, was gelungen ist – und schlagen Sie vor, was noch besser laufen könnte. Das motiviert ihn zum Handeln.

Unbedingt vermeiden	Möglicher Schaden	Klügeres Verhalten
Ironie: »Das ist jetzt wirklich das größte Problem der Menschheit, ob du deine Chefin vor oder nach dem Mittagessen ansprichst.«	Er fühlt sich mit seiner Frage nicht ernst genommen, seine Unsicherheit wächst. Wie sollte er da eigenen Antworten trauen?	Nehmen Sie auch seine scheinbar lapidaren Anliegen ernst – denn für ihn sind sie das.
Umklammerung dulden: Sie lassen es zu, dass der Hilfe-Rufer Sie vereinnahmt, am Tropf Ihrer Ratschläge hängt, Ihnen auf Schritt und Tritt folgt.	Seine Denk- und Entscheidungsmuskeln schwinden – er sieht alle Kraft bei Ihnen und klammert sich noch fester an Sie.	Ermutigen Sie ihn, dass er in kleinen Schritten selbst entscheidet und eigene Wege einschlägt.
Überfordern: Sie fordern ihn auf, eine große Herausforderung allein zu meistern – und lehnen jede Unterstützung ab: »Jetzt probierst du's mal – mehr als scheitern kannst du nicht.«	Er fühlt sich ins kalte Wasser gestoßen – was oft zu Misserfolgen führt und sein Ego weiter schwinden lässt. Danach beansprucht er Sie noch mehr.	Lassen Sie ihn in kleinen Schritten positive Erfahrungen sammeln, die ihn zu größeren Sprüngen ermutigen.
Trösten: »Es tut mir so leid, dass du jetzt zwischen den Stühlen sitzt und nicht weißt, was du tun sollst.«	Er fühlt sich wie ein Kind, dem über den Kopf gestreichelt wird – nicht wie der Kapitän seines eigenen Lebensbootes.	Fragen Sie ihn, welche erste Kleinigkeit er tun könnte, um seine Situation zu verbessern.

Frage 5: Was kann ich von einem Hilfe-Rufer lernen?

Wie gut Sie mit einem Hilfe-Rufer klarkommen, hat viel mit Ihrer Sicht auf ihn zu tun. Betrachten Sie ihn nur als Ärgernis? Oder sehen Sie die Chance, ein paar Dinge von ihm zu lernen, gerade als Macher? Hier ein paar Anregungen:

Verhalten des Hilfe-Rufers	Positive Sicht auf ihn	Impuls zur eigenen Entwicklung
Er folgt bei wichtigen Entscheidungen der Meinung anderer.	Im Zeitalter der Beratungs-Resistenz und Schaumschlägerei bildet er eine positive Ausnahme. Er weiß, dass er nicht alles weiß, steht unverhohlen zu Wissenslücken – und ist offen für Ratschläge.	Wie bereite ich wichtige Entscheidungen vor? Kenne ich meine Grenzen? Lasse ich mich beraten? Oder geht meine Unabhängigkeit so weit, dass ich öfter mal ein gesundes Korrektiv auslasse?
Er steht gern in der zweiten Reihe, um keine Verantwortung übernehmen zu müssen.	Er ist ein sozialer Mensch, kann sich zurücknehmen und in den Dienst anderer stellen. Kaum jemand ist so loyal wie er.	Wie energisch strebe ich ins Rampenlicht? Kann es sein, dass mein Geltungsdrang zu weit geht? Dass ich anderen die Schau stehle? Wann wäre es klug, mich mehr zurückzunehmen?

Verhalten des Hilfe-Rufers	Positive Sicht auf ihn	Impuls zur eigenen Entwicklung
Er sagt fast immer »Ja«, weil er niemanden gegen sich aufbringen will.	Er ist sensibel und will andere nicht verletzen. Sein Feingefühl erlaubt es ihm, ihre Wünsche früh zu erkennen und sich darauf einzulassen. Seine eigenen Bedürfnisse kann er diszipliniert zurückstellen.	Wie gehe ich mit Wünschen und Bedürfnissen anderer um? Nehme ich sie wichtig? Oder räume ich meinen Wünschen stets Vorfahrt ein? Wann wäre es klug, hier besseren Ausgleich zu schaffen?
Er schätzt seine Bedeutung und seine eigenen Fähigkeiten eher gering ein und sagt das auch.	Er ist ein Muster an Bescheidenheit und beherrscht die Kunst, sich selbst nicht so wichtig zu nehmen. Nie prahlt er, nie übertreibt er, nie läuft er Gefahr, sich selbst zu überschätzen.	Wie wichtig nehme ich mich selbst? Wann wäre es hilfreich, meine eigene Bedeutung zu relativieren? Inwieweit könnte ich dann gelassener mit Herausforderungen und empathischer mit anderen umgehen?

Verhalten des Hilfe-Rufers	Positive Sicht auf ihn	Impuls zur eigenen Entwicklung
Er hält sich an anderen Menschen fest und tut alles, sie sich gewogen zu halten.	Er kann der treuste Freund, Kollege oder Mitarbeiter sein, den man sich wünschen kann. Er tut alles, damit sich andere im Kontakt mit ihm wohlfühlen, dafür stellt er eigene Interessen zurück.	Inwieweit fühle ich mich mit anderen Menschen verbunden? Was tue ich, um diese Bindungen zu stärken? Wann bringe ich Opfer und stelle eigene Interessen zurück? Oder sind viele Kontakte schon versandet, weil ich sie nicht wichtig genug genommen habe?

Übungsfall: »Du bist unselbständig wie ein Kleinkind!«

Anfangs fand Silke (28) es noch süß, dass ihr Freund Gernot (30) sie für alle möglichen Dinge einspannte: bei Behörden anrufen, ein Produkt reklamieren, einen Termin beim Arzt ausmachen. Dann bekam sie spitz, dass solche Angelegenheiten vorher von seiner Mutter für ihn erledigt wurden. Mittlerweile kann sie ihn als Partner kaum noch ernst nehmen, denn sie fühlt sich wie sein Kindermädchen: Sie gibt seine Krankmeldungen in die Firma durch, schreibt Mails für ihn und fällt sämtliche Entscheidungen, sogar beim Einkauf.

Nun plant sie ein klärendes Gespräch, um ihm ganz direkt zu sagen: »Du bist unselbständig wie ein Kleinkind – und das muss sich ändern. Sonst hat unsere Beziehung keine Zukunft.«

ÜBUNG: Angenommen, Silke ist eine gute Freundin von Ihnen. Bei einem gemeinsamen Spaziergang hat sie Ihnen von ihrem Plan erzählt, Gernot zu konfrontieren. Was würden Sie ihr raten? Bitte finden Sie eine Lösung, ehe Sie weiterlesen.

_____

_____

_____

_____

_____

_____

Meine Einschätzung: Die Idee, Gernot zu konfrontieren, finde ich gut. Nur sollte Silke dabei diplomatischer vorgehen und ihm zunächst versichern, dass sie ihn als Menschen schätzt – und es gerade deshalb für wichtig hält, ihm eine aufrichtige Rückmeldung auf sein Verhalten zu geben.

Sie kann schildern, was die Situation mit ihr macht: Welche Gefühle erzeugt Gernots Verhalten in ihr? Wie wirkt sich das auf die Beziehung aus? Kann sie dauerhaft mit einem Partner leben, als dessen Kindermädchen sie sich fühlt? Falls nein: Was erwartet sie von Gernot?

Sie kann ihm zwei Szenarien aufzeigen: Was passiert, wenn es so weitergeht wie bisher? Vermutlich wird sie immer weiter von ihm wegdriften – das will er auf keinen Fall. Und was passiert, wenn er sein Verhalten verändert und selbständiger wird? Dann entsteht wieder mehr Nähe zwischen ihnen – und genau darum geht es ihm; dieser Anreiz wirkt.

Silke sollte formulieren, welche Tätigkeiten und Entscheidungen sie auf mittlere Sicht nicht mehr für ihn übernehmen wird – und mit ihm vereinbaren, wie er *schrittweise* mehr Verantwortung für sein eigenes Leben übernimmt. Durch Zwischenziele lässt sich prüfen, ob er auf dem richtigen Weg ist.

Dann hat Silke nicht nur Kritik geübt – sondern zugleich Anstöße zu einem Verhalten gegeben, von dem beide profitieren werden.

MEINE DREI BESTEN TIPPS:

▶ Versichern Sie dem Hilfe-Rufer, dass Sie ihn für einen wertvollen Menschen halten. Das stärkt seine Selbstsicherheit.

▶ Machen Sie ihm deutlich, dass er Sie durch mehr Eigenständigkeit nicht verliert, wie er fürchtet, sondern gewinnt – zumindest Ihren Respekt. Dieser Gedanke befreit ihn.

▶ Vereinbaren Sie, welche Aufgaben Stück für Stück in seine Verantwortung zurückwandern. Halten Sie die Ziele, aufgeteilt in kleine Zwischenziele, in einem Aktionsplan fest.

Sieben neue Glaubenssätze für Hilfe-Rufer

Rutschen Sie manchmal selbst in die Rolle des Hilfe-Rufers ab? Wenn ja, sollten Sie Ihre Glaubenssätze überprüfen. Schauen Sie erst die Sätze in der linken Spalte durch – und dann die Alternativen in der rechten. Welche sind für Ihr Glück und Ihren Erfolg hilfreicher? Wenn Sie mögen: Füllen Sie jeden der sieben neuen Glaubenssätze an einem Tag der nächsten Woche mit Leben – und achten Sie darauf, was sich verändert.

Alter Glaubenssatz	Neuer Glaubenssatz
Die Welt ist gefährlich, ich muss mich in Acht nehmen.	Die Welt meint es gut mit mir, sie glaubt an mich, wenn ich es selbst tue.
Ich bin hilflos.	Ich bin klug und erfahren genug, um mir selbst zu helfen.
Ich brauche Unterstützung von Stärkeren.	Ich bin selber stark, wenn ich den Mut habe, meine Kompetenzen zu nutzen.
Wenn ich entscheide, kann ich furchtbare Fehler begehen.	Jede Entscheidung bringt mich vorwärts, falsche genauso wie richtige.
Ich muss anderen sagen, wie toll sie sind, damit sie mich respektieren.	Wenn ich ehrlich meine Meinung sage, bringt mir das den meisten Respekt ein.
Ich muss zurückstecken, damit ich nicht egoistisch wirke.	Ich habe das Recht, meine Bedürfnisse genauso wichtig zu nehmen wie die anderer.
Die beste Orientierung im Leben bieten mir andere.	Der beste Kompass im Leben ist mein eigenes Herz – es kennt immer die für mich richtige Richtung.

STECKBRIEF: DER HILFE-RUFER

Drei Eigenschaften, die ihn kennzeichnen:

► Er hört in allen Lebenslagen auf andere.

► Er ordnet sich bereitwillig unter und passt seine Meinung an.

► Er klammert sich häufig an Mitmenschen, um nicht allein dazustehen.

Drei Wörter, die er gern verwendet:

► »Du« – weil er kaum von sich, aber viel von anderen spricht.

► »Richtig?« – weil er sichergehen will, dass er keinen Fehler begeht.

► »Frage« – weil er sie dauernd anderen stellt.

Drei Sätze anderer, die ihn aufregen:

► »Sag ganz offen deine Meinung.« (*Überforderung*)

► »Ich gehe jetzt.« (*Verlassen-werden*)

► »Weißt du zufällig ...« (*Prüfungs-Situation*)

Drei Verhaltensweisen, die ihm entgegenkommen:

► Stärken Sie seine Eigeninitiative, indem Sie ihm Sicherheit vermitteln.

► Loben Sie ihn für jeden Ansatz von Meinung und Aktivität.

► Lassen Sie ihn eigene Lösungen vorstellen, ehe Sie auf seine Fragen antworten.

Drei Wege, ihn konstruktiv zu kritisieren:

► Machen Sie deutlich, dass Sie nur die Sache meinen, nicht ihn als Menschen.

► Wecken Sie sein Bewusstsein dafür, wie er auf andere wirkt.

► Laden Sie ihn ein, Fehler zu machen – das nimmt ihm die Angst vorm Handeln.

6. Der Trotzkopf:

»Mach mir keine Vorschriften!«
(Passiv-aggressive Persönlichkeit)

Bitte lesen Sie die folgenden 15 Aussagen durch. Fällt Ihnen ein Mensch ein, auf den einiges davon zutrifft? Kreuzen Sie jeweils ein »Ja« an. Die Auswertung enthüllt, ob Sie es mit einem Trotzkopf zu tun haben – und wenn ja, wie ausgeprägt.

Typen-Test: Kennen Sie einen Trotzkopf?

1. Er sieht andere Menschen kritisch, aber sagt es ihnen nicht ins Gesicht.	**Ja**	**Nein**
2. Er reagiert höchst empfindlich auf jede Art von Autorität.	**Ja**	**Nein**
3. Er neigt zu Sticheleien, statt offen zu sprechen.	**Ja**	**Nein**
4. Er ist schnell eingeschnappt.	**Ja**	**Nein**
5. Er ist auf seine Vorgesetzten in der Regel schlecht zu sprechen.	**Ja**	**Nein**
6. Er schimpft gern auf Gesetze oder Vorschriften, die ihn einschränken.	**Ja**	**Nein**

7. Er stimmt Vereinbarungen zu, aber blockiert sie dann doch.	**Ja**	**Nein**
8. Er fühlt sich oft benachteiligt und ist neidisch auf andere.	**Ja**	**Nein**
9. Seinen Widerstand leistet er subtil, etwa durch langsames Arbeiten.	**Ja**	**Nein**
10. Wenn ihm Termine nicht gefallen, »vergisst« er sie schon mal.	**Ja**	**Nein**
11. Seine scheinbar freundlichen Äußerungen enthalten oft Seitenhiebe.	**Ja**	**Nein**
12. Er tut häufig das Gegenteil von dem, was andere von ihm fordern.	**Ja**	**Nein**
13. Er lässt andere seine schlechte Laune spüren, aber streitet sie doch ab.	**Ja**	**Nein**
14. Er fühlt sich oft verletzt und zahlt es anderen unauffällig heim.	**Ja**	**Nein**
15. Er lästert viel über Menschen, die mehr als er zu sagen haben.	**Ja**	**Nein**
Wie oft haben Sie mit »Ja« geantwortet? Bitte zählen Sie das Ergebnis zusammen, ehe Sie die Auswertung lesen.		
Ergebnis: ـــــــ x Ja		

Auswertung: Der dreifache Trotzkopf

Wie ausgeprägt ist die Trotzköpfigkeit des Menschen, an den Sie gedacht haben? Hier bekommen Sie eine erste Einschätzung:

5–7 Punkte: Leichter Trotzkopf	8–11 Punkte: Mittlerer Trotzkopf	12–15 Punkte: Passiv-aggressive Persönlichkeit
Nur manchmal wirkt er pubertär, schmollt und grollt, lässt sich ungern etwas sagen. Doch in der Regel handelt er deutlich rationaler. *Resümee:* Sein Trotz ist erträglich. Mit sanfter Hand lässt er sich in die konstruktive Richtung lenken.	Sein Umgang mit anderen ist geprägt von Zähneknirschen: Er reißt sich zusammen, wenn die Pflicht ruft. Dabei entsteht innerer Druck, den er indirekt ablässt – durch destruktives Verhalten. *Resümee:* Seine heimliche Verweigerung nervt. Nur wer Offenheit einfordert und vorlebt, kommt mit ihm klar.	Er ist ein Heckenschütze: Kritik und Lästerei schießt er stets aus der Ferne ab. Fast alles, was andere von ihm wollen, blockiert er heimlich – denn niemand hat ihm etwas zu sagen. *Resümee:* Sein Trotz ist übermäßig groß und kann auf eine passiv-aggressive Persönlichkeitsstörung hinweisen.

Erlebnis mit einem Trotzkopf

»Sie sprach mit gespaltener Zunge.«

Die Abteilungsleiterin Sabine (39) erzählt über ihre Mitarbeiterin Franka Kramer (53):

Als ich meine Abteilung übernahm, war Franka Kramer dort schon über ein Jahrzehnt als Einkäuferin tätig. In den ersten Wochen hatte ich das Gefühl, sie schätzte mich und teilte meine Standpunkte. Sie lächelte oft, wenn sie mich sah, und nickte, wenn ich eine Meinung äußerte. Oft fühlte ich mich von ihr bestärkt durch Sätze wie: »So kann man das sehen« oder »Ein paar Punkte sprechen für deine Entscheidung.« Doch wenn es darum ging, mich bei der Umsetzung zu unterstützen, blieben ihre Ergebnisse oft aus.

Eines Tages saß ich auf der Toilette, als Franka den Vorraum mit ihrer Kollegin Christine betrat. Sie unterhielten sich, ohne zu ahnen, dass ich mithörte. Plötzlich lenkte Franka das Gespräch auf mich: »Ich finde, Sabine überschätzt sich völlig. Hast du ihr mal zugehört, wie sie in Preisverhandlungen herumeiert? Da merkt man, wie unerfahren sie ist.«

Mir stockte der Atem. Sollte ich mich räuspern? Doch sie lästerte bereits weiter: »Ihre Terminvorgaben sind Wunschdenken. Aber bei mir läuft sie da auf Grundeis.«

»Wie meinst du das?«, fragte Christine.

»Ich sorge dafür, dass die Dinge etwas länger dauern. Mal steht ein Lieferant auf dem Schlauch. Mal bleibt eine Antwort auf ein Angebot aus. Mal streikt ein Computerprogramm.«

»Du verzögerst deine Arbeiten künstlich?«

»Das hat du jetzt gesagt.«

Seit diesem Tag nahm ich ihr Verhalten anders wahr. In Teamrunden roch ich ihre Kritik hinter diplomatischen Sätzen wie: »Man kann sich auch fragen, ob der Termin nicht zu eng ist.« Und wenn ihr ein Auftrag gegen den Strich ging, tauchten stets Hindernisse auf. Einmal wurde sie kurz vor einer unerwünschten Preisverhandlung krank. Dann schlugen die Computerviren zu. Und schließlich verschwitzte sie einen wichtigen Termin.

Ihre Sabotageakte untergruben meine Autorität. Ich bat sie zu einem Gespräch. Ohne Umschweife sagte ich: »Ich habe den Eindruck, dass du mich nicht respektierst, weder meine Person noch meine Anweisungen.«

Sie wandte den Blick ab und schaute zum Fenster raus. Nach einiger Zeit sagte sie: »Wie kommst du nur darauf?« Das klang, als wäre es die absurdeste Vorstellung der Welt.

»Weil ich sehe, wie meine Aufträge an dich versanden.«

Sie begann, an ihrer Halskette die Perlen zu verschieben. »Wer nur ein bisschen Menschenkenntnis hat, weiß ganz genau, dass ich ein loyaler Mensch bin.«

»Warum bist du sauer auf mich?«

»Ich bin nicht sauer auf dich. Warum sollte ich? Ich verstehe überhaupt nicht, wie man auf so was kommen kann.«

»Wirklich nicht? Neulich habe ich zufällig ein Gespräch auf der Toilette gehört, zwischen dir und Christine.«

Ich sah, wie sich ihre Hand zur Faust ballte und ihre Lippen zu einem schmalen Strich schrumpften. Sie presste ein Lachen heraus. »Man kann auch Dinge ernst nehmen, die gar nicht ernst gemeint sind. Ich war schlecht drauf. Mit dir hatte das eigentlich wenig zu tun.«

»Du hast angedeutet, dass du Projekte künstlich verschleppst.«

»Wozu geht man auf die Toilette? Um Worte auf die Gold-waage zu legen?« Es gelang mir einfach nicht, sie festzunageln.

Nach diesem Gespräch setzte sie ihre Nadelstiche fort. Zum Beispiel sagte sie nach einer Anweisung von mir: »Wenn du das wirklich für eine gute Idee hältst, dann mach es.« Derweil zog sie eine Grimasse.

Ein Kollege trug mir zu, dass sie mich in der Raucherecke heimlich »das Küken« nannte – dabei war ich schon Ende 30. Und alle Angebote, die sie mir zu Kontrolle vorlegte, enthielten winzige Fehler, die mich zu Korrekturen zwangen: Das Datum stimmte nicht, ein Herr »Meier« war mit »y« geschrieben, ein Rechnungsbetrag war um ein paar Cent falsch.

Ich beschloss, sie erneut zur Rede zu stellen. Diesmal drohte ich ihr eine Abmahnung an, sollte sie mich weiter durch den Ka-kao ziehen oder mit Fehlern provozieren.

Am nächsten Tag flatterte ihre Krankmeldung auf meinen Tisch. Zwei Wochen lang fiel sie aus. Fortan verzichtete ich auf solche Kritikgespräche, denn ich brauchte ihre Arbeitskraft und konnte mir keine weiteren Ausfälle leisten.

Sieben Erkenntnisse über Trotzköpfe

Welche klassischen Eigenschaften von Trotzköpfen deuten sich in diesem Erlebnis an? Hier sieben Punkte, die den Umgang mit ihnen erschweren:

1. Die Kritik der Trotzköpfe gleicht einem Giftpfeil – sie bleibt fast unbemerkt.

Offene Aggression birgt Risiken. Wer mit lautem Knall schießt, muss damit rechnen, dass zurückgeschossen wird. Deshalb ziehen Trotzköpfe den Giftpfeil der passiven Aggression vor: Ihr feindlicher Akt passiert fast unhörbar. Der Pfeil ist winzig. Bis das Gift wirkt, sind sie als Schützen kaum mehr erkennbar.

Wenn Franka zu ihrer Chefin sagt, dass man es »so sehen kann«, heißt das natürlich: Sie sieht es anders. Wenn sie sagt, einige Punkte sprächen »für diese Entscheidung«, meint sie heimlich: Noch mehr Punkte sprechen dagegen. Und statt »blöde Idee« sagt sie: »Wenn du das wirklich für eine gute Idee hältst.«

2. Trotzköpfe lästern und spotten hinter dem Rücken des »Gegners«.

Trotzköpfe sind oft unzufrieden und fühlen sich zurückgesetzt, ihr innerer Kessel brodelt. Wohin mit dem Druck? Subtile Andeutungen bauen einen Teil davon ab. Den Rest lassen sie dort ab, wo kein Gegenangriff, sondern Zustimmung zu erwarten ist: beim Lästern. Sie ätzen und spotten, sprühen Gift und Galle.

Franka Kramer greift ihre Chefin nur an, wenn die es (anscheinend) nicht hören kann: auf der Toilette oder in der Raucherecke. Ihr Mut wächst, wenn die Chefin weit entfernt ist. Und ihr Mut schwindet, wenn sie ihr gegenübersteht.

3. Sie entziehen sich offenen Auseinandersetzungen.

Im Western würden sich Trotzköpfe nie zum Duell herausfordern lassen, sondern dem Gegner immer ihren Rücken zudrehen, damit es nicht zum Schusswechsel kommt. Oder sie würden den Saloon fegen, um sich auch körperlich der Situation zu entziehen.

Franka Kramer streitet einen Konflikt ab. Sie deutet an, ihre Chefin eben doch zu respektieren und eine loyale Mitarbeiterin zu sein. Gleichzeitig entzieht sie sich dem Gespräch, starrt aus dem Fenster und spielt mit ihrer Perlenkette. Doch sogar aus ihrem Vermeidungs-Vokabular schimmert noch Aggression durch: »Mit dir hatte das eigentlich wenig zu tun.« »Eigentlich« meint: eben doch. Und »wenig« ist mehr als nichts.

4. Sie üben Macht durch (kleine) Sabotageakte aus.

Wer Trotzköpfe zwingt, auch mal den Abwasch zu machen, erzielt scheinbar einen Sieg: Des lieben Friedens willen greifen sie zur Abwaschbürste. Doch ein Blick aufs gespülte Geschirr bringt die Ernüchterung: Jeder zweite Teller muss nachgespült werden. Oder ein wertvolles Glas zerbricht. Solche Sabotageakte, scheinbar aus Versehen, sind typisch für sie.

Zwar setzt Franka die Anweisungen ihrer Chefin um. Aber durch kleine Fehler in Angeboten rächt sie sich: Die Chefin muss nacharbeiten. Der finale Racheakt ist ihre Krankschreibung nach dem zweiten Gespräch.

5. Trotzköpfe haben einen vergifteten Humor.

»Du hast einen schlechten Lösungsweg gewählt«: Wer das sagt, muss mit Gegenwind rechnen – und damit, dass er seine Behauptung belegen soll. Vergifteter Humor birgt weniger Risiken: »Ein Genie hätte vielleicht einen anderen Lösungsweg gewählt.« Wenn der Kollege jetzt verstimmt reagiert, kann ihm der Trotzkopf mangelnden Humor vorwerfen. Und die Begründung schuldig bleiben.

Franka Kramer flüchtet sich in solchen Humor, als sie des Lästerns überführt ist: »Wozu geht man auf die Toilette? Um Worte auf die Goldwaage zu legen?« Damit weicht sie der Auseinandersetzung aus und tut so, als ob der Ort den Vorgang besser mache.

6. Sie flüchten sich oft in »man«-Aussagen.

Wenn Trotzköpfe Kritik üben, dann durch die Blume. Gern verwenden sie »man«- oder Passiv-Formulierungen, damit offenbleibt, wessen Meinung sie wiedergeben und wen sie angreifen. Ihre Botschaften in mündlichen Gesprächen senden sie wie andere Menschen anonyme Briefe – mit dem geringstmöglichen Risiko.

Franka Kramer sagt zu ihrer Chefin: »Man kann auch Dinge ernst nehmen, die gar nicht ernst gemeint sind.« So bleiben die Angriffe zu vage für einen Gegenschlag. Und bei anderer Gelegenheit sagt sie nicht: »Ich finde den Termin unrealistisch« – sondern: »Man kann sich auch fragen, ob der Termin nicht zu eng ist.«

7. Ihre Körpersprache weicht vom Gesagten ab.

Körpersprache lässt sich nicht protokollieren. Wer das Gesicht verzieht, mit den Augen rollt oder den Blickkontakt unterbricht, kann das später abstreiten. Zumal sich Gestik und Mimik dem freien Willen entziehen. Freundliche Worte können Trotzköpfe sich zurechtlegen. Aber unter dem Lack schimmert die Grundfarbe ihrer Haltung per Körpersprache durch.

Als Franka Kramer von ihrer Chefin zur Rede gestellt wird, ballt sich ihre Hand zur Faust und ihre Lippen werden schmal wie ein Strich. Doch gleichzeitig presst sie ein Lachen heraus und streitet alles ab. Meist lügen die Worte, und der Körper sagt die Wahrheit.

Psychologie des Trotzkopfs: So tickt er!

»Räumen Sie Ihre Stube bis zum Abend auf!«, befahl der Offizier. Der Rekrut stand stramm und bestätigte den Befehl. Am Abend kam der Offizier wieder, um die Arbeit abzunehmen. Doch der Soldat hatte mit dem Aufräumen noch nicht begonnen – leider sei etwas Wichtiges dazwischengekommen. Oder er hatte beim Aufräumen einen Teil des Raumes »vergessen«. Oder seinen Spind »versehentlich« beschädigt.

Dass sich Soldaten ihren Kommandos entzogen, ohne dass ihnen eine Absicht nachzuweisen war, solche Vorfälle häuften sich in den 1940er Jahren in der US-Armee. Die ratlosen Vorgesetzten zogen Psychologen hinzu. Und die entdeckten ein System hinter diesem Agieren, das 1949 benannt wurde: passiv-aggressives Verhalten.[91]

Während ein Perfektionist pausenlos denkt, »Ich muss dies tun«, denkt der Trotzkopf: »Ich sollte dies nicht müssen!« Oft fühlt er sich willkürlichen Normen unterworfen und von anderen herumkommandiert, ärgert sich über Autoritätspersonen. Aber während ein aggressiver Mensch seinem Ärger Luft macht, wehrt sich der Trotzkopf nur indirekt. Er bevorzugt »kalte Konflikte«, also solche, die er nicht mal auf Nachfrage zugeben muss.[92]

Er widerspricht, ohne offiziell zu widersprechen. Er meidet klare Worte und flüchtet sich in Andeutungen: schmollt, wird wortkarg, rollt mit den Augen, zieht sich zurück, verzögert Aufgaben und begeht absichtlich Fehler. Oder er schaut während eines Gespräches, das ihm nicht passt, mehrfach auf sein Handy.[93] Dieser Widerstand ist subtil genug, um keinen Anlass für Racheschläge zu liefern.

Offene Auseinandersetzungen empfindet er als Katastrophen, die seine Beziehungen zerstören und sein Ansehen ruinieren können. Er ruft nicht laut in den Wald hinein, um kein lautes Echo, keinen Gegenangriff zu riskieren.

Wie entsteht passive Aggression? Zum Beispiel durch das Vorbild der Eltern.[94] So registriert ein Kind, dass Papa oft Kopfschmerzen bekommt, wenn die autoritäre Mama etwas von ihm will. Oder dass er, wenn ein Ausflug gegen seinen Willen ansteht, die Autoschlüssel mal wieder nicht findet und die Abfahrt so lange hinauszögert, bis die Unternehmung abgeblasen wird. Kinder sind Seismographen, sie haben ein feines Gespür für solche Muster. Und sie sind in der Lage, diese auf sich zu übertragen.

Der zweite Weg in die Trotzköpfigkeit: Das Kind fühlt sich von den Eltern nicht ernst genommen. Es brüllt vor Wut, aber hört als Antwort, alles sei doch halb so wild. Es fühlt sich mit seinen Gefühlen abgewiesen, eine emotionale Demütigung. Also verkapselt der Mensch seine Gefühle, um nicht enttäuscht zu werden, deutet sie nur noch an.[95]

Ein dritter Weg in die passive Aggression: Das Kind erfährt eine strenge Erziehung, sein Wille wird oft gebrochen, die Eltern erteilen Befehl auf Befehl. Zum Beispiel wird ein Mädchen gezwungen, einen Teller mit Spinat leerzuessen, sonst setzt es Schläge. Also würgt es den Spinat hinunter – aber übergibt sich gleich danach. Womit der Spinat erst mal vom Speiseplan verschwindet. Passiver Widerstand.

Das Kind lernt, dass offene Bekenntnisse gefährlich sind, darum flüchtet es in Andeutungen, auch bei seinen Wünschen. Es sagt nicht: »Ich brauche einen Schulranzen«, sondern: »Lisa von nebenan hat einen neuen Schulranzen bekommen.« Es hofft, dass seine heimliche Botschaft entschlüsselt wird. Wer nichts zu melden hat, meldet sich indirekt. Angedeutete Wünsche sollen vor Zorn und Bestrafung schützen.

Der erwachsene Trotzkopf verhält sich nach demselben Muster: Seine Wünsche und Forderungen sind keine Jumbos, die auf dem Radar der anderen auftauchen und abgeschossen werden können. Vielmehr flattern sie als kleine, scheue Vögel auf, nur für geübte Augen zu sehen und nicht angreifbar. Das gilt auch für seine Kritik.

Der Trotzkopf meidet offenen Streit, weil er fürchtet, ihn zu verlieren. Und obwohl er Autoritäten hasst, fühlt er sich von ihnen abhängig und will sie sich gewogen halten. Sein Weltbild ist oft negativ, seine sozialen und beruflichen Fähigkeiten können eingeschränkt sein, weil er sich den Leistungsanforderungen systematisch entzieht.[96] Sein Motto lautet: »Ich tue nur, was ich will: Niemand hat mir etwas vorzuschreiben.«

Heimlich rebelliert er gegen alle, die Macht über ihn haben. Wenn ihn eine Behörde freundlich erinnert, er müsse einen neuen Personalausweis beantragen, schaltet er auf stur. Wenn seine Chefin ihn bittet, ein neues Projekt zu übernehmen, zögert er die Sache hinaus. Und wenn ihm ein Freund eine Konzertkarte einfach mitkauft, sagt er mit fadenscheinigen Argumenten ab.

Klärende Gespräche mit ihm sind schwierig. Wer einen Trotzkopf dazu einlädt, Farbe zu bekennen, sitzt einem wortkargen Gesprächspartner gegenüber, der behauptet, alles sei in bester Ordnung – aber derweil ein schmerzverzerrtes Gesicht zieht.

Der kleine Übersetzer: Trotzkopf – Deutsch

Trotzköpfe sind Meister der indirekten Botschaften. Aber was genau wollen sie mit ihren Spitzen sagen? Hier bekommen Sie eine kleine Übersetzungshilfe:

Trotzkopf	Deutsch
Jemand hat die Zahnpastatube wieder nicht verschlossen.	Du warst es! Was fällt dir ein, meine heilige Ordnung so zu stören!
Der Betriebsausflug fällt ja mitten in die Herbstferien.	Die Firma hat kein Recht, mich zu solchen Reisen zu zwingen – wetten, dass ich vorher krank werde.
Wenn sich kein Freiwilliger findet, mache ich es mal wieder.	Alle Drecksarbeit bleibt an mir hängen – das schmiere ich euch noch lang aufs Brot!
Ich sage jetzt besser gar nichts mehr.	Du hättest es verdient, dass ich dich beschimpfe, aber das ist mir zu riskant – sonst schimpfst du zurück.
Mein Zahnarzt will mich dazu nötigen, dass ich schon wieder einen Termin vereinbare.	Ich habe einen freundlichen Erinnerungsbrief bekommen, verstehe ihn aber als Übergriff.
Doch, doch, mit mir ist alles okay.	Du musst schon selber draufkommen, womit du meine schlechte Laune verursacht hast.

Trotzkopf	Deutsch
Ich finde deine Leistung für einen Einsteiger richtig gut.	Vergiss nicht, dass du noch grün hinter den Ohren bist – und noch lange nicht auf meinem Niveau.
Wenn du das für einen guten Ansatz hältst, machen wir es so.	Deine Idee ist bescheuert – und ich nehme dich in Haftung, wenn es schiefgeht.
Schon in Ordnung, Schatz, dass du die Dienstreise antrittst – du liebst deinen Job.	Merkst du nicht, wie du mich vernachlässigst? Du nimmst deinen Job wichtiger als mich.
Gratulation zu deiner Beförderung. Der Chef kennt dich ja schon eine Ewigkeit und weiß, was er da tut.	Du bist nicht für Leistung, sondern nur durch Vitamin B befördert worden. Sonst wäre ich am Zug gewesen.

Der Trotzkopf in vier Lebensräumen

Am Arbeitsplatz:

Der Trotzkopf befindet sich grundsätzlich in der Opposition, aber nicht offen. Allen, die über ihn das Sagen haben, sagt er Schlechtes nach – hinterm Rücken. Gern stachelt er Kollegen auf, lästert, motzt und verbreitet schlechte Stimmung. Wenn ihm eine Aufgabe missfällt, wehrt er sich indirekt: Fängt sie an, ohne sie zu beenden, arbeitet schlampig oder provoziert Misserfolge. Oft hält er sich für völlig unterschätzt – warum erkennt hier eigentlich keiner sein Potenzial?

Andererseits: Er denkt mit, statt nur auszuführen. Sein kritisches Auge erkennt Schwachpunkte. Wenn es gelingt, ihn konstruktiv einzubinden, gibt er wichtige Impulse.

In der Familie:

Der Trotzkopf braucht nahe Menschen, weil sie ihn stützen. Zugleich fürchtet er die Nähe, sobald sie mit Verpflichtungen einhergeht. Was er soll, will er nicht mehr. Beispiel: Wenn seine alten Eltern ihn auffordern, sie einmal ins Theater auszuführen, sagt er zwar zu – kümmert sich aber so spät um die Karten, dass garantiert keine mehr zu kriegen sind.

Und wer es doch schafft, ihm eine Verpflichtung aufzubürden, etwa den Besuch eines Elternabends, kann böse überrascht werden: Vielleicht ist er vor Ort, aber hat sich leider, leider in der Uhrzeit vertan – schon alles vorbei. Oder er fängt einen Streit mit einer Lehrerin an – um ganz sicher zu sein, nie mehr zu ähnlichen Anlässen geschickt zu werden.

Andererseits: Gut möglich, dass er aus *eigener* Initiative mehr für seine Familie tut, als die es erwartet. Solange er keinen Zwang verspürt, kann er sehr umgänglich und sozial sein.

In der Partnerschaft:

Konflikte lassen sich mit einem Trotzkopf kaum austragen. Er schluckt runter, was ihm nicht passt, bis es ihm durch destruktives Verhalten wieder aufstößt. Mit Vorliebe schürt er ein schlechtes Gewissen: »Ich versteh schon, dass du diese Dienstreise antrittst. Der Job ist dir halt wirklich wichtig.« Will heißen: »Ich offenbar nicht!«

Und alles, was der geliebte Mensch von ihm will, wird ihm dadurch fast unmöglich. Vielleicht wollte er ihr einen Heiratsantrag machen. Aber sobald sie das Thema anspricht, schiebt er es auf die lange Bank. Unter der Oberfläche scheinbarer Harmonie lodern zahlreiche Schwelbrände, angefacht durch nicht ausgetragene Konflikte.

Andererseits: Wenn er sich vollkommen geliebt fühlt, kann es passieren, dass er seine Bedürfnisse deutlicher artikuliert – und sich auch auf die seines Gegenübers mehr einlässt.

Im Internet:

Die digitale Welt ist ideal für den Trotzkopf: Hier kann er Kritik und Spott anonym abschießen, ohne gefährliches Gegenfeuer zu fürchten. Am liebsten nimmt er Autoritäten mit Zynismus ins Visier: ob Staat oder Firma, Kanzlerin oder Bundespräsident. So schreibt er bei einem Bewertungsportal über seinen Arbeitgeber: »Wer sich das Leben nehmen will, hat zwei Möglichkeiten: den Strick – oder diese Firma.« Gut möglich, dass er seinem Chef namentlich eins auswischt. Und mit Vorliebe raunt er Verschwörungstheorien: »Dieser angeblich neutrale Artikel liest sich wie von der Pressestelle des Kanzleramtes. Warum wohl?«

Andererseits: Wenn tatsächlich etwas bei Autoritäten faul ist, gehört er zu den Ersten, die es wittern und aufdecken – denn er hört das Gras wachsen.

Die fünf Schlüssel zum Trotzkopf

Wie schaffen Sie es, einen Trotzkopf aus seiner Verweigerungshaltung zu holen? Wie kann es gelingen, seine destruktive Energie in Tatkraft zu verwandeln? Mit welcher Haltung ermutigen Sie ihn, aus der Deckung zu kommen und offener zu agieren?

Und was können Sie von ihm lernen? Diese fünf Antworten geben Ihnen eine konkrete Anleitung:

Frage 1: Was sagt es über mich aus, wenn ich auf einen Trotzkopf allergisch reagiere?

Wenn Sie ein Mensch sind, der ein offenes Wort und konstruktives Verhalten schätzt, dann ist Ihnen der Trotzkopf ein Dorn im Auge. Nun können Sie sich zwischen zwei Haltungen entscheiden:

Ungünstige innere Haltung:

Er tut freundlich, wenn er mir in die Augen schaut, aber ist eine Schlange, wenn er hinter meinem Rücken lästert – das regt mich tierisch auf. Seine ewigen Sticheleien und Andeutungen vergiften unsere Gespräche. Und nie ist er da, wenn ich seine Unterstützung einfordere – immer kommt er mit Ausflüchten. Am liebsten würde ich ihm sagen: »Du bist keine 14 mehr. Komm raus aus der Pubertät, werd erwachsen und übernimm Verantwortung!«

Günstige innere Haltung:

Was für ein sensibler Mensch! Harmonie ist ihm so wichtig, dass er seine Bedürfnisse zurückstellt, um die Beziehung zu mir und anderen nicht zu beeinträchtigen. Er hat Angst, bei offenen Konflikten verletzt zu werden, fühlt sich offenbar klein und unterlegen. Wenn er stichelt, andeutet oder sich bockig verhält, ist das sein seelisches Ventil: So baut er Druck ab – er will mich nicht vor den Kopf stoßen, sondern sanft auf seine heimlichen Wünsche und Bedürfnisse hinweisen.

Frage 2: Wie verändere ich das Verhalten eines Trotzkopfs?

Der Trotzkopf sucht Frieden, doch sein Verhalten erzeugt Streit und Spannung – es sei denn, Sie holen ihn raus aus der gefühlten Opposition. Der Trick ist einfach: Tun Sie alles, um Zwang zu vermeiden und seine Eigeninitiative zu fördern. Lassen Sie ihm möglichst große Spielräume. Er muss das Gefühl haben, dass er über sich selbst bestimmt, statt dass über ihn bestimmt wird; denn Druck würde heimlichen Gegendruck, also Trotz, provozieren.

Der Jurist Gregor Steigert (48) hat eine Karriereberatung gebucht, um seine Beförderung in einer Immobilienfirma einzuleiten. Im Gespräch lässt er ein paar kritische Andeutungen über die Positionierung des Unternehmens fallen.

Am Ende des ersten Termins fasse ich seine Vorsätze zusammen: »Also, bis zum nächsten Termin werden Sie eine Leistungsmappe anlegen, das Gespräch mit Ihrem direkten Chef suchen und gleichzeitig die Stellenanzeigen sondieren.« Ich sehe, wie seine Gesichtszüge entgleisen. Sein Nicken sieht wie ein Kopfschütteln aus.

Beim nächsten Termin erzählt er mir, leider habe er nichts umsetzen können: keine Zeit für die Leistungsmappe, kein Termin frei beim Chef, und relevante Stellenanzeigen seien nicht erschienen. Ich spüre, dass er sich meinem vermeintlichen Druck verweigert hat – offenbar habe ich es mit einem Trotzkopf zu tun.

Deshalb gebe ich ihm am Ende der Beratung keinen Auftrag mehr, sondern formuliere das Angestrebte möglichst unverbindlich – und nehme ihn selbst in die Verantwortung. Die folgenden drei Schritte eignen sich immer, wenn Sie etwas von einem Trotzkopf wollen:

▶ *Schritt 1, Druck aus der Situation nehmen:* »Nun haben Sie ein paar Vorsätze in unserem Gespräch gefasst. Vielleicht sind einige dabei, die Sie gar nicht umsetzen wollen – weil sie Ihnen nicht wichtig genug erscheinen, weil die Zeit fehlt oder aus anderen Gründen.«

▶ *Schritt 2, Entscheidungsfreiheit betonen:* »Das finde ich völlig in Ordnung, denn es ist allein Ihre Entscheidung. Vielleicht sind aber auch Vorsätze dabei, von denen Sie sagen: ›Das will ich gern bis zum nächsten Termin umsetzen.‹«

▶ *Schritt 3, Ziel sanft im Konjunktiv formulieren und unterstreichen, dass er sein eigener Chef ist:* »Dann fände ich es toll, wenn Sie jetzt als Ihr eigener Chef festlegen würden: Was wollen Sie bis wann unternehmen?«

Das kleine Wunder geschah: Derselbe Klient, der sich beim ersten Mal allen Vorsätzen verweigert hatte, setzte sich beim zweiten Termin sogar vier Ziele – bei unserem nächsten Termin hatte er alle erreicht, eines sogar übertroffen: Er legte gleich zwei Leistungsmappen zur Auswahl vor.

Worin bestand der Unterschied? Beim ersten Mal hatte er meine Zusammenfassung der Ziele als Befehl empfunden – und sich verweigert. Beim zweiten Mal hatte ich ihm klargemacht: Die Entscheidung lag allein beim ihm, ohne Druck und Vorgaben. Er durfte alles, aber musste nichts. Das hat ihn zum Handeln motiviert.

Je enger Sie die Leine anziehen, desto mehr flüchtet ein Trotzkopf aus der Verantwortung; und je weiter Sie die Leine lassen, desto mehr nimmt er sie *freiwillig* an.

> ## MEINE DREI BESTEN TIPPS:
>
> ▶ Betonen Sie, dass der Trotzkopf etwas *nicht* tun muss, sondern auch lassen kann – das erhöht die Chance, dass er handelt.
>
> ▶ Lassen Sie ihm möglichst viel Entscheidungsspielraum. Je mehr er mitgestalten und sich einbringen kann, desto geringer sein Widerstand.
>
> ▶ Formulieren Sie keine Appelle (»Du musst ...«), sondern tastende Konjunktive: »Überleg doch mal, inwieweit du (...) willst.« Vorschläge aktivieren ihn.

Frage 3: Welches sind die besten Strategien im Umgang mit einem Trotzkopf?

Wie gelingt es Ihnen, mit einem Trotzkopf klarzukommen und seine heimlichen Widerstände in konstruktive Bahnen zu lenken? Die folgenden Impulse helfen Ihnen dabei.

Strategie 1: Hören Sie ganz genau hin – und ermuntern Sie ihn, seine Andeutungen zu vertiefen.

Oft lässt sich trotziges Verhalten bei Kindern beobachten. Erst ruft das Kind noch: »Schau mal!« Aber niemand aus der Runde der Erwachsenen reagiert, also greift es zu drastischeren Maßnahmen: macht Radau, stößt ein Glas um oder verschluckt scheinbar einen Legoklotz. Die Dramatik des Verhaltens steigert sich – bis es bekommt, was es will.

Ähnlich funktioniert ein erwachsener Trotzkopf: Erst sendet er feine Signale. Und wenn niemand reagiert, wird er immer bockiger. Nehmen Sie Franka Kramer. Schon in den ersten Gesprächen mit ihrer Chefin sagt sie: »So kann man das sehen«, »Ein paar Punkte sprechen für deine Entscheidung.«

Aber was tut ihre Chefin? Sie wertet diese Sätze als Zustimmung, statt zwischen den Zeilen zu hören. Das hätte aber Erfolg versprochen, zum Beispiel so:

▶ *Schritt 1, Verschlüsselte Botschaft erkennen und ansprechen:* »Danke für diese Rückmeldung, Franka. Meine Sichtweise ist eine mögliche – also offenbar nicht die einzige.«

▶ *Schritt 2, Anerkennung schenken:* »Nun hast du in dieser Firma durch deine vielen Dienstjahre ja deutlich mehr Erfahrung als ich und einen anderen Blick auf die Dinge.«

▶ *Schritt 3, den Trotzkopf konstruktiv einbeziehen:* »Deshalb bin ich neugierig: Wie kann man den Sachverhalt noch sehen? Was entgeht meinem Blick womöglich? Vielleicht hast du ja ein paar Anregungen für meine Entscheidung.«

Jede verdeckte Botschaft des Trotzkopfs ist ein Paradoxon: Er verschlüsselt seine Meinung, aber will doch gehört werden. Indem Sie darauf eingehen, reagieren Sie souverän und würdigen ihn. Die wertschätzende Tonlage nimmt ihm die Angst, mit seiner Meinung in offene Messer zu laufen. Damit schaffen Sie die Grundlage, ihn konstruktiv einzubeziehen.

MEINE DREI BESTEN TIPPS:

► Hören Sie aktiv zu. Fassen Sie in eigenen Worten zusammen, was ein Trotzkopf sagt und was zwischen den Zeilen (womöglich) mitschwingt.

► Stärken Sie das Selbstbewusstsein des Trotzkopfs. Heben Sie zum Beispiel seine Erfahrung hervor – er hat ein schwaches Selbstwertgefühl und will von Ihnen gewürdigt sein.

► Fordern Sie den Trotzkopf niemals auf, dieses oder jenes zu tun – sondern laden Sie ihn sanft ein: »Vielleicht magst du ja …«

Strategie 2: Lassen Sie ihn die Erfahrung sammeln, dass ein kritisches Wort ihm nützen kann.

Warum kritisiert ein Trotzkopf durch die Blume? Weil er als Kind gelernt hat, dass offene Kritik riskant ist. Und Konflikte will er um jeden Preis vermeiden. Ihr Job besteht darin, seine leise Kritik mit feinem Ohr zu registrieren und aufzugreifen. Jede Andeutung ist ein Testballon, um herauszufinden: »Bin ich mit meiner Kritik willkommen? Oder bleibe ich besser in der Deckung?«

Wenn Sie eine Andeutung überhören, lodert der Schwelbrand seiner Kritik unter der Oberfläche weiter. Wenn Sie den Trotzkopf jedoch freundlich auffordern, den Punkt zu vertiefen, beginnt ein konstruktiver Dialog – damit lässt sich das Feuer der Kritik kontrollieren. Der Trotzkopf verliert die Angst, durch eine abweichende Meinung in Ungnade zu fallen, er spricht offener.

Wie hätte die Chefin ihre Mitarbeiterin Franka gewinnen können? Zum Beispiel mit diesen Schritten, die sich auch aufs Privatleben übertragen lassen:

► *Schritt 1, mögliche Bedenken empathisch aufgreifen:* »Viele Mitarbeiter machen die Erfahrung, dass Chefs Kritik nicht gern hören. Einige Führungskräfte drehen ihren Leuten sogar einen Strick daraus. Darum verstehe ich gut, dass Mitarbeiter vorsichtig sind.«

► *Schritt 2, die gegenteilige Philosophie beschreiben:* »Ich selbst sehe das als Chefin komplett anders: Kritik ist ein Kompliment. Ich werte es als Beweis des Vertrauens, wenn Mitarbeiter mir sagen, was sie wirklich denken. Am liebsten unter vier Augen. Da gehört viel Mut dazu.«

► *Schritt 3, zur Kritik einladen:* »Deshalb: Lass mich gerne wissen, wenn ich deiner Meinung nach etwas besser machen kann oder wenn du Schwachstellen in unserer Arbeit siehst.«

► *Schritt 4, eine Brücke zur ersten Kritik bauen, die leicht zu betreten ist:* »Vielleicht fällt dir ja schon eine Winzigkeit ein, die ich besser oder anders machen könnte. Es darf auch etwas ganz Kleines sein.«

Ganz wichtig: Wer so spricht, muss auch so handeln. Für Franka bleibt es ein Wagnis, Farbe zu bekennen. Mit Kritik willkommen zu sein, Ansehen zu gewinnen und etwas zu bewirken, diese Erfahrung holt Trotzköpfe ein gutes Stück aus ihrer passiven Aggressivität.

! **MEINE DREI BESTEN TIPPS:**

▶ Reagieren Sie auf feinste Andeutungen. Laden Sie den Trotzkopf zu Kritik ein – und halten Sie die Schwelle so niedrig wie möglich.

▶ Lernen Sie, Kritik als ein Geschenk zu betrachten. Wenn ein Trotzkopf Sie *offen* kritisiert, haben Sie sein Vertrauen gewonnen.

▶ Gehen Sie wertschätzend mit der Kritik um: Bedanken Sie sich dafür und kündigen Sie an, was Sie davon umsetzen werden. Und tun Sie's dann auch.

Strategie 3: Äußern Sie sanfte Ideen, statt über den Trotzkopf zu verfügen.

Ein Trotzkopf will selbst bestimmen, was er tut oder lässt. Wann immer er sich von außen gedrängt fühlt und andere Menschen über ihn verfügen, verteidigt er die Grenzen seiner Autonomie. Drei Beispiele aus der Praxis:

▶ *Ein Geschäftsführer im Einzelhandel teilt seiner Filialleiterin freudestrahlend mit: »Ich habe Sie nun zur Bereichsleiterin berufen. Sie werden ab kommendem Monat für die Filialen in der Weststadt verantwortlich sein.« Die Filialleiterin reagiert geschockt – und nennt hundert Gründe, warum sie in ihrer alten Position unentbehrlich sei.*

▶ *Ein Fußballtrainer im Amateurbereich erfährt von seinem Präsidenten, dass der einen guten Spieler bei der Konkurrenz abgeworben hat und für die nächste Saison verpflichten will. Der Trainer scheint wohlwollend zu reagieren – aber lässt den Spieler dann auf der Ersatzbank schmoren, weil der angeblich nicht »ins taktische Konzept passt«.*

▶ *Eine wohlmeinende Ehefrau bucht eine Karriereberatung für ihren Mann, mit Ort und Zeit, und überrascht ihn damit zum Geburtstag. Er reagiert erstaunlich kühl auf das Geschenk, obwohl er beruflich in einem Umbruch steckt – und lässt die kostspielige Beratung ungenutzt verstreichen. Angeblich wurde er kurz vorher krank.*

In allen drei Fällen geht es nicht um die Sache, sondern um die Form: Die »Beglückten« fühlen sich übergangen und genötigt. Jeder Trotzkopf hat um sein Leben Grenzen der Selbstbestimmung gezogen, die er mit scharfem Auge bewacht. Zwar wird er Sie nicht daran hindern, diese Grenzen zu überschreiten, denn er scheut den offenen Konflikt. Aber sobald Sie einen Schritt zu weit gehen, zahlt er es Ihnen heim – durch passiven Widerstand.

In neun von zehn Fällen, wenn Ihnen ein Trotzkopf mit Sachargumenten widerspricht, liegt der wahre Hinderungsgrund eine Ebene tiefer: Er verteidigt seine Autonomie. Darum: Entscheiden Sie nicht über den Trotzkopf – beziehen Sie ihn rechtzeitig ein. Lassen Sie ihn zwischen Alternativen wählen. Wenn er ein Wörtchen mitreden kann, zeigt er Engagement statt Widerstand.

MEINE DREI BESTEN TIPPS:

▶ Greifen Sie möglichst nie in die Autonomie eines Trotzkopfs ein, sondern beziehen Sie ihn ein: »Ich überlege, inwieweit dich eine Karriereberatung unterstützen könnte …«

▶ Lassen Sie ihn die Details mitgestalten, statt sie festzulegen: »Überleg mal, welches der richtige Zeitpunkt für eine solche Beratung sein könnte – und worüber du sprechen möchtest.«

▶ Machen Sie ihm deutlich, dass er frei entscheidet: »Falls du merkst, dass du die Beratung nicht brauchst, lässt du sie einfach verfallen. Das ist okay für mich.« Gerade *weil* er nicht muss, wird er handeln wollen.

Frage 4: Was sollte ich vermeiden im Umgang mit einem Trotzkopf?

Wer sich gegenüber einem Trotzkopf ungeschickt verhält, provoziert dessen typische Reaktion: Trotz. Welches Verhalten erschwert den Umgang mit einem Trotzkopf? Und mit welchen Alternativen kommen Sie weiter? Die folgende Tabelle gibt Ihnen Antworten.

Unbedingt vermeiden	Möglicher Schaden	Klügeres Verhalten
Seinen Widerstand überhören: Sie gehen auf seine Andeutungen und Spitzen nicht ein, lassen sie einfach im Raum stehen.	Der Trotzkopf wollte Ihnen eine Botschaft senden – dass Sie nicht darauf eingehen, erzeugt Frust und treibt ihn tiefer in den Widerstand.	Greifen Sie seine Andeutung freundlich auf und bitten Sie ihn, diesen Punkt zu vertiefen.
Den Druck erhöhen: Sie fordern den Trotzkopf auf, sich Ihrem Willen zu fügen, einen Befehl auszuführen, einen Termin zu wahren, zu funktionieren.	Je höher Ihr Druck, desto größer sein Trotz. Er wird Ihr Anliegen sabotieren, sei es durch Fehler, durch Krankheit oder durch scheinbare Missverständnisse.	Finden Sie heraus, was er braucht, um aus freien Stücken in diese Richtung zu gehen. Treffen Sie Vereinbarungen mit ihm.
Moralisieren: »Du hast das Projekt wieder nicht pünktlich abgeschlossen. Mit deinem Verhalten schadest du der ganzen Gruppe!«	Der Trotzkopf fühlt sich ungerecht behandelt – und wird seinen Widerstand unauffälliger, aber noch intensiver ausüben.	Bleiben Sie auf der sachlichen Ebene. Zeigen Sie die Konsequenzen seines Verhaltens auf und suchen Sie mit ihm nach Alternativen.
Ihn vor vollendete Tatsachen stellen: »Ich habe dich für die Dienstreise nach Asien vorgesehen – am Dienstag um 8.00 Uhr geht's los!«	Er fühlt sich übergangen und in seiner Autonomie bedroht – und leistet passiven Widerstand, etwa durch Krankheit.	Beziehen Sie ihn in Entscheidungen ein. Was er mitbestimmt, trägt er auch mit.

Unbedingt vermeiden	Möglicher Schaden	Klügeres Verhalten
Offenen Streit beginnen: Sie werden laut, greifen zu deutlichem Vokabular und drücken ihn damit an die Wand.	Offener Streit ist für ihn eine Katastrophe – um ihn zu vermeiden, hat er seine passive Aggression etabliert. Auseinandersetzungen lähmen und blockieren ihn.	Starten Sie eine wertschätzende Sachdiskussion – verzichten Sie auf persönliche Angriffe und Drohgebärden.
Sich manipulieren lassen: Der Trotzkopf sagt: »Ich werde noch bis Mitternacht an diesem Bericht sitzen.« Und Sie fühlen sich schlecht. Oder bieten ihm sofort Ihre Hilfe an.[97]	Er lernt, dass feine Andeutungen Sie beeinflussen – und sendet noch mehr unterschwellige Botschaften. Wenn Sie nicht reagieren, ist er schwer beleidigt.	Fragen Sie ihn offen, was er von Ihnen erwartet. Und tun Sie nichts, was Sie nicht tun wollen, nur weil er emotionalen Druck ausübt.
In selber Münze zurückzahlen: Sie kontern seine Andeutungen mit eigenen. »Ich merke mir, ob jemand meine Anweisungen ausführt. Und man sieht sich immer zweimal im Leben. Zum Beispiel in Ihrer nächsten Gehaltsverhandlung.«	Er fühlt sich zu einem Wettkampf der spitzen Bemerkungen herausgefordert – eine Disziplin, in der er Sie schlagen wird.	Leben Sie eine offene Kommunikation vor – das kann ihn ermutigen, selbst offener zu werden.

Frage 5: Was kann ich von einem Trotzkopf lernen?

Können Sie sich vom Trotzkopf eine Scheibe abschneiden? Und ob! Nur darf die Scheibe nicht zu groß ausfallen – denn was er im Alltag auf die Spitze treibt, kann in moderater Form eine Bereicherung sein.

Verhalten des Trotzkopfs	Positive Sicht auf ihn	Impuls zur Entwicklung
Wenn er anderer Meinung ist, sagt er es nie direkt, denn er will Konflikte vermeiden.	Er ist ein Meister der Diplomatie und sorgt dafür, dass sich andere Menschen im Kontakt mit ihm wohlfühlen. Er schafft es, die eigenen Bedürfnisse zurück- und die der anderen in den Mittelpunkt zu stellen.	Halte ich meine Meinung lang genug zurück? Gebe ich anderen Raum für ihre Gedanken? Nehme ich Rücksicht darauf, was meine Aussage mit anderen macht? Oder neige ich dazu, mit der kräftigen Farbe meiner Meinung alles zu überpinseln?
Er sieht Vorgesetzte sowie andere Autoritäten kritisch und fügt sich ihren Vorgaben nur ungern.	Er hat einen eigenen Kopf, den er sich so schnell nicht waschen lässt, und einen ausgeprägten Willen. Seine innere Autonomie schützt ihn vor blindem Gehorsam.	Wie autoritätsgläubig bin ich? Tue ich Dinge aus Überzeugung – oder weil sie von anderen erwartet werden? Wann wäre es sinnvoll, den Gehorsam zu verweigern, etwa weil meine Werte leiden oder meine Gesundheit gefährdet ist?

Verhalten des Trotzkopfs	Positive Sicht auf ihn	Impuls zur Entwicklung
Er fühlt sich oft unfair behandelt und sieht die Verantwortung dafür bei anderen, die über ihn entscheiden – ohne es offen anzusprechen.	Fairness ist ihm ein wichtiger Wert, den er selbst oft mit Leben füllt, solange er zu nichts gezwungen wird. Er sucht Begegnungen auf Augenhöhe, ohne Machtgefälle.	Was lasse ich mir bieten? Schlucke ich oft runter, was mir stinkt? Tue ich anderen Gefallen, die mir nicht gefallen? Wann könnte mir ein wenig Trotz zu besserer Abgrenzung verhelfen?
Er deutet Negatives nur an, statt es explizit auszusprechen. Wenn er meint, ein Projekt gehe bald den Bach runter, sagt er: »*Noch* läuft es.«	Sein Fingerspitzengefühl sorgt dafür, dass er niemanden verletzt oder vor anderen blamiert. Er wägt seine Worte ab und meidet verbale Sprengsätze, das schult seine Zuhörer.	Wie gründlich wäge ich meine Worte ab? Kann es sein, dass meine Deutlichkeit manchmal schroff wirkt? Wann wäre es klug, harte Kritik in einen weicheren Sprachmantel zu verpacken?
Er zieht sich zurück, wenn ihm der Druck zu groß wird, etwa indem er sich krankschreiben lässt.	Er hört auf seine inneren Bedürfnisse. Wenn nötig, kann er sich trotz aller Diplomatie abgrenzen und seine existenziellen Bedürfnisse wahren.	Höre ich unter Druck noch auf meine Bedürfnisse? Oder bin ich so sehr involviert, dass ich die Botschaften meines Körpers und meiner Seele ignoriere? Wann wäre es klug, früher die Bremse zu ziehen?

Übungsfall: »Du hast mich als ›Küken‹ bezeichnet!«

Angenommen, Franka Kramer behält ihr destruktives Verhalten gegenüber ihrer Chefin bei: Sie lästert hinter deren Rücken, bezeichnet sie als »Küken«, verschleppt Aufträge und reagiert auf Kritikgespräche mit Krankschreibungen. Welche Reaktion empfehlen Sie der Abteilungsleiterin?

ÜBUNG: Bitte überlegen Sie sich selbst eine Lösung, ehe Sie weiterlesen.

_____

_____

_____

_____

_____

_____

Meine Einschätzung: In diesem Fall braucht es eine Konfrontation mit Fingerspitzengefühl – folgende Schritte sind denkbar:

▶ *Schritt 1, die Mitarbeiterin mit konkreten Beobachtungen konfrontieren:* »Ich habe gehört, was du auf der Toilette zu Christine gesagt hast, und zwar (…) Mir wurde zugetragen, dass du mich als ›Küken‹ bezeichnest. Mir fällt auf, dass wichtige Arbeiten von dir oft verspätet oder fehlerhaft zu mir kommen. Und als ich dich zu Kritikgesprächen bat, warst du danach zwei Wochen krank.«

▶ *Schritt 2, auf die möglichen Motive eingehen und ein Recht dazu einräumen:* »Vielleicht denkst du, ich bin zu jung für diese Führungsaufgabe. Oder du hast das Gefühl, dass ich zu viel von dir fordere. Natürlich darfst du eine Meinung zu mir und meiner Arbeit haben, das ist dein gutes Recht.«

▶ *Schritt 3, sich abgrenzen*: »Aber auch ich habe das Recht, die Sache anders zu sehen. Ich fühle mich der Aufgabe gewachsen. Und ich habe den Eindruck, dass deine Termine einzuhalten und deine Projekte zu schaffen sind.«

▶ *Schritt 4, auf den Rollenvertrag hinweisen und Einverständnis sichern*: »Als Abteilungsleiterin ist es meine Aufgabe, dass ich Aufgaben verteile. Und als Mitarbeiterin wirst du dafür bezahlt, deinen Teil dieser Arbeit möglichst gut zu verrichten. Sind wir uns in diesem Punkt einig?«

▶ *Schritt 5, Freiheit der Entscheidung betonen, aber Konsequenzen ankündigen*: »Es steht dir natürlich frei, so wie bislang weiterzumachen. Du bestimmst selbst, was du tust. Nur würde ich die Zusammenarbeit dann auf Dauer nicht fortführen wollen.«

▶ *Schritt 6, positive Alternative aufzeigen:* »Vielleicht entscheidest du dich dafür, unserer Zusammenarbeit eine zweite Chance zu geben. Das würde mich sehr freuen, denn ich schätze deine fachliche Expertise. Und ich glaube, wir können viel erreichen, wenn wir an einem Strang ziehen.«

Dieses Vorgehen verbindet Peitsche und Zuckerbrot: Auf der einen Seite ist die Chefin hart in der Sache, spricht ihre Beobachtungen aus und kündigt Konsequenzen an. Auf der anderen Seite räumt sie ihrer Mitarbeiterin die Freiheit ein, ihre eigene Meinung beizubehalten und den weiteren Weg selbst zu bestimmen. Die Rückmeldung endet auf einer positiven Note.

Jetzt kann Franka sich entscheiden – zwischen Kooperation und Trennung. Ihr ist klar, dass sie den bisherigen Weg nicht weitergehen kann.

MEINE DREI BESTEN TIPPS:

▶ Wenn Sie einen Trotzkopf kritisieren wollen: Schildern Sie zunächst, was Sie beobachtet haben, frei von Interpretationen oder Anklagen.

▶ Räumen Sie dem Trotzkopf das Recht ein, eine Sache anders zu sehen als Sie – ehe Sie Ihren Standpunkt gegenüberstellen.

▶ Betonen Sie seine freie Entscheidung, aber weisen Sie auf die Konsequenzen seines Verhaltens hin – und skizzieren Sie ihm, welche alternativen Wege er einschlagen *könnte* (aber nicht »muss«!).

Sieben neue Glaubenssätze für Trotzköpfe

Beobachten Sie an sich selbst, dass Sie manchmal irrational trotzig reagieren? Dann prüfen Sie doch mal Ihre alten Glaubenssätze – und probieren Sie sieben Tage lang jeweils einen neuen aus der rechten Spalte der Tabelle aus. Achten Sie darauf, was sich dadurch in Ihrem Leben und Fühlen verbessert.

Alter Glaubenssatz	Neuer Glaubenssatz
Ich darf mich von niemandem zu etwas zwingen lassen!	Ich beweise Reife und Souveränität, indem ich sinnvolle Anweisungen umsetze.
Ich darf andere nicht gegen mich aufbringen.	Ich gewinne Respekt, wenn ich auch mal widerspreche.
Offener Streit zerstört Beziehungen.	Ein fairer Meinungsaustausch ist wie ein Gewitter – er klärt die Atmosphäre und schafft Raum für Entwicklung.
Die anderen schätzen mich weniger, wenn ich unbequem bin.	Je klarer ich Farbe bekenne, desto mehr Anerkennung gewinne ich dadurch.
Die Leute nutzen mich aus.	Es liegt an mir, Grenzen zu setzen und mich nicht ausnutzen zu lassen.

Alter Glaubenssatz	Neuer Glaubenssatz
Mich versteht hier keiner.	Wenn ich sage, was ich denke und fühle, verstehen mich die anderen besser.
Ich fühle mich von willkürlichen Regeln eingeengt.	Einige Regeln sind sinnvoll – über andere kann ich offen diskutieren.

STECKBRIEF: DER TROTZKOPF

Drei Eigenschaften, die ihn kennzeichnen:

► Er meidet die offene Konfrontation und übt heimlichen Widerstand.

► Er hasst es, fremde Anforderungen erfüllen zu müssen.

► Er sagt nicht klar, was er denkt, sondern deutet es nur an.

Drei Wörter, die er gern verwendet:

► »Eigentlich« – dreht das Gesagte unauffällig ins Gegenteil.

► »Ich versuche« – wenn es scheitert, darf sich keiner wundern.

► »Bescheuert« – Lieblingsvokabel beim Lästern über Vorgesetzte.

Drei Sätze anderer, die ihn aufregen:

► »Ich baue auf dich.« (*Überfordere mich nicht!*)

► »Ich habe dein Einverständnis vorausgesetzt.« (*Das ist ein Übergriff!*)

► »Ich spreche jetzt mal für uns alle!« (*Nein, für mich sprichst du nicht!*)

Drei Verhaltensweisen, die ihm entgegenkommen:

► Laden Sie ihn explizit ein, Kritik zu äußern; besser offenes Feuer als Schwelbrand.

► Üben Sie möglichst wenig Zwang aus, fördern Sie seine Eigeninitiative.

► Gehen Sie feinfühlig auf seine Botschaften zwischen den Zeilen ein.

Drei Wege, ihn konstruktiv zu kritisieren:

► Seien Sie weich und zuvorkommend mit ihm als Menschen – aber klar in der Sache.

► Zeigen Sie ihm die sachlichen Konsequenzen seines Verhaltens auf.

► Lassen Sie ihn entscheiden – und neue Lösungen entwickeln.

7. Der Selbstdarsteller:

»Schaut her, ich bin was ganz Besonderes!«
(Histrionische Persönlichkeit)

Wer fällt Ihnen ein, wenn Sie die folgenden 15 Aussagen durchlesen? Und wie oft können Sie, bezogen auf diesen Menschen, ein »Ja« ankreuzen? In der Auswertung erfahren Sie, ob es sich um einen Selbstdarsteller handelt – und wenn ja, wie ausgeprägt.

Typen-Test: Kennen Sie einen Selbstdarsteller?

1. Er tut alles, um andere für sich zu begeistern.	**Ja**	**Nein**
2. Er will der Mittelpunkt jeder Gruppe sein.	**Ja**	**Nein**
3. Er ist schlecht gelaunt, wenn andere mehr Aufmerksamkeit bekommen.	**Ja**	**Nein**
4. Er ist immer optimistisch, auch entgegen aller Fakten.	**Ja**	**Nein**
5. Er kennt tausend Menschen – und tausend kennen ihn.	**Ja**	**Nein**
6. Er redet im Alltag oft theatralisch wie auf einer Bühne.	**Ja**	**Nein**

7. Er kleidet sich so, dass er auffällt.	**Ja**	**Nein**
8. Er trägt beim Erzählen gern ein paar Nummern zu dick auf.	**Ja**	**Nein**
9. Er stellt seine Gefühle gern zu Schau und lässt sich von ihnen leiten.	**Ja**	**Nein**
10. Er schließt – und kündigt! – blitzschnell »Freundschaften«.	**Ja**	**Nein**
11. Er verschwitzt öfter mal Termine und ist sehr unverbindlich.	**Ja**	**Nein**
12. Er verspricht Dinge, die er nicht einhält oder vergisst.	**Ja**	**Nein**
13. Er hört schlecht zu, weil er selber reden will.	**Ja**	**Nein**
14. Er erzählt Unwahres so überzeugend, als sei es die Wahrheit.	**Ja**	**Nein**
15. Er würde jede Dummheit begehen, um Aufmerksamkeit zu bekommen.	**Ja**	**Nein**
Wie oft haben Sie mit »Ja« geantwortet? Bitte zählen Sie das Ergebnis zusammen, ehe Sie die Auswertung lesen.		
Ergebnis: _____x Ja		

Auswertung: Der dreifache Selbstdarsteller

Wie ausgeprägt ist der Selbstdarsteller-Anteil des Menschen, an den Sie gedacht haben? Hier bekommen Sie eine Einschätzung:

5–7 Punkte: Leichter Selbstdarsteller	8–11 Punkte: Mittlerer Selbstdarsteller	12–15 Punkte: Histrionische Persönlichkeit
Er ist nicht gerade ein Mauerblümchen, genießt die Aufmerksamkeit anderer und treibt es damit gelegentlich ein wenig weit. *Resümee:* Ein Mensch mit Geltungsdrang in vielen Situationen, aber nicht in allen.	Er liebt es, wenn sich alle Blicke auf ihn richten. Dafür führt er im Alltag manches Drama auf. Er ist schrill und nur selten sachlich. *Resümee:* Er kann sich schwer einfügen und ist nicht immer zuverlässig – wer mit ihm klarkommen will, muss ihn steuern.	Er macht den Alltag zur Bühne. Jedes Mittel ist ihm recht, Aufmerksamkeit zu generieren, auch Lügen und leere Versprechungen. *Resümee:* Er zieht viel Energie auf sich und kostet andere Nerven – womöglich eine histrionische (früher: hysterische) Persönlichkeit.

Erlebnis mit einer Selbstdarstellerin

»Der Chef hat so supernett über dich gesprochen!«

Charlotte (52) erzählt über ihre Kollegin Leila:

Leila (42) überraschte mich schon bei unserer ersten Begegnung: Strahlend kam sie auf mich zugerauscht, nahm mich in den Arm und trällerte: »Ich habe mich schon so auf dich gefreut!« Dabei kannte sie mich noch gar nicht. »Der Chef hat so supernett über dich gesprochen«, rief sie entzückt.

Es war ein trüber Wintermorgen, sie trug ein weinrotes Kleid mit tiefem Ausschnitt, eine dazu passende Handtasche und Stöckelschuhe, so hoch, dass mir fast schwindlig wurde. Zudem hatte sie einen Hut auf ihren Kopf drapiert. Diese besondere Kleidung schrieb ich ihrem ersten Arbeitstag zu, aber damit lag ich falsch: Tag für Tag tauchte sie in extravaganter, oft recht freizügiger Kleidung auf.

In der ersten Frühstückspause ließ sie sich von meinem Kollegen Tim ausführlich erklären, wie unser Kaffeeautomat funktionierte. Einen kleinen Scherz, den er versuchte, quittierte sie mit einem Lachen wie ein Vulkanausbruch. Sie warf ihm vielsagende Blicke zu und lobte ihn überschwänglich für seine »wahnsinnige Geduld« beim Erklären. Fast wirkte es, als wollte sie sich an Tim ranschmeißen.

Später in der Teamrunde bat mein Chef sie, sich »kurz vorzustellen«. Leila erklärte, sie sei »schrecklich aufgeregt« und sah mit Augenklimpern in die Runde – ehe sie dann in lustigen Anekdoten erzählte, wie es sie in den Außendienst verschlagen hatte und welche »megagenialen« Verkaufsgespräche sie schon habe führen dürfen.

Beim Erzählen stürmten ihr immer wieder spontane Gedanken dazwischen, und sie wurde auch sehr persönlich: »Meine ersten Verkaufsgespräche habe ich mit meinem Mann geübt, wieder und wieder. Muss ich erklären, warum die Ehe nur 1 ½ Jahre hielt?« Alle lachten. Und sie, wie angestachelt, legte noch ein paar Geschichten nach.

An ihrem ersten Geburtstag bei uns fuhr sie eine Torte vom Konditor auf, wie ich sie nie zuvor gesehen hatte: ein riesiges

Sahnebauwerk mit sprühenden Wunderkerzen. Leila genoss es sichtlich, uns mit einer solchen Sensation zu überraschen, und hielt eine lange Rede.

Heute arbeitet Leila seit zwei Jahren in unserer Firma. Ich mag ihre Fröhlichkeit. Sie strahlt Optimismus aus, sprudelt vor Ideen. Doch es regt mich auf, dass sie so viel Wind um sich macht und dauernd ins Büro unseres Chefs stürmt, oft mit Lappalien. Außerdem ist sie unzuverlässig. Sie verschwitzt wichtige Termine, bereitet sich kaum auf Verkaufsgespräche vor und wirbelt Preise und andere Fakten dauernd durcheinander.

Wenn ich sie morgens bitte, mir am selben Tag noch eine Info zu liefern, sagt sie im Brustton der Überzeugung: »Klar, kriegst du!« Doch abends, wenn wieder mal nichts passiert ist, windet sie sich raus: »Da habe ich dich krass missverstanden.« Ähnlich geht das mit Terminen, die sie dem Chef zusagt.

Bei Sitzungen ist sie wie ein aufgedrehtes Kind und will unbedingt im Mittelpunkt stehen. Neulich ist sie mit zehn Minuten Verspätung in ein Meeting gestürmt. Jeder andere hätte sich entschuldigt, aber sie schien es zu genießen, dass alle Blicke sich ihr zuwandten.

Sofort ergriff sie das Wort: Sie habe gerade einen »großartigen Abschluss an Land gezogen«, den sie in hochtrabenden Worten beschrieb. Später stellte sich heraus, dass ihr »großartiger Abschluss« ein Routinevertrag war, übrigens schon am Tag vor dem Meeting besiegelt.

Verblüfft bin ich immer wieder, mit welcher Inbrunst sie heute für eine Idee kämpfen kann, von der sie morgen schon nichts mehr hält, weil ihr eine »noch viel, viel bessere« eingefallen ist. Tatsächlich sind ihre Ideen oft gut und kreativ.

Einmal hat unser Chef sie aufgefordert, den Kollegen mehr

Raum zu lassen. Sie schmollte dann: »Okay, ich trag jetzt also einen Maulkorb.« Eine Sekunde später brach sie in Tränen aus, bis alle sie trösteten und unser Chef seine Aufforderung relativierte.

Gern erzählt sie im Büro von ihrem Liebesleben. Sie kam mit ihrem Tanzlehrer – »die Liebe meines Lebens!« – zusammen. Aber schon nach ein paar Wochen schien sie das Interesse an ihm verloren zu haben. Dann schwärmte sie genauso begeistert von einem Informatiker, ehe doch wieder der Tanzlehrer ins Spiel kam. Und so weiter.

Einmal, als sie mich wieder versetzt hatte, übte ich scharfe Kritik an ihrer Unzuverlässigkeit. Danach ist sie mir ein paar Tage aus dem Weg gegangen und hat, wie ich hörte, schlecht über mich gesprochen. Aber eine Woche später nahm sie mich zur Begrüßung wieder in den Arm und schwärmte von unserer »wirklich äußerst freundschaftlichen Zusammenarbeit«.

Sieben Erkenntnisse über Selbstdarsteller

Welche sieben Eigenschaften, die Selbstdarsteller kennzeichnen, finden Sie in dem Erlebnisbericht wieder?

1. Selbstdarsteller ziehen eine Show ab und lieben Applaus.

Der Ort, wo Selbstdarsteller am liebsten stehen, nennt sich: Mittelpunkt. Wenn alle Blicke auf sie gerichtet sind, alle Ohren ihren Geschichten lauschen, laufen sie zu Hochform auf. Sie lieben es, Menschen zu unterhalten, zu überraschen und in ihren Bann zu ziehen. Sie wollen gesehen und gewürdigt werden, brauchen die ständige Rückmeldung der anderen. Bleibt dieses Feedback aus, kommt es ihnen vor, als gäbe es sie nicht mehr.

Leila fällt ihrer neuen Kollegin um den Hals, macht aus ihrer Verspätung bei der Sitzung einen Auftritt mit Heldengeschichte. Und ihre Geburtstagstorte ist natürlich ein funkensprühendes Kunstwerk, über das noch wochenlang geredet wird.

2. Sie nutzen ihre Kleidung als Blickfang.

Die Kleidung der Selbstdarsteller soll drei Zwecke erfüllen: auffallen, auffallen, auffallen. Sie wollen das Osterei unter weißen Eiern sein und bevorzugen exzentrische Kleidung, manchmal schrill und körperbetont. Piercings und Tattoos an prominenten Stellen vollenden das Gesamtkunstwerk. Bei Männern reicht das Kleidungsrepertoire vom auffälligen Gelehrtenschal über den Western-Hut bis zum Muskelshirt. Hingucker erzeugen Hingucken. Darum geht es Selbstdarstellern.

Die sehr hohen Absätze, das rote Kleid mit dem tiefen Ausschnitt, der Hut auf dem Kopf – Leila macht die neue Firma schon an ihrem ersten Tag zum Laufsteg. Sie trägt ungewöhnliche Kleidung, um als das außergewöhnliche Wesen erkannt zu werden, für das sie sich hält.

3. Sie reden gern, aber hören kaum zu.

Selbstdarsteller lieben das Reden. Ihr Lieblingsthema sind sie selbst. Alles, was sie erzählen, soll die Sympathie ihrer Mitmenschen gewinnen. Ihr Vorteil: Während sie reden, müssen sie nicht zuhören – denn das fällt ihnen schwer. Sie lieben Unterhaltungen, wenn *sie* die Alleinunterhalter sind. Und sie schätzen Gespräche, die *sie* ins Gespräch bringen. Ihre Gesprächspartner sind nur notwendiges Beiwerk. Kommunikation und Kontaktfreude sind ihre Stärken, die sie reichlich übertreiben.

Leila ergreift bei jeder Gelegenheit das Wort, um es nicht

mehr loszulassen: bei ihrer Vorstellung, bei ihrem Geburtstag, in den Meetings. Dagegen überhört sie die Anliegen anderer.

4. Sie übertreiben Gefühle, manipulieren damit und wirken distanzlos.

Wenn Selbstdarsteller einen Menschen mögen, erklären sie diesen noch am Tag des Kennenlernens zum »guten Freund«. Wenn eine Kleinigkeit klappt, feiern sie das als »unglaublichen Erfolg«. Und wenn sie schiefgeht, beklagen sie einen »totalen Super-GAU«. Ihre Gefühle kochen auf hoher Flamme. Sie wirken wie Theaterschauspieler, die ihre Gesten und Betonungen übertreiben, um auch die letzte Reihe zu erreichen. Ihre Tränen fließen schnell, was ihnen Aufmerksamkeit garantiert.

Leila spricht emotional: »Riesig« habe sie sich auf ihre Kollegin gefreut, der Kollege bringe »wahnsinnige Geduld« mit, der Tanzlehrer sei die Liebe ihres Lebens. Die Kritik ihres Chefs erwidert sie mit Tränen – und erreicht, dass der zurückrudert. Zugleich wirkt sie distanzlos: Sie umarmt Fremde und erzählt am ersten Tag von ihrer gescheiterten Ehe.

5. Selbstdarsteller mischen ihre Karten täglich neu, sind unberechenbar.

Selbstdarsteller sind wie Hasen: Sie lieben den Zickzack-Kurs. Blitzschnell wechseln sie ihre Meinung, ihre Laune, ihre Freunde. Heute können sie begeisterte Befürworter eines Projektes sein, morgen leidenschaftliche Gegner. Und ein Versprechen, das sie um 15.01 Uhr gegeben haben, kann um 15.02 Uhr bereits hinfällig sein.

Leila verschwitzt Termine, bricht Zusagen und fühlt sich an ihre Ideen nur so lange gebunden, bis ihr bessere kommen, also maximal einen Tag. Und auch ihr Liebesleben scheint sprunghaft: von Mann zu Mann, von »on« zu »off« – und umgekehrt.

6. Sie sortieren Menschen in »gut« und »böse«, täglich wechselnd.

Selbstdarsteller kennen keine Grautöne, ihre Welt ist schwarz oder weiß: Freund oder Feind, Triumph oder Katastrophe. Wer sie bewundert und umschwärmt, steht bei ihnen hoch im Kurs. Wer sich aber unwichtigen Dingen zuwendet, also nicht mehr ihnen selbst, hat schlechte Karten. Ihr Urteil über Menschen wechselt rasch. Abwendung kann von rascher Zuwendung gefolgt sein, wenn sie neue Aufmerksamkeit benötigen.

Erst meidet Leila ihre Kollegin, ist verärgert über deren Kritik. Aber wenig später begräbt sie das Kriegsbeil mit einer Umarmung und betont die »wirklich äußerst freundschaftliche Zusammenarbeit«.

7. Sie sind beleidigt, wenn sie mal *nicht* bewundert werden.

Wie alle Flüsse ins Meer fließen, hat alle Aufmerksamkeit zu ihnen zu fließen, meinen die Selbstdarsteller. Sie lieben es, Gespräche anderer zu sprengen. Als wäre das, was besprochen wird, garantiert uninteressanter als ihre eigenen Beiträge. Und wehe, jemand pocht auf die Fortsetzung des ursprünglichen Gespräches. Dann schmollen sie, wie um ihr natürliches Recht geprellt. Sie sind wie eine Pflanze, die im Scheinwerferlicht gedeiht, nicht im Schatten.

Leila reagiert auf Kritik äußerst empfindlich. Die Anregung ihres Chefs, andere öfter zu Wort kommen zu lassen, wertet sie als »Maulkorb«. Und als ihre Kollegin sie ins Gebet nimmt, geht sie ihr aus dem Weg und lästert sogar.

Der Selbstdarsteller in vier Lebensräumen

Am Arbeitsplatz:

Beim Meeting ergreift er das Wort und lässt es erst dann wieder los, wenn alle vor Bewunderung den Mund öffnen. Laut eigener Aussage laufen seine Projekte »ganz super, der Termin ist so gut wie geschafft, der Kunde völlig begeistert« – am Ende: Verspätung und ein unzufriedener Kunde. Fast täglich schwärmt er von neuen Ideen. Aber das Umsetzen ist nicht seine Stärke – zumal er am nächsten Tag schon wieder andere Ideen vorträgt. Wer Absprachen mit ihm trifft, muss damit rechnen, dass er im letzten Moment davon abweicht – seine Verlässlichkeit ist gering.

Andererseits: Niemand tritt so ungezwungen vor Gruppen, schließt so schnell Kontakte, ist so offen für neue Wege wie er. Manchmal reißt seine Begeisterung andere mit.

In der Familie:

Wer mit ihm isst, sollte keine Nebensächlichkeiten genießen, also das Essen. Vielmehr erwartet der Selbstdarsteller, dass seine Erzählungen genossen werden. Und wehe, jemand lacht oder raunt nicht an den richtigen Stellen – dann ist er beleidigt. Wenn er ein überteuertes Luxus-Familienhaus kauft, ist die Finanzierung »kein Problem« – bis ihn die erste Rate des Kredits an die Realität erinnert. Als Elternteil hält er gerne große Reden und wird von seinen Kindern am liebsten bewundert. Hingegen ist er ein ungeduldiger Zuhörer, denn das kostet ihn Redezeit. Seine

Launen kommen wie Tsunami-Wellen: völlig überraschend und mit unangemessener Wucht.

Andererseits: Mit ihm wird es nie langweilig, denn er kann aus jeder Kleinigkeit ein Schauspiel machen. Er tut viel für seine Familie, wenn es ihm Anerkennung bringt. Und seine positiven Emotionen können sich auf andere übertragen.

In der Partnerschaft:

Andere haben einen Fanclub, er hat eine Beziehung – ist doch in etwa dasselbe. In einer Partnerschaft reicht es ihm nicht, Aufmerksamkeit zu bekommen, er zieht Bewunderung vor. Er braucht jemanden, der seine Geschichten liebt, zu ihm aufschaut und ihm jederzeit volle Aufmerksamkeit schenkt. Er will hören, wie gut, schön und intelligent er ist, gern immer wieder – sonst fragt er schon mal: »Liebst du mich eigentlich noch?« Und wehe, das »Ja« fällt nicht laut und euphorisch genug aus. Der Alltag mit ihm hat diesen Namen gar nicht verdient, so oft stößt er Pläne über den Haufen und fängt etwas Neues an. Als sprunghaftem Menschen unterlaufen ihm auch mal Seitensprünge.

Andererseits: Er ist ein Sonnenschein, strömt Optimismus und gute Laune aus. Er kämpft sogar mit Drachen, um seinen Herzensmenschen zu beeindrucken. Und einrosten kann man an seiner Seite nun wirklich nicht.

Im Internet:

Der erste Kommentar stammt immer von ihm, weil er schreiben oder reden kann, ohne vorher nachgedacht zu haben. Gut möglich, dass er etwas »ganz toll, ja sensationell« findet – wobei nicht ganz klar ist, ob er wirklich den Gegenstand meint oder seinen Kommentar an sich. Denn der kann sehr lang, sehr euphorisch und sehr assoziativ ausfallen. Und was er aus seinem Leben postet, quillt über vor guter Laune. Immer war er »zusammen mit guten Freunden« unterwegs (wer nachzählt, kommt mit der Zeit auf mehrere Dutzend). Manchmal kündigt er Dinge an, zum Beispiel Blog-Beiträge, die dann nie erscheinen – weil er schon wieder in eine andere Richtung rennt. Dieser Versuchung erliegt er im Internet noch mehr als im analogen Leben, weil die Zahl der Ablenkungen so groß ist.

Andererseits: Fast alle seine Nachrichten und Beiträge sind positiv, er setzt ein angenehmes Gegengewicht zu Hasskommentaren. Und weil es ihm wichtig ist, von anderen beachtet zu werden, wendet er viel Zeit und Energie für soziale Netzwerke auf.

Psychologie des Selbstdarstellers: So tickt er!

Der Selbstdarsteller fühlt sich verloren, wenn das Scheinwerferlicht der Aufmerksamkeit einen Moment von ihm weicht. In seinem Hinterkopf schwirren Glaubenssätze wie: »Eigentlich bin ich unattraktiv«, »Mein Leben ist völlig uninteressant« oder »Ich brauche Menschen um mich herum, die mich toll finden, sonst falle ich in ein großes Loch.«[98]

Aber da es allzu schmerzlich wäre, sich diese Minderwertigkeitsgefühle einzugestehen, rationalisiert er seine Not und leitet Ansprüche daraus ab: »Ich bin liebenswert und interessant, die anderen müssen das einsehen.«

Ein reifer Mensch formuliert seine Bedürfnisse und riskiert, dass sie abgelehnt werden. Aber weil der Selbstdarsteller überzeugt ist, jeder müsse ihn lieben, fürchtet er Ablehnung zu sehr. Deshalb transportiert er Bedürfnisse indirekt: Er pumpt Gefühle in jede Situation, dramatisiert und romantisiert, bis ein Schauspiel entsteht, dem sich keiner entziehen kann. Er will Anerkennung und Bewunderung – aber nicht darum bitten.

Die vier sichersten Kennzeichen einer histrionischen Persönlichkeit: Sie neigt zur Selbstdramatisierung, giert nach Aufmerksamkeit, ist emotional instabil und verfügt über ein verführerisches Wesen.[99]

Wenn der Selbstdarsteller sich benachteiligt fühlt, weint er gern – damit macht er anderen ein schlechtes Gewissen. Wenn er sich übersehen fühlt, prahlt er, um alle Blicke anzuziehen. Und wenn er einen Liebespartner gewinnen will, trägt er aufreizende Kleidung und macht überschwängliche Komplimente. Oft währt sein Interesse nur, bis der Begehrte anbeißt – dann erlischt es wieder. Er interessiert sich für andere nur oberflächlich, damit die sich für ihn interessieren.

Ausgeprägte Selbstdarsteller rufen sogar in größter seelischer Not nur *indirekt* um Hilfe: durch einen Selbstmord-Versuch, der sie sofort in den Mittelpunkt aller Aufmerksamkeit rückt. Die meisten dieser Versuche verlaufen nicht lebensbedrohlich.[100] Wer gerade noch böse auf sie war, ist aus Mitleid wieder gut mit ihnen.

Der Selbstdarsteller bevorzugt eine Sprache der großen Töne, global und ausgeschmückt, es regieren Superlative, Generalisierungen und Übertreibungen. Sein Urlaub war nicht »schön«, sondern mindestens »unglaublich großartig«. Seine Gefühlsausbrüche sind oft Mittel zum Zweck. Wenn er brüllt, weint, schwärmt oder prahlt, dann, um Aufmerksamkeit zu gewinnen. So richtig gut geht es ihm nur, wenn es ihm gelingt, andere in seinen Bann zu ziehen.

Seine Gefühle sind der unstete Kompass seines Lebens, oft

wechselt er die Richtung. Wer sie verletzt, wird augenblicklich zum Feind und emotional bestraft.

Er urteilt und entscheidet oft »aus dem Bauch heraus«. Seine Meinung ist ein Fähnchen im Wind seiner Emotionen, und der weht mal von hier, mal von dort. Niemand verstößt öfter als er gegen die Knigge-Regel Nummer 44: »Widersprich dir nicht selbst im Reden, sodass du einen Satz behauptest, dessen Gegenteil du ein andermal verteidigt hast.«[101]

Sein Wissen ist oft oberflächlich, als würde er die ganze Welt aus der Vogelperspektive wahrnehmen, dabei aber alle Details übersehen. Doch diese Wissenskrümel, fast frei von seriösen Zahlen, Daten und Fakten, verkauft er grandios. Mit Theatralik überblendet er seine Wissenslücken.

Viele Selbstdarsteller haben als Kind um die Aufmerksamkeit ihrer kontrollierenden Eltern kämpfen müssen. Sie buhlten durch ihr auffälliges Verhalten um eine Liebe, derer sie sich nicht sicher waren.[102] Andere wurden von ihren Eltern gelobt und verhätschelt, wenn sie öffentlich eine »gute Figur« machten, oft in ihren Geschlechterrollen: Die Mädchen mussten hübsch, niedlich, reizend sein; die Jungen adrett, sportlich, »fast ein Mann«. Solche Kinder wurden belohnt für das, was sie darstellten, nicht für das, was sie waren: Charme schlägt Kompetenz, Äußeres schlägt Inneres.

Und so entstand eine Fixierung auf Oberflächlichkeit: Die spätere Frau will beeindrucken durch ihr bezauberndes Auftreten oder ihre Weiblichkeit. Und der spätere Mann will punkten durch seine vorgespielte Kompetenz oder seine Muskeln. Beide haben es nicht gelernt, andere durch echte Persönlichkeit zu gewinnen, deshalb spielen sie Persönlichkeit vor.

Ihre Fähigkeit zur Selbstreflexion ist wenig ausgeprägt: Sie erhalten das Bild, das sie nach außen verkörpern, auch vor sich selbst aufrecht. Sie picken sich jenen Teil der Wahrheit heraus, der für sie am günstigsten ist. Aber unter der Oberfläche rumoren Selbstzweifel; und etliche Selbstdarsteller leiden unter dem Hochstapler-Syndrom:[103] Sie haben Angst, dass ihnen jemand auf die Schliche kommt, sie entlarvt und entzaubert. Deshalb scheuen sie Nähe und Intimität. Niemand soll erfahren, wie und wer sie wirklich sind.

Der kleine Übersetzer: Selbstdarsteller – Deutsch

Selbstdarsteller lieben Superlative und zugespitzte Formulierungen. Und doch senden sie oft heimliche Botschaften. Aber was genau ist damit gemeint? Diese kleine Übersetzungshilfe sorgt für Klarheit:

Selbstdarsteller	Deutsch
Der Raum hat vor Begeisterung gekocht, als ich mit meiner Rede fertig war.	Einige Leute haben geklatscht.
Mein Chef war ganz aus dem Häuschen, so toll fand er meinen Vorschlag.	Er hat ihn bislang nicht abgelehnt.
Stell dir vor, er hat mich völlig ignoriert, als ich ihm von meinem sensationellen Erfolg erzählen wollte.	Er hat mir nur zwei Minuten zugehört – und nicht zwei Stunden.

Selbstdarsteller	Deutsch
Wie hat dir meine Präsentation gefallen?	Ich erwarte, dass du mich lobst und bejubelst.
Alle Fakten sprechen eindeutig dafür, dass wir genau auf diesem Weg allergrößte Erfolge erzielen.	Mein Bauchgefühl ist positiv, mit den Fakten habe ich mich kaum befasst.
Ich war gestern Klamotten einkaufen.	Verdammt noch mal: Sag endlich, dass dir mein Outfit gefällt.
Diese Zahlen haben mir den Schock meines Lebens versetzt, ich bin fast vom Stuhl gefallen.	Die Zahlen sind etwas schlechter als erwartet ausgefallen.
Begrüß mich doch nicht wie einen Fremden!	Wir haben uns zweimal gesehen, also müssen wir uns innig umarmen!
Ich liebe ihn, er ist der tollste Mensch der Welt und wird es immer bleiben.	Heute finde ich ihn nett – morgen vielleicht schon nicht mehr.
Mein Vorschlag ist bei ihm auf völlig taube Ohren gestoßen.	Er hat den Vorschlag nur angehört, statt ihn sofort zu prämieren.

Die fünf Schlüssel zum Selbstdarsteller

Wie verhindern Sie, dass der Selbstdarsteller immer im Mittelpunkt steht und anderen die Schau stiehlt? Wie können Sie seine Gefühlsausbrüche minimieren und ihn zu mehr Sachlichkeit animieren? Welche Haltung befähigt Sie zur Gelassenheit – und dazu, etwas von ihm zu lernen? Diese fünf Antworten helfen Ihnen, konstruktiver mit ihm umzugehen.

Frage 1: Was sagt es über mich aus, wenn ich auf einen Selbstdarsteller allergisch reagiere?

Gerade faktenorientierte Menschen, denen Verbindlichkeit wichtig ist, kriegen beim Anblick eines Selbstdarstellers die Krise. Es erzürnt sie, dass er redet, ohne zu wissen, wovon; dass er verspricht, ohne einzuhalten, was er zusagt; und dass er nur so lange guter Laune ist, wie alles um ihn kreist – und beleidigt, sobald das nicht mehr der Fall ist.

Ungünstige innere Haltung:
So ein Aufschneider! Eine riesige Klappe, aber nichts dahinter. Er tut alles, um mir die Schau zu stehlen, drängt sich in den Mittelpunkt und schmückt sich mit fremden Federn. Seine Launenhaftigkeit ist eine Katastrophe, mal sieht er mich als Verbündeten, dann als Todfeind. Und seine falschen Versprechungen verfolgen offenbar nur einen Zweck: mich in den Wahnsinn zu treiben. Er ist eine Zumutung.

Günstige innere Haltung:

Offenbar lebt er in großer Sorge, übersehen und überhört zu werden, auch von mir; nur deshalb drängt es ihn ins Scheinwerferlicht. Dass er Menschen als »Freunde« bezeichnet, obwohl er sie gerade erst kennengelernt hat, ist vielsagend: Er will beliebt sein, zweifelt aber, ob er es tatsächlich ist. Vielleicht wechselt er seinen Freundeskreis deshalb so oft – als reichte das, was ihm die vermeintlich nahen Menschen geben, schnell nicht mehr aus, um sein Vakuum an Selbstvertrauen zu füllen. Und wenn er mehr verspricht, als er halten kann, dann will er mich nicht reinlegen – vielmehr ist ihm der kurze Moment der Anerkennung so wichtig, dass er übers Ziel hinausschießt. Er schreit nach Aufmerksamkeit. Ich kann entscheiden, ob und wie ich sie ihm gebe.

Frage 2: Wie verändere ich das Verhalten eines Selbstdarstellers?

Zeigen Sie ihm, wie er Aufmerksamkeit ohne doppelten Salto bekommt.

Nehmen Sie Leila aus dem Eingangsbeispiel. Sie fährt eine funkensprühende Geburtstagstorte auf, legt dramatische Auftritte bei Meetings hin und stürmt dauernd ins Büro ihres Chefs – um Aufmerksamkeit zu erlangen. Und der Trick geht auf: Ihr Chef ist ganz Ohr, die Kollegen bestaunen die Torte, und ihre Verspätung beim Meeting wird durch eine Extraportion Zuwendung belohnt.

Wenn Sie das Verhalten eines Selbstdarstellers verändern wollen, müssen Sie ihm eine neue Formel beibringen: Aus »mehr Show = mehr Aufmerksamkeit« muss werden: »weniger Show = mehr Aufmerksamkeit«. Angenommen, Leilas Chef wendet sich rasch wieder der Tagesarbeit zu, wenn sie in sein Büro stürmt. Und er reagiert kaum, wenn sie in der Meeting-Runde prahlt. Aber sobald sie gute Sacharbeit leistet oder solche Beiträge einbringt, geht er auf sie zu, nimmt sich Zeit und lobt sie in großer Runde.

Wetten, dass Leila ihre Lektion lernt und sich anders verhält? Klar, sie wird in ihr altes Muster zurückfallen, dramatisieren und angeben. Aber je öfter sie damit auf Grundeis läuft, desto mehr setzt sich das neue Verhalten durch.

Genauso können ihre Kollegen agieren: Wenn Leila Aufmerksamkeit erzwingen will, etwa verspätet in Sitzungen rauscht und sofort losposaunt, weshalb sie zu spät ist – dann darf die Sitzung ihretwegen nicht unterbrochen werden. Die Kollegen sollten sie höflich, aber bestimmt bitten, Platz zu nehmen und einfach mit der Besprechung fortfahren. Aber wenn sie ausnahmsweise mal einen sachlichen Beitrag liefert, und sei er auch noch so kurz, ist dieses Verhalten ausdrücklich zu würdigen – in emotionalen und bildhaften Worten, denn ihre Landessprache versteht sie am besten: »Leila, das war ein ganz toller Auftritt – weil du in wenigen Worten direkt auf den Punkt gekommen bist.«

Diese positive Verstärkung kann zu dauerhaften Veränderungen führen. Denn Selbstdarstellern geht es nicht um Selbstdarstellung, sondern um Aufmerksamkeit. Und wenn hinter der Bühne mehr davon als auf der Bühne wartet, dann tummeln sie sich dort. Nur müssen sie diese Erfahrung immer wieder sammeln, damit das alte Verhaltensmuster ein Stück weit verblasst.

> **MEINE DREI BESTEN TIPPS:**
>
> ▶ Belohnen Sie den Selbstdarsteller mit Anerkennung, wenn er mal ohne Bugwelle agiert. Mit der Zeit wird er lernen, sich seine Zuwendung auf die leisere Tour zu holen.
>
> ▶ Sehen Sie davon ab, überzogene Auftritte durch Aufmerksamkeit zu würdigen. Lassen Sie den Selbstdarsteller spüren, dass seine Theatralik nichts bringt.
>
> ▶ Loben Sie ihn in seiner Landessprache: bilderreich, emotional und mit Superlativen. Solche Aussagen verstärken sein von Ihnen erwünschtes Verhalten am zuverlässigsten.

Frage 3: Welches sind die besten Strategien im Umgang mit einem Selbstdarsteller?

Was können Sie tun, um erfolgreicher mit einem Selbstdarsteller umzugehen? Diese drei Regeln machen ihnen vor, wie es gelingen kann.

Strategie 1: Lassen Sie ihm seine Bühne, aber begrenzen Sie seinen Auftritt.

Michael gehört zum Verkaufsteam unseres kleinen Immobilienbüros. Er wird schnell mit den Kunden warm, verströmt Begeisterung und erzielt gute Abschlüsse. Doch die Sitzungen mit ihm sind die Hölle. Er breitet vor seinen Kollegen alles Mögliche über seine Kunden aus: wer sich einen Tresor für Schmuck in die Wand bauen lässt, wer einen

Herd für 5000 Euro bestellt oder welche Ehefrau ihn in Gegenwart ihres Mannes angebaggert habe. Die Kollegen rollen schon mit den Augen, wenn er so anfängt. Aber er merkt das offenbar nicht, weil er es liebt, wenn sich alles um ihn dreht. Bei den letzten Sitzungen habe ich ihm einfach das Wort entzogen: »Das tut nichts zur Sache, wir wollen nicht abschweifen.« Das Ergebnis war, dass er die beleidigte Leberwurst spielte und auch seine sachlichen Beiträge verweigerte.

Dieses Erlebnis erzählte mir Alexander Geuner (58), der Inhaber des Büros, in der Karriereberatung. Er war verärgert über Michael, wertete sein Verhalten als Arbeitsverweigerung. Aber kündigen wollte er ihm nicht, dazu war er zu erfolgreich. Was tun? Zunächst sprach ich mit ihm darüber, warum sein Mitarbeiter so handelte:

Coach: »Ich sehe das nicht als Rache – ich glaube, Ihr Mitarbeiter fühlt sich bedroht.«

Geuner: »Bedroht? Wodurch denn? Ich hab ihn nur aufgefordert, sich kürzerzufassen.«

Coach: »Stellen Sie sich eine Topfpflanze vor, die Wasser braucht, um zu überleben. Was geschieht, wenn Sie ihr das Wasser entziehen? Sie geht langsam ein.«

Geuner: »Was wollen Sie mir damit sagen?«

Coach: »Ihr Mitarbeiter könnte eine histrionische Persönlichkeit sein, ein Selbstdarsteller. Und was für die Pflanze das Wasser, ist für ihn die Aufmerksamkeit der Gruppe. Wenn er glaubt, diese Zuwendung wird ihm entzogen, gerät er in Panik und macht dicht.«

Geuner: »Aber was ist die Alternative? Soll ich wieder zulassen, dass er uns mit seinen endlosen Geschichten die Zeit stiehlt?«

Coach: »Wässern Sie die Pflanze, aber dosiert. Wie wäre es mit Spielregeln für Ihre Sitzungen? Zum Beispiel stellen Sie eine Sanduhr. Jeder Teilnehmer darf präsentieren, bis der Sand durchgelaufen ist. Dann ist die Länge des Auftritts begrenzt.«

Geuner: »Aber wer garantiert mir, dass er dann die wichtigen Infos überhaupt rüberbringt? Er kommt ja immer vom Hölzchen zum Stöckchen.«

Coach: »Verhelfen Sie ihm zu Struktur, indem Sie zum Beispiel drei wichtige Fragen vorgeben, die jeder bei seiner Präsentation beantworten soll.«

Alexander Geuner setzte die Empfehlung um und berichtete ein paar Monate später, Michael fasse sich jetzt kürzer und komme besser auf den Punkt.

Lassen Sie dem Selbstdarsteller seine Bühne, aber stecken Sie einen klaren Rahmen. Und leiten Sie elegant zum nächsten Redner über: »Spannender Beitrag, bestimmt hast du damit Gedanken angestoßen. Lass uns mal hören, was Tanja dazu meint?« So kann er das Wort loslassen, ohne die (gefühlte) Aufmerksamkeit der Gruppe zu verlieren.

Auch eitelkeitsfreundliche Ich-Botschaften können die Auftritte begrenzen: »Ich würde dir gerne mit ganzer Konzentration folgen, um nichts zu verpassen. Aber ich merke gerade, ich werde unkonzentriert. Lass uns deine Ausführung an dieser Stelle unterbrechen.« Das kommt seinem Geltungsbedürfnis entgegen.

MEINE DREI BESTEN TIPPS:

▶ Legen Sie Spielregeln für den Auftritt des Selbstdarstellers fest. Bitten Sie ihn um Vorschläge, welche Redezeit er pro Person für angemessen hält.

▶ Sorgen Sie dafür, dass er nicht zu weit abschweift – etwa indem sie zwei oder drei wichtige Fragen als Wegweiser in den Raum stellen.

▶ Geben Sie das Wort weiter, indem Sie seinen Beitrag als wichtigen Anknüpfungspunkt bezeichnen. Dann fällt es ihm leichter, das Wort loszulassen.

Strategie 2: Lenken Sie seine Aufmerksamkeit vom Luftschloss zur Realität.

Der erste Mensch, den ein Selbstdarsteller betrügt, ist er selbst. Wenn er zusagt, eine Information bis abends zu liefern, geht er davon aus, das auch zu tun – ist er nicht viel schneller als die anderen? Gar kein Problem, das bekommt er locker hin! Er überschätzt sich und *unterschätzt* den Zeitbedarf.

Wie stoßen Sie mehr Verbindlichkeit an? Schärfen Sie seinen Blick für Risiken und Hindernisse. Sprechen Sie mit ihm durch, was schiefgehen kann und welcher Plan B dann greift. Fügen Sie seiner Wahrnehmung, in der alles reibungslos funktioniert, eine zweite Ebene hinzu: den Blick für Schwierigkeiten.

Und machen Sie ihm deutlich, dass solche Probleme in der Natur der Sache liegen, also auch bei den Besten, Begabtesten, Tollsten vorkommen – sprich einem Typ wie ihm, der sich dadurch auszeichnet, darauf gefasst zu sein.

Hier ein Vorschlag, wie Leilas Chef aus dem Eingangsbeispiel sie zu mehr Termintreue hätte veranlassen können:

»Nun haben Sie mir gesagt, dass Sie das Projekt bis Ende der Woche abschließen.« *(Hält die Zusage noch einmal fest.)* »Das wäre wunderbar, und ich traue Ihnen das absolut zu.« *(Spendet Anerkennung und verwendet die Landessprache: »wunderbar«, »absolut«.)* »Nur ist es mir wichtig, auch die zweite Möglichkeit durchzusprechen: dass eben *nicht* alles einwandfrei läuft, dass Hindernisse auftauchen.« *(Bringt eine Möglichkeit ins Spiel, die Leila bislang nicht auf dem Schirm hatte.)* »Bitte überlegen Sie: Was könnte Sie daran hindern, das Projekt bis Ende der Woche abzuschließen? Welche Schwierigkeiten könnten auftreten, welche anderen Aufgaben Sie abhalten?« *(Animiert sie durch seine Fragen, beide Füße auf den harten Boden der Wirklichkeit zu stellen.)* »Es ist mir wichtig, dass wir diese Punkte durchgehen und uns überlegen: Falls einer davon eintritt, mit welchem Plan B können Sie dann eine pünktliche Lieferung sicherstellen?« *(Regt Leila an, sich einen Fallschirm zu bauen, um auch bei Problemen noch sicher im Terminkorridor zu landen.)* »Das finde ich übrigens bewundernswert: wenn jemand trotz Hindernissen seine Ziele erreicht.« *(Setzt noch einen Motivations-Anreiz, speziell für einen Menschen, der bewundert werden will.)*

Ebenso hat es sich bewährt, mit Selbstdarstellern Zwischenziele zu vereinbaren: Bis wann soll welcher Teil einer Aufgabe erledigt sein? Haken Sie regelmäßig nach, wie weit er schon gekommen ist. Diese Strategie ermöglicht es, Verzögerungen *rechtzeitig* zu bemerken und gegenzusteuern.

Überhaupt ist es klug, ihm eine enge Struktur vorzugeben, zum

Beispiel Arbeitsschritte. Belassen Sie es nicht bei einer mündlichen Vereinbarung. Halten Sie, wenn möglich, eine Abmachung mit einem Selbstdarsteller schriftlich fest – zum Beispiel durch eine kurze E-Mail oder eine Notiz auf dem Whiteboard im Büro. Die Schriftform bildet ein sinnvolles Gegengewicht zu seiner natürlichen Unverbindlichkeit.

MEINE DREI BESTEN TIPPS:

▶ Erhöhen Sie die Verbindlichkeit eines Selbstdarstellers, indem Sie ihn nach seinen Zusagen mögliche Hindernisse durchgehen lassen.

▶ Regen Sie ihn an, dass er sich einen Plan B zurechtlegt, durch den er trotz widriger Umstände sein Wort einhalten kann.

▶ Sagen Sie ihm, welch hohen Respekt Sie vor Zuverlässigkeit unter widrigen Umständen haben. Das spornt ihn an, seine Zusage zu erfüllen.

Strategie 3: Bringen Sie ihm bei, dass emotionale Manipulation bei Ihnen nicht greift.

Warum geraten dem Selbstdarsteller alle Emotionen eine Nummer zu groß? Er will sicher sein, dass ihn die anderen hören, sehen, schätzen. Ein Beispiel:

Als Mark seine Freundin Olivia das erste Mal zu Freunden mitnimmt, redet sie mehr als alle anderen zusammen. Mark merkt, dass die Stimmung seiner Freunde kippt, und nimmt Olivia zur Seite. Er bittet sie, etwas weniger von sich zu erzählen. Olivia schnappt nach Luft wie eine Erstickende. Dann bricht ein Tränenstrom los, und sie wirft ihm vor: »Du liebst mich nicht, deine Freunde sind dir wichtiger!« Mark küsst sie und versichert ihr seine Liebe.

Ein paar Tage später bringt er sie abends nach Hause. Beim Abschied beginnt sie zu zittern und zu schluchzen. Als Mark wissen will, was mit ihr los ist, sagt sie: »Wenn du mich jetzt schon alleine schlafen lässt, hat das mit uns doch keine Zukunft!« Mark tröstet sie, disponiert um und übernachtet in ihrer Wohnung.

Mittlerweile haben sich die Gefühlsausbrüche Olivias multipliziert: Ob beim Kochen etwas nicht klappt, eine Freundin einen Termin absagt oder der Paketbote das falsche Paar Schuhe liefert – fast immer weint oder tobt sie. Vorzugsweise, wenn sich Mark gerade seiner Arbeit als Freiberufler widmet. Aber sobald er Olivias Ausbrüche hört, lässt er alles stehen und liegen – und eilt wie die Feuerwehr herbei. Doch mittlerweile nervt ihn das, und er ist emotional ein Stück von Olivia abgerückt.

Wenn Olivia weint oder wütend wird, sagt sie damit heimlich: »Versichere mir deine Liebe! Widme dich mir und nichts anderem!« Mark lässt sich auf dieses Spielchen ein, das beschwört einen Teufelskreis herauf: Weil die emotionalen Ausbrüche ihr Aufmerksamkeit bringen, sinkt die Reizschwelle; Olivia liefert immer mehr davon ab.

Mark kann diesen Teufelskreis durchbrechen, indem er ihr seine typische Reaktion verweigert. Statt als ihr rettender Engel einzuschweben, sie zu umarmen und zu umsorgen, sollte er ihr mit freundlicher Sachlichkeit begegnen und ihre Eigenkräfte aktivieren: »Was kannst du jetzt unternehmen, um dich besser zu fühlen?« Und statt ihr alle Zeit der Welt zu schenken, wäre es ratsam, sich eher früher als später wieder der Arbeit zuwenden.

Was ist der Effekt? Ein Engelskreis wird möglich: Weil die Methode schlecht funktioniert, greift Olivia seltener darauf zurück. Weil sie seltener darauf zurückgreift, entsteht wieder mehr Nähe zwischen den beiden. Und weil mehr Nähe entsteht, schwindet ihr Bedürfnis, diese Nähe auf künstliche Weise herzustellen.

! MEINE DREI BESTEN TIPPS:

▶ Erkennen Sie emotionale Ausbrüche als einen Lockruf nach Aufmerksamkeit, der Sie ebenfalls zu Emotionen verführen soll – etwa, dass Sie Trost spenden.

▶ Gehen Sie, wenn überhaupt, nur knapp und sachlich auf diese Ausbrüche ein – sodass der Selbstdarsteller die gewünschte Beute, starke Aufmerksamkeit, nicht an Land ziehen kann.

▶ Suchen Sie umso mehr Nähe zum Selbstdarsteller, je weniger er emotionale Ausbrüche zur Manipulation einsetzt – das führt zu einer positiven Verstärkung.

Frage 4: Was sollte ich vermeiden im Umgang mit einem Selbstdarsteller?

Wer einen Selbstdarsteller verändern will, muss vorsichtig sein, dass er Feuer nicht mit Benzin löscht – und das problematische Verhalten anfacht. Was gilt es unbedingt zu vermeiden? Und welche Alternativen bieten sich an? Die folgende Tabelle hilft weiter.

Unbedingt vermeiden	Möglicher Schaden	Klügeres Verhalten
Sich verführen lassen: Sie steigen auf sein Angebot ein und zahlen seine Emotionen in der gewünschten Münze zurück: durch Aufmerksamkeit, durch Hinwendung, durch Trost.	Der Selbstdarsteller fühlt sich eingeladen, seine Emotionen weiterhin dick aufzutragen, weil es so gut funktioniert.	Reagieren Sie umso reservierter, je mehr Sie spüren, dass er Sie emotional manipulieren will.
Trösten: Der Selbstdarsteller bricht in Tränen aus. Sie haben ein schlechtes Gewissen, trösten ihn und lenken ein – auch wenn es sachlich keinen Grund dafür gibt.	Er wird seine Tränen künftig in noch größeren Strömen fließen lassen, um ihren Trost zu genießen und seine Wünsche durchzusetzen.	Reagieren Sie freundlich, aber sachlich. Lenken Sie den Fokus auf ihn selbst, indem Sie zum Beispiel fragen: »Was kannst du tun, um dich jetzt besser zu fühlen?«
Bewundern: Sie spenden ihm schwärmerische Anerkennung. »Also wie du diese Rede gehalten und alle in deinen Bann gezogen hast: erste Sahne!«	Er nimmt Sie als Ein-Personen-Fanclub wahr – was ihn zu weiterem Star- und Bühnenverhalten animiert.	Loben Sie sachlich. Und geben Sie, wenn nötig, auch Anregungen für Verbesserungspotenziale.

Unbedingt vermeiden	Möglicher Schaden	Klügeres Verhalten
Beschwichtigen: Der Selbstdarsteller ist kurz vorm Ausflippen – Sie wollen ihn bremsen. »Jetzt reg dich doch nicht so auf! Das kriegen wir schon wieder hin, kein Weltuntergang!«	Er will Ihnen beweisen, dass es eben doch ein Weltuntergang ist – und steigert sich noch mehr rein.	Stellen Sie sachliche Fragen, zum Beispiel: »Beschreib einmal genau, was anders hätte laufen können« – das kühlt ihn besser ab als entsprechende Appelle.
Kühne Versprechen glauben: Der Selbstdarsteller verspricht Ihnen das Blaue vom Himmel – und Sie glauben es ihm, weil Sie es glauben wollen.	Er spürt, dass Sie solche Wunschbilder gern hören – und legt davon so viele nach, bis der reinste Hollywood-Film entsteht.	Haken Sie nach. Fragen Sie nach Fakten. Kürzen Sie seine Versprechen innerlich. Wer ihn durchschaut, wird nicht mehr enttäuscht.[104]
Ihm Vorbilder nennen: »Schau dir doch mal Judith an! Sie lässt alle ausreden und fasst sich bei ihren Wortbeiträgen kurz!«	Sie verstärken seine tiefste Angst, er sei weniger wert als die anderen. Gut möglich, dass er jetzt einen Angriff auf Judith fährt.	Raten Sie ihm, dass er sich selbst als Vorbild nimmt, in Situationen mit weniger Selbstdarstellung: »Mir hat gefallen, wie sachlich du neulich …«

Unbedingt vermeiden	Möglicher Schaden	Klügeres Verhalten
Aufgedreht reagieren: »Glaubst du, ich kann nicht rumschreien! Ich hoffe, das ist jetzt laut genug, damit du verstehst …«	Wenn es ihm gelingt, bei Ihnen starke Emotionen zu erzeugen, fühlt er sich in seinem Verhalten bestärkt.	Je lauter er wird, desto leiser sollten Sie sprechen; je mehr er kocht, desto mehr einen kühlen Kopf bewahren. Das holt ihn in die Sachlichkeit zurück.

Frage 5: Was kann ich von einem Selbstdarsteller lernen?

Vieles, was der Selbstdarsteller übertreibt, enthält positive Ansätze – gerade für Menschen, die zur Bescheidenheit neigen. Was können Sie von ihm für Ihre Entwicklung lernen? Hier ein paar Anregungen:

Verhalten des Selbstdarstellers	Positive Sicht auf ihn	Impuls zur eigenen Entwicklung
Er steht gern im Mittelpunkt.	Er ist die Geselligkeit in Person und blüht auf, wenn andere Menschen um ihn herum sind. Er versteht es, schnell Kontakte zu schließen und Menschen für sich zu gewinnen.	Bin ich in der Lage, Menschen für mich einzunehmen? Fällt es mir leicht, ins Rampenlicht zu treten? Nehme ich meine Anliegen so wichtig, dass andere es spüren? Wann sollte ich mir selbst mehr Bedeutung einräumen und sie einfordern?

Verhalten des Selbstdarstellers	Positive Sicht auf ihn	Impuls zur eigenen Entwicklung
Er redet und gestikuliert sehr emotional.	Kaum jemand spricht so lebendig wie der Selbstdarsteller. Er macht nicht nur Worte, sondern empfindet sie. Seine Emotionen geben ihm die Kraft, andere zu begeistern und mitzureißen.	Kämpfe ich emotional genug für meine Anliegen? Gerate ich beim Reden öfter mal in einen Flow und wachse über mich hinaus? Inwieweit wäre es hilfreich für mich, mir beim Reden mehr Begeisterung zu gestatten?
Er haut jeden Tag neue Ideen und Meinungen raus – und nimmt alte zurück.	Er ist innovativ und mischt die Karten täglich neu, statt auf Rezepte von vorgestern zu schwören. Man kann ihn leicht für Dinge begeistern. Sein Kopf ist rund, damit das Denken die Richtung wechseln kann.	Nehme ich einen Standpunkt zurück, wenn er überholt ist; gebe ich eine Idee auf, wenn ich eine bessere habe; lass ich einen Menschen los, wenn es der falsche war? Inwieweit könnte mir mehr Flexibilität im Denken helfen?

Verhalten des Selbstdarstellers	Positive Sicht auf ihn	Impuls zur eigenen Entwicklung
Er trägt beim Erzählen dick auf.	Er agiert wie ein guter Werbetexter, spitzt seine Aussagen zu und greift zu Superlativen. So setzt er beim Reden Reize, die das Vergnügen der Zuhörer erhöht und ihm eine hohe Aufmerksamkeit sichern.	Wie trete ich vor anderen auf? Geht mir berechtigtes Eigenlob leicht über die Lippen? Oder verkaufe ich mich unter Wert? Und wenn ich mich künftig etwas besser darstelle, als ich es bin – würde diese Idealisierung nicht die Chance steigern, dass ich tatsächlich besser werde?[105]
Er kümmert sich wenig um Fakten und entscheidet fast immer aus dem Bauch heraus.	Er versteht es meisterlich, dem Kompass seiner Intuition zu folgen. In seinem Handeln ist er flexibel und unbürokratisch, immer zu allen Seiten offen.	Wie ernst nehme ich mein Bauchgefühl bei wichtigen Entscheidungen? Horche ich in mich hinein? Überlasse ich meiner Intuition das letzte Wort? Inwiefern wäre es gesund, meiner Intuition mehr Macht und Raum zu geben?

Übungsfall: »Hilfe, mein Herz macht Schwierigkeiten!«

Linda (45) lädt ihren Vater Herbert (80) regelmäßig zu Familienfeiern ein. Sobald Herbert eintrifft, erwartet er, dass sich alles um ihn dreht. Jahrelang hat das die Familienfeiern gestört. Seit einiger Zeit ist Linda dazu übergegangen, dem Vater für sein theatralisches Verhalten keine größere Aufmerksamkeit mehr zu schenken. Doch zuletzt kam es zweimal vor, dass er – eigentlich gesund – bei solchen Feiern Herzschwierigkeiten beklagte, sich mit großem Wehklagen an die Brust griff (»Hilfe, mein Herz macht Schwierigkeiten.«) und auf einen Stuhl sackte. Alle Verwandten gruppierten sich dann um ihn und waren bemüht, ihm zu helfen und ihn zu trösten. Danach ging es Herbert wieder auffallend gut, ja fast hervorragend.

Der Plan: Linda ist sich ziemlich sicher, dass ihr Vater die »Herzprobleme« nicht wirklich hat, sondern sie nur vorschiebt, um Aufmerksamkeit zu erlangen – denn die Attacken kamen exakt dann, wenn er vorher mit theatralischen Auftritten ins Leere gelaufen war. Sie nimmt sich vor, beim nächsten Mal einen Arzt zu rufen, ob es ihrem Vater gefällt oder nicht. Auf diese Weise hofft sie, ihm das Spielchen auszutreiben.

ÜBUNG: Wie denken Sie über diesen Ansatz? Eine gute Idee? Bitte bringen Sie Ihre Einschätzung kurz zu Papier.

Meine Einschätzung: Ich teile Lindas Meinung, dass die »Herzattacken« des Vaters wohl kein Zufall sind, sondern ein Schrei nach Aufmerksamkeit. Und dieser Plan geht auf, denn alle scharen sich um ihn und sind in Sorge.

Aber was wird geschehen, wenn Linda einen Notarzt hinzuzieht? Wird der Vater aus Furcht, als Schauspieler enttarnt zu werden, nie wieder eine Herzattacke simulieren? Im Gegenteil, als passionierter Selbstdarsteller wird er auch den Arzt zu seinem Publikum machen – eine Extraportion Aufmerksamkeit winkt.

Das Risiko, hier den Teufel mit dem Beelzebub austreiben zu wollen, ist zu groß. Mein Vorschlag: Linda sollte ihren Vater, sobald er von einer Herzattacke spricht, von der Gruppe trennen – ihn zum Beispiel in einen Raum mit Liegegelegenheit bringen, damit er sich dort erholen kann. Erst mit ihr, dann allein. Und gern mal eine Stunde lang.

So erreicht er mit der »Herzattacke« das Gegenteil des Angestrebten: statt im Mittelpunkt des allgemeinen Interesses zu stehen, verlässt er die Bühne.

Ich bin sicher: Wenn Linda diese Methode ein paar Mal anwendet, wird ihr Vater von seinen »Herzattacken« kuriert sein.

> **MEINE DREI BESTEN TIPPS:**
>
> ▶ Schenken Sie einem Selbstdarsteller möglichst wenig Aufmerksamkeit, wenn er sie mit Gewalt auf sich ziehen will.
>
> ▶ Trennen Sie einen Selbstdarsteller, der übers Ziel hinausschießt, elegant von der Gruppe.
>
> ▶ Wiederholen Sie die Trennung von der Gruppe so oft, bis der Selbstdarsteller seine Lektion gelernt hat und auf seine manipulativen Techniken verzichtet.

Sieben neue Glaubenssätze für Selbstdarsteller

Wer an sich selbst histrionische Tendenzen erkennt, kann von dieser Übung profitieren: In der linken Spalte der folgenden Tabelle nenne ich typische Glaubenssätze – in der rechten alternative. Bitte probieren Sie, jeweils einen Tag der kommenden Woche nach den neuen Glaubenssätzen zu leben. Suchen Sie Anhaltspunkte dafür, dass diese Aussagen wahr sind. Füllen Sie das jeweilige Motto mit Leben. Was verändert und entspannt sich in Ihnen?

Alter Glaubenssatz	Neuer Glaubenssatz
Ich muss im Mittelpunkt stehen.	Ich bin auch dann ein wichtiger Mensch, wenn mal nicht alle Augen auf mich gerichtet sind.

Alter Glaubenssatz	Neuer Glaubenssatz
Ich muss anderen gefallen.	Ich möchte mit mir selbst zufrieden sein, das ist mir am wichtigsten.
Niemand darf mir die Schau stehlen.	Je mehr Raum ich anderen gebe, sich selbst darzustellen, desto mehr Raum und Aufmerksamkeit bekomme ich zurück.
Ich muss sofort bekommen, was ich haben möchte.	Es lohnt sich für mich, kurzfristige Bedürfnisse hinter langfristige Ziele zurückzustellen.
Extreme Gefühle, zum Beispiel Tränen, sichern mir Aufmerksamkeit.	Seriöse Aufmerksamkeit kann ich mir durch Zuverlässigkeit und gute Leistungen verschaffen.
Ich muss hervorragend gekleidet oder geschminkt sein.	Ich bin auf meine Art schön, auch ohne Schminke oder besondere Kleidung.
Niemand darf wissen, was wirklich mit mir los ist. Sonst wenden sich die Menschen von mir ab.	Zuneigung ist nur wertvoll, wenn sie meinem wahren Ich gilt. Darum muss ich mein wahres Ich zeigen, auch mit Schwächen.

STECKBRIEF: DER SELBSTDARSTELLER

Drei Eigenschaften, die ihn kennzeichnen:

► Er dramatisiert seine Gefühle.

► Er giert nach der Aufmerksamkeit anderer.

► Er ist emotional instabil und wechselt rasch den Kurs.

Drei Wörter, die er gern verwendet:

► »Sensationell« – weil er es darunter nicht macht.

► »Guter Freund« – weil er angeblich ein Dutzend davon hat.

► »Hervorragend« – weil es ihm oft so geht, wenn man danach fragt.

Drei Sätze anderer, die ihn aufregen:

► »Du hast mir gestern doch noch versprochen ...«
   (*Gestern ist ewig her!*)

► »Jetzt mach doch kein solches Theater.«
   (*Man wird seine Gefühle wohl noch zeigen dürfen!*)

► »Ich finde, du übertreibst.« (*Nein, du verkennst die Dramatik!*)

Drei Verhaltensweisen, die ihm entgegenkommen:

► Lassen Sie ihm Bühnen, aber begrenzen Sie seine Auftritte
   (Zeitschranken).

► Belohnen Sie weniger schrilles Verhalten durch mehr Aufmerksamkeit.

► Schaffen Sie Verbindlichkeit, indem Sie ihm zu einem Plan B verhelfen.

Drei Wege, ihn konstruktiv zu kritisieren:

► Stellen Sie Ihre Anerkennung für ihn als Mensch voran.

► Formulieren Sie Ihre Kritik als Wunsch.

► Zeigen Sie ihm, dass das gewünschte Verhalten ihm Aufmerksamkeit
   bringt.

Teil 3:

Bonus-Workbook –
die 15 besten Übungen

Im dritten Teil dieses Buches erfahren Sie unter anderem …

► wie Sie die Menschentypen um sich herum richtig identifizieren und behandeln,

► welches Ihre größten Herausforderungen im Umgang mit anderen sind,

► wie Sie kritische Situationen mit Ihren H-Menschen souveräner bewältigen,

► wie Sie Ihre Gefühle steuern und sich gegen (emotionale) Ausbeutung abgrenzen

► und wie Sie aus diesem Buch einen Schlachtplan für Ihren Alltag ableiten.

Dieses Bonus-Workbook unterstützt Sie dabei, souverän mit *Ihren* H-Menschen umzugehen. Die Übungen zielen in zwei Richtungen: Zum einen können Sie Ihr Wissen aus diesem Buch festigen – das erhöht Ihre Sicherheit, es anzuwenden. Und zum anderen haben Sie die Chance, die Erkenntnisse auf Ihr Leben zu übertragen. Dann können Sie schon die nächste Begegnung mit einem H-Menschen neu gestalten. Ab ins Trainingslager!

Übung 1:

Erkenne ich diese Typen?

Ziel der Übung: Wenn Sie die Impulse aus dem Buch anwenden wollen, ist es wichtig, dass Sie die einzelnen H-Menschen zuverlässig erkennen. Diese Übung wird Ihr Wissen auffrischen und Ihre Sicherheit beim Identifizieren erhöhen.

ÜBUNG: Stellen Sie sich eine Sitzung in einer Firma vor. Bitte ordnen Sie die folgenden Aussagen den sieben Typen aus diesem Buch zu – jeder Typ kommt nur einmal vor: Narzisst, Perfektionist, Machtmensch, Selbstdarsteller, Trotzkopf, Schwarzmaler, Hilfe-Rufer.

Verhalten/Aussage	Typ und Erkennungsmerkmal:
1. »Ich finde die Idee eigentlich gar nicht schlecht. Ich frage mich nur, wie ich das in meinen knappen Terminkalender noch reinpacken soll. Man ist ja schon einigermaßen ausgelastet hier.«	Der Typ: _____ Die Erkennungsmerkmale: _____ _____
2. »Aus dem Protokoll unseres letzten Meetings – Punkt 1.3, Absatz 4 – geht klar hervor, dass wir diesmal in einer anderen Reihenfolge diskutieren wollen. Sonst stürzen wir ins Chaos.«	Der Typ: _____ Die Erkennungsmerkmale: _____ _____
3. »Wir liegen weit hinter dem Plan zurück – dabei müssen wir diesmal schneller sein. Höchste Zeit, dass wir Gas geben. Also, Marion, du kümmerst dich ums Marketing. Und du, Wolfgang, um (…)«	Der Typ: _____ Die Erkennungsmerkmale: _____ _____
4. »Entschuldige, dass ich dich unterbreche, aber ich habe gerade eine obergeniale Idee. Ihr werdet Bauklötze staunen, denn alles ist viel einfacher als gedacht. Ich verspreche euch, das wird funktionieren. Also (…)«	Der Typ: _____ Die Erkennungsmerkmale: _____ _____

Verhalten/Aussage	Typ und Erkennungsmerkmal:
5. »Ihr überseht, wie schwierig dieser Kunde ist. Habt ihr schon wieder den Ärger vom letzten Mal vergessen? Außerdem sind bald Sommerferien, und dann stehen wir mit der halben Personalstärke da.«	*Der Typ:* _____ *Die Erkennungsmerkmale:* _____ _____
6. »Ich habe schon einen Entwurf für das Angebot fertig, Tom hatte mich dabei unterstützt. Kann da noch mal jemand über die Zahlen schauen? Und auch bei den Formulierungen bin ich unsicher.«	*Der Typ:* _____ *Die Erkennungsmerkmale:* _____ _____
7. »Das Feedback auf meinen Vortrag war großartig, minutenlang haben die Leute geklatscht. Die haben meinen Auftritt genossen. Apropos Vortrag: Du, Marie-Luise, machst doch so großartige PowerPoint-Präsentationen – könntest du für meinen nächsten Vortrag vielleicht (…)«	*Der Typ:* _____ *Die Erkennungsmerkmale:* _____ _____

Lösungen: 1 = Trotzkopf, 2 = Perfektionist, 3 = Machtmensch, 4 = Selbstdarsteller, 5 = Schwarzmaler, 6 = Hilfe-Rufer, 7 = Narzisst.

Übung 2:

Gehe ich mit dem Typ geschickt um?

Ziel der Übung: Prüfen Sie, wie Sie auf die einzelnen Typen reagieren: günstig oder ungünstig?

ÜBUNG: Stellen Sie sich vor, Sie begegnen den genannten Typen jeweils in der folgenden Situation. Entscheiden Sie sich zwischen drei Reaktionen. Zwei sind günstig, eine nicht. Bitte kreuzen Sie die *ungünstige Reaktion* an – und begründen Sie kurz, warum dieser Schuss nach hinten losginge. Die Lösungen folgen ganz am Ende.

Perfektionist

Er rechnet Ihnen vor, dass Sie für ein Projekt genau 1 ½ Tage mehr als kalkuliert benötigen werden. Auf den ersten Blick erscheint Ihnen dieser Einwand unberechtigt.

Wie reagieren Sie?

1. Ich lege ihm detailgenau dar, auf welcher Grundlage ich zu meiner Kalkulation gekommen bin – damit schlage ich seine Landessprache an.
2. Ich weise ihn darauf hin, dass das Projekt in meiner Verantwortung liegt und ich für die Kalkulation geradestehe – damit entlaste ich sein Gewissen.

3. Ich teile ihm mit, dass sich meine Zeitkalkulation exakt nach einer Vorgabe der Bereichsleitung richtet – ein solcher formaler Rahmen beruhigt ihn.

Ungünstige Reaktion war Nummer: _____

… und zwar aus folgendem Grund: _____

Trotzkopf

Sie bitten ihn um einen Gefallen – und er sagt zu mit den Worten: »Das kann ich eigentlich schon machen.«
Wie reagieren Sie?

1. Ich danke ihm für seine Zusage und betone, dass ich mich zu 100 Prozent darauf verlasse – damit schaffe ich Verbindlichkeit.
2. Ich sage ihm, dass »eigentlich schon« nach leisen Bedenken klingt und ich mehr drüber erfahren will – das erhöht seinen Mut zu Offenheit.
3. Ich betone, dass ich für eine Absage volles Verständnis hätte und er frei entscheiden kann – je mehr Freiheit ich ihm lasse, desto verbindlicher seine Zusage.

Ungünstige Reaktion war Nummer: _____

… und zwar aus folgendem Grund: _____

Hilfe-Rufer

Er steht nun schon das dritte Mal an diesem Tag bei Ihnen auf der Matte und bittet Sie flehentlich um Ihren Rat in einer Routinesache.

Wie reagieren Sie?

1. Ich bitte ihn, ab sofort für jede Frage, die er mir stellen will, einen eigenen Lösungsvorschlag mitzubringen – das aktiviert seine Eigenkräfte.
2. Ich weise ihn darauf hin, dass er in der Lage sein muss, solche Vorgänge eigenverantwortlich zu entscheiden – das kitzelt seine Kompetenzen wach.
3. Ich erinnere ihn an ähnliche Situationen, in denen er selbst entschieden und richtig gehandelt hat – das gibt ihm Sicherheit.

Ungünstige Reaktion war Nummer: _____

… und zwar aus folgendem Grund: _____

Narzisst

Sie wollen erreichen, dass der Narzisst seine umfangreichen Kontakte in ein Projekt einbringt, das Sie leiten.

Wie gehen Sie vor?

1. Ich betone, wie sehr die Chefetage seine Kooperation in dieser Frage schätzen wird – denn er liebt Anerkennung von oben.
2. Ich spreche davon, welche Vorteile ein Projekterfolg für ihn persönlich haben könnte – denn der persönliche Vorteil ist sein Spezialgebiet.
3. Ich packe ihn bei seiner Solidarität und zeige ihm auf, warum es für den Teamerfolg so wichtig ist, dass er seine Kontakte einbringt.

Ungünstige Reaktion war Nummer: _____

… und zwar aus folgendem Grund: _____

Machtmensch

Nach Ihrem Gefühl ist er gerade dabei, einen Fehler zu begehen – wie immer mit voller Geschwindigkeit und aus voller Überzeugung.

Wie verhalten Sie sich?

1. Ich formuliere meine Bedenken in klaren Worten und in selbstbewusstem Ton, um von ihm ernst genommen zu werden.
2. Ich zeige ihm die negativen Konsequenzen seiner Idee auf – und schlage zugleich einen alternativen Weg vor.
3. Ich melde meine Bedenken im diplomatischen Ton an, um ihm zu verdeutlichen, dass ich seinen Machtanspruch akzeptiere.

Ungünstige Reaktion war Nummer: _____

… und zwar aus folgendem Grund: _____

Schwarzmaler

Sie wollen gemeinsam in Urlaub fahren – aber er erklärt lang und breit, warum ihm alle Reiseziele als viel zu riskant erscheinen.
Wie gehen Sie damit um?

1. Ich trete seinem Gefühl mit handfesten Fakten über die Risiken in den einzelnen Regionen entgegen.
2. Ich reagiere mit Humor, um die Situation zu entkrampfen: »Auch zu Hause kann man von einem Auto überfahren werden.«
3. Ich frage ihn, welches der genannten Ziele vielleicht etwas weniger unsicher als die anderen ist.

Ungünstige Reaktion war Nummer: _____

… und zwar aus folgendem Grund: _____

Selbstdarsteller

Er stürmt an Ihren Arbeitsplatz, als Sie gerade alle Hände voll zu tun haben – und will Ihre Aufmerksamkeit für eine seiner endlosen Geschichten beanspruchen.

1. Ich komme seinem Bedürfnis nach Aufmerksamkeit entgegen und wende mich ihm sofort mit ganzer Konzentration zu.

2. Ich sage ihm, dass ich gerade eine Aufgabe abschließen muss – und es unhöflich fände, ihm mit nur einem Ohr zuzuhören.

3. Ich frage ihn, ob er seine Geschichte auf eine Minute zusammenfassen kann – und achte darauf, dass er sich an diese Zeit hält.

Ungünstige Reaktion war Nummer: _____

… und zwar aus folgendem Grund: _____

Lösungen:

Perfektionist

Ungünstige Reaktion: 2. Ich weise ihn darauf hin, dass das Projekt in meiner Verantwortung liegt und ich für die Kalkulation geradestehe – damit entlaste ich sein Gewissen.

Begründung: Der Perfektionist sieht sich als Sheriff, der gegen die Schlampigkeit anderer anreitet. Eine solche Begründung würde ihn anstacheln. Klüger: Legen Sie die Details der Kalkulation offen, dann wird sie für ihn transparent. Oder verweisen Sie auf den offiziellen Segen durch eine höhere Autorität.

Trotzkopf

Ungünstige Reaktion: 1. Ich danke ihm für seine Zusage und betone, dass ich mich zu 100 Prozent darauf verlasse – damit schaffe ich Verbindlichkeit.

Begründung: Der Trotzkopf würde sich völlig missverstanden fühlen: Er hat seine Bedenken angedeutet, aber sie wurden überhört. Klüger: Ermutigen Sie ihn, seine Bedenken auszuführen. Und räumen Sie ihm eine möglichst freie Entscheidung ein.

Hilfe-Rufer

Ungünstige Reaktion: 2. Ich weise ihn darauf hin, dass er in der Lage sein muss, solche Vorgänge eigenverantwortlich zu entscheiden – das kitzelt seine Kompetenzen wach.

Begründung: Das erhöht den Druck auf den Hilfe-Rufer und damit seine Panik, am Anspruch der anderen zu scheitern. Klüger: Bitten Sie ihn, eigene Lösungen vorzuschlagen. Und erinnern Sie ihn an vergangene Erfolge.

Narzisst

Ungünstige Reaktion: 3. Ich packe ihn bei seiner Solidarität und zeige ihm auf, warum es für den Teamerfolg so wichtig ist, dass er seine Kontakte einbringt.

Begründung: Der Teamerfolg ist dem Narzissten egal – es geht ihm um etwas Wichtigeres: sich selbst. Klüger: Betonen Sie, was er persönlich davon hat, auch durch ein gesteigertes Ansehen bei der Chefetage.

Machtmensch

Ungünstige Reaktion: 3. Ich melde meine Bedenken im diplomatischen Ton an, um ihm zu verdeutlichen, dass ich seinen Machtanspruch akzeptiere.

Begründung: Wer wie ein Mäuschen piepst, wird vom Machtmenschen nicht ernst genommen – sondern gefressen. Klüger: Tragen Sie Ihre Bedenken selbstbewusst vor. Zeigen Sie Konsequenzen auf und geben Sie Denkanstöße.

Schwarzmaler

Ungünstige Reaktion: 2. Ich reagiere mit Humor, um die Situation zu entkrampfen: »Auch zu Hause kann man von einem Auto überfahren werden.«

Begründung: Wenn Sie das sagen, sieht sich der Schwarzmaler schon unter einem Auto enden – und hält Sie für leichtfertig. Klüger: Halten Sie ihm Fakten entgegen und beziehen Sie ihn konstruktiv ein.

Selbstdarsteller

Ungünstige Reaktion: 1. Ich komme seinem Bedürfnis nach Aufmerksamkeit entgegen und wende mich ihm sofort mit ganzer Konzentration zu.

Begründung: Damit ordnen Sie Ihr Ziel dem seinen unter – und beschwören weitere Überfälle dieser Art herauf. Klüger: Sagen Sie ihm, dass Sie jetzt keine Konzentration für ihn haben – oder geben Sie ihm ein knappes Zeitfenster vor.

Übung 3:

Verstehe ich die Motive der Typen?

Ziel der Übung: Hier können Sie testen, ob Sie die Motive der einzelnen Typen günstig oder ungünstig einschätzen – und ob Sie durch Ihre Haltung eine gute Grundlage für einen gelassenen Umgang schaffen.

ÜBUNG: Für jeden Typ werden drei Bedürfnisse beschrieben, die ihn möglicherweise leiten. Bitte entscheiden Sie sich für eines davon, das Ihnen für den Umgang mit ihm und Ihre Reaktionen am günstigsten erscheint.

Perfektionist

1. Er hat große Angst vor Fehlern, will alles richtig machen und hält sich deshalb an Formalien fest.
2. Er hat Freude daran, andere Menschen zu belehren und ihnen aufzuzeigen, dass sie wenig wissen.
3. Er vermeidet menschliche Nähe, indem er sich hinter Zahlen, Daten und Fakten verschanzt.

Trotzkopf

1. Er baut sein Ego darauf auf, andere Menschen hinters Licht zu führen: vorne Ja, aber hintenrum Nein zu sagen.
2. Er lebt seine unterdrückte Wut gegen andere aus, indem er sich heimlich verweigert und Projekte blockiert.
3. Er hat es nie gelernt, Kritik offen auszusprechen – deshalb flüchtet er sich in Andeutungen und spricht durch Taten statt Worte.

Hilfe-Rufer

1. Er tut alles, um Verantwortung zu vermeiden – deshalb zapft er so oft das Wissen anderer an.
2. Er ist zutiefst unsicher und kann nur schwer mit sich allein sein – darum sucht er oft Rat und Kontakt.
3. Es will sein Ego aufpumpen, indem er sich an andere klammert und sie mit seinen Fragen löchert.

Narzisst

1. Er will anderen Menschen die Schau stehlen und sie einschüchtern – deshalb führt er sich auf wie ein Superstar.
2. Er lebt seine Allmachtsfantasien aus, indem er andere manipuliert und das Zepter selbst ergreift.
3. Er fühlt sich heimlich unbedeutend und klein – deshalb spricht er sich Bedeutung zu und macht sich größer.

Machtmensch

1. Er hat eine sadistische Ader und fühlt sich gut, wenn er andere Menschen kommandieren kann.
2. Er steht gern an der Spitze einer Gruppe, um sein Ego aufzublasen und seine Eitelkeit zu befriedigen.
3. Er greift nach der Macht, weil er tief innen ohnmächtig ist – er will herrschen, um nicht beherrscht zu werden.

Schwarzmaler

1. Er leidet, wenn er enttäuscht wird oder Erwartungen verfehlt – aus Selbstschutz hängt er die Latte ganz tief.
2. Er weist stets auf Risiken hin, damit er selbst als besonders schlau und weitsichtig erscheint.
3. Er sucht mit seinen negativen Prognosen nach Aufmerksamkeit und will die vermeintlichen Optimisten brüskieren.

Selbstdarsteller

1. Es baut seinen Selbstwert auf, wenn er andere übertrumpfen und ausstechen kann.
2. Er spielt sich in den Mittelpunkt, weil er fürchtet, sonst übersehen und als unbedeutend enttarnt zu werden.
3. Er produziert sich, um seine Eitelkeit zu befriedigen und klarzustellen, dass *er* stets der Wichtigste, Schlauste und Beste ist.

Lösungen:

Perfektionist

Günstiges Motiv: 1. Er hat große Angst vor Fehlern, will alles richtig machen und hält sich deshalb an Formalien fest.

Begründung: Dieser Standpunkt befähigt Sie, die Sorgen des Perfektionisten zu verstehen und ihn behutsam aus seinen Bedenken zu lotsen.

Trotzkopf

Günstiges Motiv: 3. Er hat es nie gelernt, Kritik offen auszusprechen – deshalb flüchtet er sich in Andeutungen und spricht durch Taten statt durch offene Worte.

Begründung: Diese Sicht schärft Ihr Ohr für leise Andeutungen – und hilft Ihnen, ihm eine Brücke für mehr Offenheit zu bauen.

Hilfe-Rufer

Günstiges Motiv: 2. Er ist zutiefst unsicher und kann nur schwer mit sich allein sein – darum sucht er oft Rat und Kontakt.

Begründung: So können Sie seine Hilfsbedürftigkeit besser einordnen und sind motiviert, seine innere Sicherheit zu stärken.

Narzisst

Günstiges Motiv: 3. Er fühlt sich heimlich unbedeutend und klein – deshalb spricht er sich Bedeutung zu und macht sich größer.

Begründung: Mit dieser Haltung fühlen Sie sich *nicht* sofort angegriffen, durchschauen seine Manöver und reagieren souveräner.

Machtmensch

Günstiges Motiv: 3. Er greift nach der Macht, weil er tief innen ohnmächtig ist – er will herrschen, um nicht beherrscht zu werden.

Begründung: Dieses Verständnis erleichtert es Ihnen, sich selbst *nicht* kleiner, sondern auf Augenhöhe mit ihm zu fühlen.

Schwarzmaler

Günstiges Motiv: 1. Er leidet, wenn er enttäuscht wird oder Erwartungen verfehlt – aus Selbstschutz hängt er die Latte ganz tief.

Begründung: Wenn Sie seinen Pessimismus als Selbstschutz erkennen, kann er Sie weniger runterziehen – und Sie können seinen Realismus stärken.

Selbstdarsteller

Günstiges Motiv: 2. Er spielt sich in den Mittelpunkt, weil er fürchtet, sonst übersehen und als unbedeutend enttarnt zu werden.

Begründung: Wenn Sie dieses Bedürfnis verstehen, können Sie ihn beeinflussen, indem Sie ihm Ihre Aufmerksamkeit gezielt schenken oder aber bewusst verweigern.

Die anderen Motive bezeichne ich als »ungünstig« – nicht weil sie zwingend falsch wären, sondern weil sie den Typen unterstellen, ihr Verhalten gegen andere zu richten oder allzu egoistisch zu handeln. Wenn Sie einen anderen Menschen so betrachten, fühlen Sie sich schnell angegriffen – das kann Ihre Gedanken trüben, Ihre Handlungsoptionen einschränken und zu primitiven Kampf-Flucht-Reaktionen führen.

Übung 4:

Wofür bin ich verantwortlich im Umgang mit anderen?

Ziel der Übung: Finden Sie heraus, wie Sie sich selbst und Ihre Verantwortung im Umgang mit anderen definieren.

ÜBUNG: Bitte lesen Sie die folgenden Aussagen und kreuzen Sie »Ja« an, wenn sie für Sie zutreffen, oder »Nein«, wenn Sie anderer Meinung sind.

1. Ich entscheide jedes Mal neu, wie ich eine Äußerung bewerte: als Angriff auf mich – oder als Ausdruck eines Bedürfnisses.	**Ja**	**Nein**
2. Ich suche mir aus, worauf ich mich konzentriere: auf die Schwächen oder die Stärken eines anderen Menschen.	**Ja**	**Nein**
3. Nicht jeder ist schwierig, nur weil er sich anders verhält, als ich es von ihm erwarte.	**Ja**	**Nein**
4. Ob ein anderer Mensch schwierig ist, hängt oft davon ab, ob ich ihn für schwierig halte.	**Ja**	**Nein**
5. Andere Menschen haben genau so viel Macht über mich, wie ich sie ihnen einräume.	**Ja**	**Nein**

6. Niemand kann mich provozieren – solange ich mich nicht provozieren lasse.	**Ja**	**Nein**
7. Je klarer ich einem anderen Menschen meine Grenzen aufzeige, desto eher wird er sie respektieren.	**Ja**	**Nein**
8. Ich habe das Recht, einen Kontakt einzuschränken oder abzubrechen, wenn er mir schadet.	**Ja**	**Nein**
9. Der Umgang mit H-Menschen bietet mir die Chance, innerlich zu wachsen und zu reifen.	**Ja**	**Nein**
10. Je mehr ich mich selbst akzeptiere, desto weniger angreifbar bin ich für andere.	**Ja**	**Nein**

Auswertung: Je öfter Sie »Ja« gesagt haben, desto reifer und eigenverantwortlicher agieren Sie. Diese Sicht auf die Wirklichkeit macht Ihnen das Leben und das Handeln leichter, als wenn Sie sich als Opfer der anderen definieren.

Übung 5:

Welche drei Menschen fordern mich heraus?

Ziel der Übung: Identifizieren Sie drei schwierige Zeitgenossen, sprich H-Menschen, an denen Sie wachsen können und auf die sich die Inhalte dieses Buches übertragen lassen.

ÜBUNG: Bitte notieren Sie die Namen von drei Menschen, die Sie als besonders schwierig empfinden. Wenn Ihnen spontan keine drei einfallen, überlegen Sie, wer Sie das letzte Mal so richtig wütend gemacht oder nach welcher Begegnung Sie sich schlecht gefühlt haben. Vielleicht tragen Sie Konflikte mit diesen Menschen aus, fühlen sich ungerecht behandelt, gekränkt, gebremst oder angegriffen. Oder der Konflikt schwelt unter der Oberfläche, etwa indem Sie einen Groll hegen oder nach dem Kontakt schlechte Laune oder kaum mehr Energie haben.

H-Mensch 1: _____

H-Mensch 2: _____

H-Mensch 3: _____

Übung 6:

Welcher Typ steckt dahinter?

Ziel der Übung: Je besser Sie wissen, mit welchen Typen Sie es zu tun haben, desto effektiver können Sie *agieren* – statt nur automatisiert zu *reagieren*.

ÜBUNG: Bitte tragen Sie die genannten drei Menschen in diese Tabelle ein und notieren Sie, was Sie an ihnen stört. Dann ordnen Sie jeden der drei einem Typ aus diesem Buch zu: Narzisst, Perfektionist, Machtmensch, Selbstdarsteller, Trotzkopf, Schwarzmaler oder Hilfe-Rufer? Falls Sie der Meinung sind, dass es sich um Mischtypen handelt, sind mehrere Nennungen möglich:

H-Mensch (Name)	Was mich an ihm stört	Typ aus dem Buch
1.		
2.		
3.		

Übung 7:

Worin ähneln sich meine Herausforderungen?

Ziel der Übung: Finden Sie Gemeinsamkeiten der Menschen heraus, die Ihnen zu schaffen machen – und auch, was Sie zu diesen Menschen hinzieht oder Sie bei ihnen hält.

ÜBUNG: Nun haben Sie mehrere Menschen notiert, mit denen sich der Kontakt für Sie schwierig gestaltet. Bitte beantworten Sie folgende Fragen:

Fünf Fragen an Sie	Fünf Antworten von Ihnen
1. Was ist diesen drei Menschen gemeinsam? Inwiefern handelt es sich um den gleichen oder einen ähnlichen Typ?	
2. Welche Parallelen gibt es in dem, was mich an diesen Menschen stört? Oder auch welche Unterschiede?	
3. Was sagt dieses Unbehagen über mich aus, über meine Werte und Erwartungen?	

Fünf Fragen an Sie	Fünf Antworten von Ihnen
4. Wo liegt der größte Unterschied zwischen mir und diesen Menschen? Welche Werte und Erwartungen prallen aufeinander?	
5. Und welche Gemeinsamkeiten oder gemeinsamen Interessen gibt es zwischen mir und diesen Menschen, die vielleicht erst auf den zweiten Blick sichtbar werden?	

Übung 8:

Was kann mich ein H-Mensch lehren?

Ziel der Übung: Wechseln Sie die Perspektive – finden Sie heraus, was an einem schwierigen Verhältnis gut für Sie sein kann.

ÜBUNG: Bitte wählen Sie für diese Übung einen der drei Menschen aus, gern Ihre größte Herausforderung. Kopieren Sie die Tabelle bei Bedarf vorher, damit Sie die Übung auch auf andere Menschen beziehen können. Und nun beantworten Sie bitte die folgenden Fragen.

Sieben Fragen an Sie	Sieben Antworten von Ihnen
1. Welche heimlichen Vorteile bietet mir der Umgang mit diesem Menschen? (Beispiel: Ein Machtmensch bevormundet Sie – Vorteil: Sie müssen weniger Verantwortung übernehmen.)	
2. Welche meiner mentalen Muskeln kann ich im Umgang mit ihm trainieren? (Beispiel: Ein Hilfe-Rufer funkt dauernd SOS an Sie – das kann Ihre Abgrenzungsfähigkeiten trainieren.)	

Sieben Fragen an Sie	Sieben Antworten von Ihnen
3. Was würde mir fehlen, wenn es diesen Menschen nicht mehr gäbe? (Beispiel: Ein Perfektionist geht Ihnen auf die Nerven – aber gelegentlich bewahrt er Sie vor Fehlern.)	
4. In welchen Momenten komme ich besser als sonst mit ihm klar – und was trage ich durch mein Denken oder Verhalten dazu bei?	
5. Angenommen, ich würde mehr von dem gerade Genannten tun – wie würde sich das auf unser Verhältnis auswirken?	
6. Worin sehe ich die Stärken dieses Menschen, wann kommen sie zum Tragen?	
7. Angenommen, ich dürfte mir von einer dieser Stärken eine Portion abschneiden – welche Stärke wäre das? Und inwiefern würde sie mich bereichern?	

Übung 9:

Was verursacht meine Zusammenstöße?

Ziel der Übung: Sie finden heraus, nach welchen Mustern die Konflikte mit Ihren herausfordernden Menschen ablaufen.

ÜBUNG: Bitte denken Sie an drei konkrete Konflikte mit Ihren H-Menschen. Schreiben Sie in der linken Spalte auf, was genau passiert ist; in der mittleren Spalte, was Sie empfunden und gedacht haben; und in der rechten Spalte, was die Folgen waren oder sind.

Die Konflikt-situation	Meine Gedanken und Gefühle	Die Folgen
Beispiel: Lars hat mir nachts in der Küche eine Szene gemacht und mich beschuldigt, ich hätte bei der Party mit einem anderen Mann geflirtet.	*Gedanken:* Er unterstellt mir, dass ich untreu bin und ihn hintergehen will. Er begreift gar nicht, was ich für ihn empfinde. *Gefühle:* Ich bin zornig, weil er mich so sieht, und traurig, weil er unsere Beziehung offenbar für wacklig hält.	Ich habe mich ins Schlafzimmer zurückgezogen und mit der Tür geknallt. Er hat auf dem Sofa übernachtet. Die nächsten Tage herrschte schlechte Stimmung. Ich scheue mich davor, mit ihm wieder auf eine Party zu gehen.

Die Konflikt-situation	Meine Gedanken und Gefühle	Die Folgen
Konflikt 1:	Gedanken: Gefühle:	
Konflikt 2:	Gedanken: Gefühle:	
Konflikt 3:	Gedanken: Gefühle:	

Übung 10:

So hätte mein Konflikt anders laufen können

Ziel der Übung: Sie lernen die alte Situation aus einer neuen Perspektive kennen – und können abwägen, inwieweit diese Sicht für Sie von Vorteil wäre.

ÜBUNG: Bitte bleiben Sie beim selben Konflikt, diesmal aber mit drei Unterschieden.

1. Beschreiben Sie die Situation vollkommen neutral, um die Wahrnehmung von der Bewertung zu trennen. Im Beispiel lassen sich folgende Bewertungen finden:[106] Lars habe seine Partnerin »beschuldigt« und ihr »eine Szene« gemacht.
2. Konzentrieren Sie Ihre Gedanken und Gefühle diesmal auf Ihren Konfliktpartner: Was hat ihn wohl zu seinem Handeln veranlasst?
3. Malen Sie sich aus, wie der Konflikt verlaufen wäre, wenn Sie so empathisch vorgegangen wären – womöglich günstiger?

Die Konflikt-situation (neutral beschrieben!)	Empathische Gedanken und Gefühle	Alternative Folgen
Beispiel: Lars hat mich nachts in der Küche angesprochen und mir gesagt, er habe das Gespräch zwischen mir und einem Mann als Flirt wahrgenommen. Er war aufgeregt, atmete schnell und sprach lauter als sonst.	*Gedanken:* Er hat Angst, mich zu verlieren. Offenbar bedeute ich ihm viel, sonst würde er nicht so empfinden. Zeige ich ihm meine Liebe offen genug? *Gefühle:* Mich berührt, wie verletzlich er ist und was er für mich fühlt. Zugleich fürchte ich, dass seine Eifersucht mich einengen könnte.	Ich hätte ein offenes Gespräch mit ihm führen und ihm mehr Sicherheit vermitteln können: Warum er, wenn ich mit einem anderen Mann spreche, nicht gleich um mich fürchten muss. Vielleicht hätten wir uns zärtlich versöhnt – und auf Spielregeln für die Zukunft geeinigt.
Konflikt 1:	*Gedanken:* *Gefühle:*	
Konflikt 2:	*Gedanken:* *Gefühle:*	
Konflikt 3:	*Gedanken:* *Gefühle:*	

Übung 11:

Weiß der andere, was ich brauche?

Ziel der Übung: Finden Sie heraus, was Sie im Umgang mit anderen Menschen brauchen – und wie Sie es konstruktiv kommunizieren können.

ÜBUNG: Denken Sie wieder an einen Ihrer herausfordernden Menschen. In der linken Spalte notieren Sie Ihren Vorwurf als Du-Botschaft: Inwiefern verhält er sich falsch? Was bleibt er Ihnen schuldig? Was kritisieren Sie an ihm? In der mittleren Spalte notieren Sie, was dieser Vorwurf mit Ihnen zu tun hat: Welches Bedürfnis steht dahinter?[107] Und in der rechten Spalte probieren Sie, den anfänglichen Vorwurf in eine Ich-Botschaft umzuwandeln: In welchen Worten könnten Sie dem anderen Ihr Bedürfnis mitteilen?

Mein Vorwurf an ihn (Du-Botschaft)	Mein Bedürfnis dahinter	Mein Wunsch an ihn (Ich-Botschaft)
Beispiel: Du lässt mich nie zu Wort kommen und steckst dir die Erfolge des Teams an deinen eigenen Hut. Du profilierst dich auf Kosten anderer.	Ich will, dass meine Leistung gewürdigt wird und alle sehen, dass ich viel zum Erfolg beitrage.	Ich wünsche mir, dass auch mein Anteil der Arbeit sichtbar wird, nicht nur deiner. Bitte erwähne, was ich zum Erfolg beigetragen haben – und lass mir Raum für eigene Wortmeldungen.
Vorwurf 1:	*Gedanken:* *Gefühle:*	
Vorwurf 2:	*Gedanken:* *Gefühle:*	
Vorwurf 3:	*Gedanken:* *Gefühle:*	

Auswertung: Bitte betrachten Sie beide Versionen: die Du-Botschaft ganz links und die Ich-Botschaft ganz rechts. Spielen Sie einmal durch, was sich verändert, wenn Sie die Ich-Botschaft einsetzen. Erstens bleibt Ihr Wunsch dann nicht heimlich, sondern tritt offen ans Licht. Zweitens wird der andere offener dafür sein, wenn er sich nicht verteidigen muss. Und drittens unterbreiten Sie ihm gleich einen konstruktiven Vorschlag, wie es laufen soll – statt nur zu kritisieren, was schiefgeht. Bitte trainieren Sie Ich-Botschaften bei jeder Gelegenheit.

Übung 12:

Grenze ich mich gut genug ab?

Ziel der Übung: Prüfen Sie, ob Sie Ihre eigenen Bedürfnisse wichtig genug nehmen und sich gut abgrenzen.

ÜBUNG: Bitte lesen Sie die folgenden Aussagen und kreuzen Sie »Ja« an, wenn Sie diesen zustimmen, oder »Nein«, wenn Sie anderer Meinung sind.

1. Ich horche oft in mich hinein, um herauszufinden: Welche Menschen tun mir gut? Und welche weniger?	Ja	Nein
2. Ich merke früh, wenn ich mich verletzt fühle, zurückgesetzt oder wenn Groll gegen einen Menschen in mir aufsteigt.	Ja	Nein
3. Ich erforsche, welche meiner wichtigen Bedürfnisse in einem Kontakt zu kurz kommen – und setze mich dafür ein, sie zu befriedigen.	Ja	Nein
4. Ich habe innerlich definiert, wo meine Grenze liegt und wie weit andere gehen können.	Ja	Nein
5. Wer diese Grenze überschreitet, wird von mir klar in seine Schranken gewiesen.	Ja	Nein

6. Es ist mir nicht nur wichtig, keinen anderen zu verletzen, sondern genauso, mich von keinem anderen verletzen zu lassen.	**Ja**	**Nein**
7. Den lieben Frieden wahre ich zuerst in meiner Seele, statt ihn durch faule Kompromisse der Außenwelt vorzugaukeln.	**Ja**	**Nein**
8. Ich bin konsequent genug, Menschen zu meiden, die mir Energie rauben oder ein schlechtes Gefühl machen.	**Ja**	**Nein**
9. Ich nehme mir das Recht, *jeden* Kontakt abzubrechen, auch beruflich und familiär – sofern mir der Preis, den ich dafür zahle, zu hoch erscheint.	**Ja**	**Nein**
10. Ich finde, dass eine ehrliche Ablehnung gegenüber anderen höflicher als eine geheuchelte Übereinkunft ist.	**Ja**	**Nein**

Auswertung: Je öfter sie Ja gesagt haben, desto ernster nehmen und verteidigen Sie Ihre Bedürfnisse. Oft beobachte ich bei sozialen Menschen, dass sie gegenüber anderen höchst rücksichtsvoll sind, sich selbst dagegen überfordern oder den Preis für das Wohlbefinden des anderen bezahlen. Meine These ist: Nur derjenige, dem es selber gutgeht, kann aufrichtig und langfristig fürs Wohlergehen der anderen sorgen. Daher empfinde ich Selbstfürsorge und gesunde Abgrenzung als sozial.

Übung 13:

Beherrsche ich das Nein-Sagen?

Ziel der Übung: Prüfen Sie, ob es Ihnen gelingt, die H-Menschen um Sie herum in ihre Schranken zu verweisen.

ÜBUNG: Bitte kreuzen Sie an, welche der folgenden Sätze auf Sie zutreffen, bezogen auf Ihre Haltung und Ihre Praxis des Nein-Sagens.

	Ja	Nein
1. Mir ist klar, dass Ja-Sagen dem Gesetz der Inflation unterliegt – wer dauernd zustimmt, dessen Ja ist nichts mehr wert.	Ja	Nein
2. Durch ein Nein werde ich nicht jedermanns Liebling, aber ich sichere mir den Respekt meiner Mitmenschen.	Ja	Nein
3. Ich antworte nicht sofort, wenn jemand etwas von mir will, sondern nehme mir Zeit, mich zu sammeln – und komme dann wieder auf ihn zu.	Ja	Nein
4. Ich mache mir bewusst, dass mein Nein gleichzeitig ein Ja zu einem Bedürfnis ist, das für mich im Moment schwerer wiegt.	Ja	Nein
5. Ich bin in der Lage, beim Nein-Sagen freundlich gegenüber dem Menschen, aber hart in der Sache zu sein.	Ja	Nein

6. Ich spreche mein Nein in einer tiefen Tonlage aus, die Entschlossenheit signalisiert.	**Ja**	**Nein**
7. Ich entschuldige mich nicht für mein Nein, denn ich nehme damit nur mein gutes Recht wahr und lade keine »Schuld« auf mich.	**Ja**	**Nein**
8. Ich sehe davon ab, »mal eine Ausnahme« zu machen, weil ich genau weiß: Damit lade ich den anderen zu weiteren Vorstößen ein.	**Ja**	**Nein**
9. Ich lasse mir kein schlechtes Gewissen machen, auch wenn der andere es versucht.	**Ja**	**Nein**
10. Ich wiederhole mein Nein so lange, bis der andere es endgültig akzeptiert.[108]	**Ja**	**Nein**

Auswertung: Je öfter Sie Ja gesagt haben, desto professioneller Ihre Abgrenzung beim Nein-Sagen. Dabei kommt es nicht nur auf die Rhetorik, sondern auch auf die innere Haltung an. Prüfen Sie, ob Sie sich das Recht zum Nein-Sagen einräumen. Nur wenn Sie von Ihrem Nein überzeugt sind, werden Sie es überzeugend transportieren.

Übung 14:

Meine wichtigsten Lehren
aus diesem Buch

Ziel der Übung: Nutzen Sie die Impulse dieses Buches, um mit Ihren eigenen Bedürfnissen und den H-Menschen um Sie herum souveräner umzugehen.

ÜBUNG: Bitte beantworten Sie die folgenden Fragen, indem Sie einen Textmarker zur Hand nehmen, in diesem Buch zurückblättern, sich wichtige Passagen markieren und daraus Ihre Antworten ableiten.

1. Welche drei Persönlichkeitstypen fordern mich am meisten heraus (siehe Seite 338)?

Typ 1: _____

Typ 2: _____

Typ 3: _____

2. Welches sind die wichtigsten Impulse zu diesen Typen, die mir dieses Buch gegeben hat?

Impulse zu Typ 1: _____

_____

Impulse zu Typ 2: _____

_____

Impulse zu Typ 3: _____

_____

3. Was genau werde ich bei meiner nächsten kritischen Begegnung mit einem dieser Typen anders machen?

Begegnung mit Typ 1: _____

_____

Begegnung mit Typ 2: _____

_____

Begegnung mit Typ 3: _____

_____

4. Welche wichtigen Bedürfnisse habe ich hinter meinem eigenen Verhalten erkannt? Und was genau werde ich tun, um sie im Kontakt mit anderen öfter zu verwirklichen?

_____

_____

_____

5. Wenn ich mir nur eine Anregung aus diesem Buch in meinen Rucksack für die Zukunft stecken dürfte, dann wäre das für mich die wichtigste:

_____

_____

_____

Übung 15:

Mein Selbstvertrag

Ziel der Übung: Schaffen Sie Verbindlichkeit – damit Ihre Vorsätze zu Handlungen im Alltag werden.

ÜBUNG: Bitte füllen Sie folgenden Selbstvertrag aus, unterschreiben Sie ihn und ziehen Sie einen Menschen Ihres Vertrauens hinzu – mit ihm können Sie in regelmäßigen Abständen Ihre Fortschritte besprechen.[109]

Selbstvertrag

Ich, _____ (Name), beschließe hiermit, mein Denken und Verhalten gegenüber diesen Menschen (oder in folgenden Situationen) zu verändern:

1. _____

2. _____

3. _____

Ich sehe mich selbst in der Verantwortung, meine Bedürfnisse zu erfüllen, auf Anklagen zu verzichten und den Kontakt mit dem anderen für mich positiver und angenehmer zu gestalten. Dazu werde ich mein Denken und Verhalten in folgenden Punkten verändern:

_____

_____

_____

_____

_____

Ebenso übernehme ich die Verantwortung dafür, dem anderen seine Grenzen aufzuzeigen, wenn er mir nicht guttut. In folgenden Situationen werde ich mich bewusst abgrenzen:

Situation 1: _____

Das genau werde ich tun: _____

Situation 2: _____

Das genau werde ich tun: _____

Situation 3: _____

Das genau werde ich tun: _____

Folgende drei Eigenschaften (z. B. Selbstbewusstsein, Mut, Empathie, Schlagfertigkeit, Standhaftigkeit) werde ich ausbauen, um diese Herausforderungen zu bewältigen:

Eigenschaft 1: _____

So werde ich sie trainieren: _____

Eigenschaft 2: _____

So werde ich sie trainieren: _____

Eigenschaft 3: _____

So werde ich sie trainieren: _____

Mein Vertrauensmensch _____ (Name) unterschreibt diesen Vertrag mit mir. Seine Aufgabe besteht darin, dass er sich im Abstand von _____ Tagen mit mir darüber unterhält, wie meine Fortschritte aussehen. Ich selbst lege diese Termine mit ihm fest und verantworte, dass sie eingehalten werden.

Ort und Datum: _____

Meine Unterschrift: _____

Unterschrift meines Vertrauensmenschen: _____

Weiterführende Literatur

Aristoteles, *Rhetorik.* Reclam, 1999

Bauer, Joachim, *Selbststeuerung.* Blessing, 2015

Benson, Nigel u.a., *Das Psychologie-Buch.* Dorling Kindersley, 2012

Berckhan, Barbara, *Wie Sie anderen den Stachel ziehen, ohne sich zu stechen.* Gräfe und Unzer, 2012

Berger, Jörg, *Stachlige Persönlichkeiten.* Francke, 2014

Berne, Eric, *Spiele der Erwachsenen.* Rowohlt, 1999

Bernstein, Albert J., *Emotionale Vampire.* mvg, 2002

Cerwinka, Gabriele; Schranz, Gabriele, *Nervensägen.* Linde, 2013

Ellis, Albert, *Training der Gefühle.* mvg, 2013

Erikson, Thomas, *Alles Idioten.* Droemer, 2018

Fischedick, Mathias, *Überleben unter Kollegen.* Piper, 2018

Franken, Ulla, *Emotionale Kompetenz,* BoD, 2010

Fromm, Erich, *Die Kunst des Liebens.* Ullstein, 2005

Gessner, Martina, *Menschenkenntnis.* Haufe, 2015

Goffman, Erving, *Wir alle spielen Theater.* Piper, 2003

Hofmann, Eberhardt, *Weniger Stress erleben.* Luchterhand, 2001

Hohensee, Thomas, *Reset.* Gütersloher Verlagshaus, 2018

Jung, Carl Gustav, *Typologie.* dtv, 2014

Knigge, Adolph Freiherr von, *Über den Umgang mit Menschen.* Insel, 1977

Krelhaus, Lisa, *Wer bin ich – wer will ich sein?* mvg, 2004

Lelord, François; André, Christophe, *Die Kunst der Selbstachtung.* Kiepenheuer, 2007

Lelord, François; André, Christophe, *Der ganz normale Wahnsinn.* Aufbau-Verlag, 2012

Lienhart, Andrea; Volk, Theresia, *Souveräner Umgang mit schwierigen Zeitgenossen.* Haufe, 2017

Maaz, Hans-Joachim, *Die narzisstische Gesellschaft.* dtv, 2017

Machiavelli, Niccolò, *Der Fürst.* Nikol Verlag, 2013

Magnet, Sabine, *Und was, wenn alle merken, dass ich gar nichts kann?* mvg, 2018

Maris, Stella, *Mut zur eigenen Persönlichkeit.* BookRix, 2018

Navarro, Joe, *Die Psychopathen unter uns.* mvg, 2018

Riemann, Fritz, *Grundformen der Angst.* Reinhardt, 2000

Röhr, Heinz-Peter, *Narzissmus.* Patmos, 2018

Rosenberg, Marshall B., *Gewaltfreie Kommunikation.* Junfermann, 2016

Schmitt, Tom; Esser, Michael, *Status-Spiele. Fischer, 2010*

Seligman, Martin E.P., *Der Glücks-Faktor.* Bastei Lübbe, 2008

Seligman, Martin E.P., *Erlernte Hilflosigkeit.* Beltz, 2011

Stahl, Stefanie, *Das Kind in dir muss Heimat finden.* Kailash, 2015

Stanier Bungay, Michael, *The Coaching Habit.* Vahlen, 2018

Stappen, Anne van, *Mit schwierigen Zeitgenossen umgehen.* Trinity, 2015

Summhammer, Evelyn. *Nörgler, Besserwisser, Querulanten.* Goldegg, 2016

Sutton, Robert I., *Der Arschloch-Faktor.* Heyne, 2008

Telfener, Umberta, *Hilfe, ich liebe einen Narzissten!* Goldmann, 2017

Thomann, Christoph, *Klärungshilfe: Konflikte im Beruf.* Rowohlt, 2002

Wehrle, Martin, *Bin ich hier der Depp?* Mosaik, 2013

Wehrle, Martin, *Die Coaching-Schatzkiste.* managerSeminare, 2016

Wehrle, Martin, *Karriereberatung.* Beltz, 2007

Wehrle, Martin, *Noch so ein Arbeitstag, und ich dreh durch.* Mosaik, 2018

Wehrle, Martin, *Sei einzig, nicht artig!* Mosaik, 2015

Werle, Klaus, *Die Perfektionierer.* Campus, 2010

Wetzler, Scott, *Wenn Männer mauern.* Goldmann, 2003

Wiseman, Richard, *Wie Sie in 60 Sekunden Ihr Leben verändern.* Fischer, 2013

Zoller, Karen, *Schwierige Mitmenschen.* Rowohlt, 2017

Quellenverzeichnis

1 Jung, Carl Gustav, *Aion. Beiträge zur Symbolik des Selbst. GW Band 9/2, 1950*

2 Zoller, Karen, *Schwierige Mitmenschen.* Rowohlt, 2017

3 Berckhan, Barbara, *Wie Sie anderen den Stachel ziehen, ohne sich zu stechen.* Gräfe und Unzer, 2012

4 Wehrle, Martin, *Noch so ein Arbeitstag, und ich dreh durch.* Mosaik, 2018

5 Bauer, Joachim, *Selbststeuerung.* Blessing, 2015

6 Maaz, Hans-Joachim, *Die narzisstische Gesellschaft.* dtv, 2017

7 Hofmann, Eberhardt, *Weniger Stress erleben.* Luchterhand, 2001

8 Upledger, John E., *Die Entwicklung des menschlichen Gehirns und ZNS.* Karl F. Haug, 2003

9 Summhammer, Evelyn, *Nörgler, Besserwisser, Querulanten.* Goldegg, 2016

10 Stappen, Anne van, *Mit schwierigen Zeitgenossen umgehen.* Trinity, 2015

11 Stahl, Stefanie, *Das Kind in dir muss Heimat finden.* Kailash, 2015

12 Aristoteles, *Rhetorik.* Reclam, 1999

13 Schmitt, Tom; Esser, Michael, *Status-Spiele.* Fischer, 2010

14 Hohensee, Thomas, *Reset.* Gütersloher Verlagshaus, 2018

15 Frenkel-Brunswik, Else, *Intolerance of Ambiguity as an Emotional and Perceptual Personality Variable.* Journal of Personality 18, 1949

16 Lelord, François; André, Christophe, *Die Kunst der Selbstachtung.* Kiepenheuer, 2007

17 Sutton, Robert I., *Der Arschloch-Faktor.* Heyne, 2008

18 Seligman, Martin E.P., *Erlernte Hilflosigkeit.* Beltz, 2011

19 Lienhart, Andrea; Volk, Theresia, *Souveräner Umgang mit schwierigen Zeitgenossen.* Haufe, 2017

20 Cerwinka, Gabriele; Schranz, Gabriele, *Nervensägen.* Linde, 2013

21 Jung, Carl Gustav, *Typologie.* dtv, 2014

22 Riemann, Fritz, *Grundformen der Angst.* Reinhardt, 2000

23 Erikson, Thomas, *Alles Idioten.* Droemer, 2018

24 Benson, Nigel u.a., *Das Psychologie-Buch*, Dorling Kindersley, 2012

25 Allport, Gordon. *Persönlichkeit.* Klett, 1949

26 American Psychiatric Association, *Diagnostic and Statistical Manual of Mental Disorders* (DSM-5). American Psychiatric Publishing, 2013

27 psychatrie.de, *Persönlichkeitsstörungen,* 09.04.2018

28 Lelord, François; André, Christophe, *Der ganz normale Wahnsinn.* Aufbau-Verlag, 2012

29 Stanier Bungay, Michael, *The Coaching Habit.* Vahlen, 2018

30 Seligman, Martin E.P., *Der Glücks-Faktor.* Bastei Lübbe, 2008

31 Maris, Stella, *Mut zur eigenen Persönlichkeit.* BookRix, 2018

32 s. Lelord, 2012

33 s. Seligman, 2011

34 wiwo.de, *Reaktionen auf Negatives: Acht Tipps für den Umgang mit Pessimisten,* 17.03.2014

35 Alle Namen sind zum Schutz der Persönlichkeiten verändert.

36 Fischedick, Mathias, *Überleben unter Kollegen.* Piper, 2018

37 Werle, Klaus, *Die Perfektionierer.* Campus, 2010

38 Berne, Eric, *Spiele der Erwachsenen.* Rowohlt, 1999

39 Navarro, Joe, *Die Psychopathen unter uns.* mvg, 2018

40 Freud, Sigmund, *Zur Einführung des Narzissmus.* Internationaler Psychoanalytischer Verlag, 1924

41 Telfener, Umberta, *Hilfe, ich liebe einen Narzissten!* Goldmann, 2017

42 s. Telfener, 2017

43 s. Freud, 1924

44 Hartmann, Hans P.; Kernberg, Otto F., *Narzissmus.* 2018

45 Bach, Sheldon, *On the narcissistic state of consciousness,* International Journal of Psycho-Analysis 58, 1977

46 Beck, Aaron T.; Freeman, Arthur u.a., *Kognitive Therapie der Persönlichkeitsstörungen.* Beltz, 1999

47 Machiavelli, Niccolò, *Der Fürst.* Nikol Verlag, 2013

48 therapie.de, *Narzissmus – Narzisstische Persönlichkeitsstörung,* undatiert

49 Fromm, Erich, *Die Kunst des Liebens.* Ullstein, 2005

50 s. Telfener, 2017

51 Skinner, Burrhus Frederic, *Die Funktion der Verstärkung in der Verhaltenswissenschaft.* Kindler, 1982

52 Röhr, Heinz-Peter, *Narzissmus.* Patmos, 2018

53 s. Navarro, 2018

54 s. Telfener, 2017

55 s. Beck, Aaron T. u.a., 1999

56 Shapiro, David, *Neurotic Styles*. Basic Books, 1965

57 Kurz, Angelika, *Double-Bind-Kommunikation als Burnout-Ursache*. Springer, 2018

58 Murdoch, Iris, *Philosopher C*. Oxford University Press, 2011

59 Reich, Wilhelm, *Charakteranalyse*. Anaconda, 2010

60 therapie.de, *Bin ich zwanghaft?*, undatiert

61 s. Beck, Aaron T. u.a., 1999

62 Spitzer, Nils, *Perfektionismus und seine vielfältigen psychischen Folgen*. Springer, 2016

63 Bernstein, Albert J., *Emotionale Vampire*. mvg, 2002

64 Franken, Ulla, *Emotionale Kompetenz,* BoD, 2010

65 Wahl, Klaus, *Aggression und Gewalt*. Spektrum Akademischer Verlag, 2009

66 Lorenz, Konrad, *Das sogenannte Böse*. dtv, 1998

67 karrierebibel.de, *Dominanzgesten: Woran Sie sie erkennen*, 06.03.2018

68 Wiseman, Richard, *Wie Sie in 60 Sekunden Ihr Leben verändern*. Fischer, 2013

69 Rath, Tom, *Entwickle deine Stärken*. Redline, 2014

70 s. Bernstein, 2002

71 huffingtonpost.de, *16 Anzeichen, dass Sie eine Typ-A-Persönlichkeit sind*, 01.03.2015

72 psylex.de, *Typ-A-Persönlichkeit*, undatiert

73 Adler, Alfred, *Praxis und Theorie der Individualpsychologie*. Fischer, 1974

74 Lay, Rupert, *Führen durch das Wort*. Ullstein, 1996

75 Hagendorf, Herbert u.a., *Wahrnehmung und Aufmerksamkeit*. Springer, 2011

76 Smith, Manuel, *Sag Nein ohne Skrupel*. mvg, 2012

77 s. Erikson, 2018

78 s. Stahl, 2015

79 Butcher, James N. u.a., *Klinische Psychologie*. Pearson Studium, 2009

80 s. Beck, Aaron T. u.a., 1999

81 Sachse, Rainer u.a., *Klärungsorientierte Psychotherapie der dependenten Persönlichkeitsstörung*. Hogrefe, 2013

82 s. Riemann, 2000

83 therapie.de, *Abhängige Persönlichkeitsstörung*, undatiert

84 Abraham, Karl, *Psychoanalytische Studien*. Psychosozial-Verlag, 1999

85 s. Abraham, 1999

86 Gessner, Martina, *Menschenkenntnis*. Haufe, 2015

87 Wehrle, Martin, *Die 500 besten Coaching-Fragen*. managerSeminare, 2012

88 Wehrle, Martin, *Die Coaching-Schatzkiste*. managerSeminare, 2016

89 Krelhaus, Lisa, *Wer bin ich – wer will ich sein?* mvg, 2004

90 Wehrle, Martin, *Karriereberatung*. Beltz, 2007

91 s. Beck, Aaron T. u.a., 1999

92 Thomann, Christoph, *Klärungshilfe: Konflikte im Beruf*. Rowohlt, 2002

93 Gedankenwelt.de, *Wie man sich gegen passive Aggressivität verteidigt*, 25.12.2017

94 s. Lelord, 2012

95 Wetzler, Scott, *Wenn Männer mauern*. Goldmann, 2003

96 therapie.de, *Passiv-aggressive Persönlichkeitsstörung*, undatiert

97 karrierebibel.de, *Passiv-aggressiv: Definition, Anzeichen, Tipps*, 16.02.2017

98 s. Beck, Aaron T. u.a., 1999

99 Slavney, Philipp R., *The diagnosis of hysterical personality disorder*. Comprehensive Psychiatry 19, 1978

100 s. Beck, Aaron T. u.a., 1999

101 Knigge, Adolph Freiherr von, *Über den Umgang mit Menschen*. Insel, 1977

102 therapie.de, *Histrionische Persönlichkeitsstörung*, undatiert

103 Magnet, Sabine, *Und was, wenn alle merken, dass ich gar nichts kann?* mvg, 2018

104 Berger, Jörg, *Stachlige Persönlichkeiten*. Francke, 2014

105 Goffman, Erving, *Wir alle spielen Theater*. Piper, 2003

106 Ellis, Albert, *Training der Gefühle*. mvg, 2013

107 Rosenberg, Marshall B., *Gewaltfreie Kommunikation*. Junfermann, 2016

108 Wehrle, Martin, *Sei einzig, nicht artig!* Mosaik, 2015

109 Wehrle, Martin, *Bin ich hier der Depp?* Mosaik, 2013

Register

TRAUMBERUF KARRIERECOACH: SO STARTEN SIE DURCH

PERSPEKTIVE:
„Die Nachfrage nach professionellen Karriereberatern nimmt stetig zu", schreibt das „Manager Magazin". Bauen Sie sich ein lukratives Geschäft auf.

TRAINER:
Martin Wehrle, Autor von „Die 100 besten Coaching-Übungen" (managerSeminare, 2013).
„Sein Erfahrungsreservoir ist eine Fundgrube …" (FAZ)

IHRE FÜNF AUSBILDUNGS-VORTEILE:

1 Große Praxisnähe:
Wir organisieren Ihnen reale Klienten.

2 Alle Business-Top-Themen:
Bewerbung, Gehalt, Konflikt usw.

3 Persönliche Betreuung:
begrenzte Teilnehmerzahl.

4 Fernstudien-Elemente:
Zahlreiche Übungen für zu Hause.

5 Buchung ohne Risiko –
erstes Wochenende auf Probe möglich.

Wir wollen Sie nicht nur zufriedenstellen, sondern begeistern. Testen Sie uns!
Und lesen Sie, was Ex-Teilnehmer über die Ausbildung sagen:

www.karriereberater-akademie.de *(mit Gratis-Newsletter)*

Karriereberater-Akademie
21279 Appel bei Hamburg

Lasst ihn doch reden!

Dieses Buch hat Ihnen gefallen? Dann laden Sie
MARTIN WEHRLE doch ein. Gerne besucht er Sie
als Redner oder Podiumsteilnehmer.
Seine Vorträge begeistern Firmen und private
Teilnehmer, u.a. mit folgenden Themen:

Chef-sache   Der Weg in eine moderne Führungskultur

Schwierige Menschen   Vom einfachen Umgang

Schwarze Rhetorik   So kontern Sie schlagfertig

Sie suchen eine originelle Keynote?
Dann lassen Sie ihn doch reden: www.wehrle-redner.de

*„Wo Martin Wehrle draufsteht,
ist beste Unterhaltung garantiert."*
HAMBURGER ABENDBLATT

Unsere Leseempfehlung

MARTIN WEHRLE

DER KLÜGERE

DENKT NACH

Von der Kunst,
auf die ruhige Art erfolgreich zu sein

Mit Anti-Schwätzer-Training

GOLDMANN

384 Seiten
Auch als E-Book
erhältlich

Martin Wehrle bringt es ans Licht: Das Zeitalter der Zurückhaltenden hat begonnen. Ein leises Wesen eröffnet ungeahnte Chancen, für das Leben und die Karriere – aber nur, wenn Introvertierte ihre speziellen Stärken nutzen: Besonnenheit, Tiefgang, ein gutes Urteilsvermögen. Martin Wehrle zeigt mit amüsanten Anekdoten und überraschenden Tipps, wie stille Menschen ihre Trümpfe in einer lauten Welt ausspielen. Ein überzeugendes Plädoyer für mehr Lauterkeit und weniger Lautstärke, heiter und tiefgängig zugleich.

www.goldmann-verlag.de
www.facebook.com/goldmannverlag

GOLDMANN
Lesen erleben

Unsere Leseempfehlung

384 Seiten
Auch als E-Book
erhältlich

Nie war die Gefahr so groß wie heute, die eigenen Wünsche und Träume zu verraten. Der moderne Mensch lebt für die Arbeit, für die Familie oder für den Facebook-Account, aber nicht mehr für sich selbst. Die Medien sagen uns, was wir denken sollen; die Modedesigner, wie wir uns zu kleiden haben; die Arbeitgeber, womit wir den Tag verbringen müssen. Oft sind Burnout und Depression die Folge dieser Angepasstheit.

Erfolgsautor Martin Wehrle fordert uns deshalb dazu auf, nichts mehr nur für andere zu tun, sondern alles für uns selbst. Gemäß dem Motto: Sei einzig, nicht artig!

www.goldmann-verlag.de
www.facebook.com/goldmannverlag

Unsere Leseempfehlung

400 Seiten
Auch als Hörbuch-
Download und
E-Book erhältlich

Überlastung, angehäufte Überstunden und keine Chance, sie jemals abzubauen – muss ich mir das wirklich gefallen lassen? Das fragen sich Millionen Mitarbeiter jeden Tag aufs Neue. Der Karriereberater und Bestsellerautor Martin Wehrle kennt den Wahnsinn in deutschen Firmen. Er zeigt auf, mit welchen Tricks Mitarbeiter ausgebeutet werden und weist Wege aus dem Hamsterrad. Nie wieder Depp sein und auf in ein selbstbestimmtes, glückliches Berufsleben!

Unsere Leseempfehlung

Martin Wehrle

Viel Fleiß kein Preis

Warum Frauen im Berufsleben oft den Kürzeren ziehen

GOLDMANN

352 Seiten
Auch als E-Book
erhältlich

Was wäre los im Land, wenn Männer ein Fünftel weniger als Frauen verdienten? Wenn sie bei Beförderungen übergangen und beim Reden dauernd unterbrochen würden? Die Hölle wäre los! Dass Frauen so behandelt werden, ist aber ganz normal. Martin Wehrle dreht den Spieß um: Da passiert das alles einem Mann, der eines Morgens als Frau aufwacht. Ein Kunstgriff, der den Skandal verdeutlicht. Was auf den ersten Blick amüsiert, beschämt auf den zweiten – und fordert für Frauen die Gleichberechtigung.

Dieses Buch ist schon einmal unter dem Titel „Herr Müller, Sie sind doch nicht schwanger?!" im Mosaik Verlag erschienen.

www.goldmann-verlag.de
www.facebook.com/goldmannverlag

GOLDMANN
Lesen erleben

Unsere Leseempfehlung

272 Seiten
Auch als E-Book
erhältlich

Mehr als zwei Drittel aller Deutschen sind unzufrieden mit ihrem Einkommen. Bei einer Gehaltsverhandlung treten sie ihrem Chef oft unsicher und nervös gegenüber. Martin Wehrle, selbst Chef und erfahrener Gehaltscoach, weiß: Es ist gar nicht so schwer, eine Gehaltserhöhung durchzusetzen – solange man selbstbewusst auftritt und das Gespräch gründlich vorbereitet. In neun unterhaltsamen Kapiteln führt er Schritt für Schritt zur erhofften Lohnerhöhung. Mit diesen Tricks kann jeder Chef überzeugt werden!